Siân Rees
Das Freudenschiff

EUROPA
VERLAG

Aus dem Englischen von Karin Dufner

SIÂN REES

Das Freudenschiff

Die wahre Geschichte von einem Schiff und
seiner weiblichen Fracht im 18. Jahrhundert

Europa Verlag
Hamburg · Wien

Gewidmet John Rees (1934–2000)
und meiner Familie in Australien

Die Deutsche Bibliothek - CIP-Einheitsaufnahme
Ein Titelsatz für diese Publikation ist bei
Der Deutschen Bibliothek erhältlich.

Originalausgabe:
The Floating Brothel
© 2001 by Siân Rees

Deutsche Erstausgabe
© Europa Verlag GmbH Hamburg, März 2002
3. Auflage, August 2002
Lektorat: Andreas C. Knigge
Umschlaggestaltung: Kathrin Steigerwald, Hamburg
unter Verwendung eines Gemäldes von
François Boucher, AKG Berlin
Satz: H & G Herstellung, Hamburg
Druck und Bindung: Wiener Verlag, Himberg bei Wien
ISBN 3-203-81500-1

Informationen über unser Programm erhalten Sie beim
Europa Verlag, Neuer Wall 10, 20354 Hamburg
oder unter www.europaverlag.de

INHALT

»Es wurde nicht viel unternommen, um die Disziplin unter den Frauen, viele von ihnen Prostituierte aus London, aufrecht zu erhalten, die das Schiff in den verschiedenen Anlegehäfen in ein schwimmendes Bordell verwandelten.«

M. D. Nash, *The Last Voyage of the Guardian*, 1990

»... es handelte sich überwiegend um Prostituierte aus London ... Auf der Fahrt nach Port Jackson war die *Lady Julian* im Grunde genommen ein schwimmendes Bordell ...«

Charles Bateson, The Convict Ships, 1985

KAPITEL EINS

Gefallene Mädchen

London, Winter 1788. Vor den königlichen Stallungen am unteren Ende der Mall, wo sich heute der Trafalgar Square befindet, stand eine sechsundzwanzigjährige schottische Prostituierte. Sie hatte ihr Revier abgesteckt und begann mit ihrer nächtlichen Arbeit.

Matilda Johnson hatte William McPherson bereits mehrmals gesehen und wusste, dass er ein schottischer Landsmann war. Als er sie nun auf seinem Weg von Westminster zur Oxford Street passierte, hielt sie ihn auf, »drängte mich gegen die Mauer und fragte mich, wie viel ich ihr zu zahlen bereit sei«. Da McPherson seine Erfahrungen mit Prostituierten hatte, tastete er nach seiner Uhr, um sie in seiner Westentasche zu verstauen. Doch die Uhr steckte bereits in Matildas Ärmel. Als er ihr die Tat auf den Kopf zusagte, machte sie ihm bloß schöne Augen und weigerte sich, die Beute herauszugeben. Zuerst müsse er sie in der Orange Street auf einen Gin einladen, anschließend auf eine Portion Lachs gleich um die Ecke. McPherson verweigerte beides und erwiderte freundlich, er sei heute Abend nicht in Stimmung und verlange lediglich seine Uhr zurück. Aber Matilda war entweder so dreist oder so betrunken anzunehmen, er werde die Uhr gegen ein Glas Gin zurückkaufen oder sich wenigstens mit einem fünfminütigen Stelldichein in einer dunklen Straßenecke einverstanden erklären. Deshalb verschwand sie in einer Pfandleihe in der St. Martin's Lane und verkündete, ihr Landsmann wolle seine Uhr versetzen, um ihr einen Unterrock zu kaufen. Inzwischen drängte McPherson die Zeit, und es wurde ihm allmählich zu bunt. Also forderte er Mr. Crouch, den Pfandleiher, auf, Matilda zu durchsuchen. Als Matilda klar wurde, dass er es ernst meinte, zog sie schließlich die Uhr unter ihren Röcken hervor.

Der Pfandleiher selbst bestand darauf, einen Polizisten zu rufen, da er auf einen Anteil an der Belohnung hoffte. Später sagte McPherson aus, Matilda habe geweint und »mich angefleht, die Uhr zurückzunehmen, und ich wünschte, ich hätte es getan«. Er hätte die Angelegenheit am liebsten auf sich beruhen lassen. Beim Eintreffen des Polizisten nahm McPherson das Mädchen in Schutz, anstatt es zu beschuldigen, und ging mit zur Wache, wo »ich die Beamten bat, sie freizulassen«. Doch die Männer weigerten sich. Wahrscheinlich war sie ihnen bereits bekannt, weshalb sie sich – nur wegen der Launen eines Ausländers, der auf ihr hübsches Gesicht hereingefallen war – die Gelegenheit nicht entgehen lassen wollten, sie unter Anklage zu stellen. Matilda, die McPherson weiterhin flehentlich um Rettung bat, wurde in Ketten gelegt, auf einen Wagen gezerrt und ins Newgate-Gefängnis verbracht, um dort hinter Gittern den Prozess im Old Bailey zu erwarten.

Einige Tage später machten sich eine Mutter und ihre Tochter zu einem Beutezug durch die Stoffhandlungen von Holborn auf. Am Nachmittag, als es schon dämmerte, betraten sie das Geschäft von Edward Bowerbank in der Newgate Street, gingen in den hinteren Teil des Ladens durch, baten den Verkäufer, ihnen ein paar Schürzen zu zeigen, und verfuhren anschließend nach dem Vier-Schritte-Plan, wie er bei Ladendiebinnen im achtzehnten Jahrhundert üblich war. Der erste Schritt bestand darin, sämtliche Ware auf der Theke durcheinander zu werfen. Als Nächstes lenkte man den Verkäufer ab, indem man ihn nach einer Schere oder Wechselgeld schickte. Dann schob man sich eine Stoffbahn unter den Rock. Und zu guter Letzt musste man nur noch den Laden ohne Eile verlassen, wobei darauf zu achten war, dass die eigene Kleidung keine unschönen Ausbuchtungen aufwies. Diese Vorgehensweise war bei Ladendiebinnen bewährt, und die Stoffhändler in Holborn hüteten sich deshalb vor ihnen. Gut gefaltet, konnte eine Frau bis zu sechzig Meter Stoff unter ihren Röcken verstauen. Londons Stoffhändler verloren ein Vermögen an Damen, die vorgaben, nur die Musselinballen befühlen zu wollen.

Charlotte Marsh erwies sich als ausgesprochen wählerisch. Ein Dutzend Schürzen lag bereits auf der Theke, als sie sich endlich für eine davon entschied, bezahlte und den Verkäufer bat, ihr eine halbe Krone zu wechseln. Dieser erwiderte, er habe kein Kleingeld, und rief Mr. Bowerbank, ein vereinbartes Zeichen für den Fall, dass ihm etwas verdächtig erschien. Kaum dass der Verkäufer den Kopf abwandte, griff Mrs. Clapton wie erwartet tatsächlich eine Schürze von der Theke und versteckte sie unter ihrem Mantel. Als sie sich langsam der Tür näherte, eilte Mr. Bowerbank durch den Laden, versperrte ihr den Weg, sagte, sie habe etwas in ihrem Besitz, »das ihr nicht gehörte«, und »forderte sie auf, es herauszugeben«.

Die beiden Frauen zeigten sich empört. Sie hätten nichts gestohlen. Und die Schürze in Mrs. Claptons Innentasche? Die habe sie sich nur an der Tür bei Tageslicht ansehen wollen. Inzwischen hatte Mr. Bowerbank Gelegenheit gehabt, das zerknitterte Bündel unter Charlotte Marshs Arm mit dem geschulten Blick eines Stoffhändlers zu begutachten. Er hielt die Tochter fest, während der Verkäufer ein Auge auf die Mutter hatte, und entrollte mehrere Meter Baumwollstoff. Nun waren die beiden Frauen geständig und schlugen vor, nicht nur eine Anzahl teurer Stücke aus Mr. Bowerbanks Laden zu erwerben, sondern ihm außerdem den gestohlenen Stoff zu verkaufen. Möglicherweise war genau das ihr Fehler: Die ehrlichen Händler von Holborn hielten nämlich fest zusammen. Bowerbank verweigerte die Annahme des Diebesguts, schickte einen Verkäufer nach der Polizei und trug einem anderen auf, in sämtlichen Läden in Holborn, Snow Hill und der Newgate Street nachzufragen, ob jemand den Stempel auf dem gestohlenen Stoff erkannte. Als der Mann hereinkam, aus dessen Laden die elf Meter Baumwollstoff entwendet worden waren, täuschte Ann

Clapton eine Ohnmacht vor. Doch die Männer ließen sich nicht erweichen. Daraufhin nahm Mrs. Clapton ihre letzte Kraft zusammen, zeigte mit dem Finger auf ihre Tochter und schwor, diese und nicht sie selbst sei die Schuldige.

Die Polizisten glaubten keiner der beiden Frauen. Sie wurden auf den Posten in der Wood Street (dem Vorläufer einer Polizeiwache) gebracht und dort festgehalten, um dem Magistrat vorgeführt zu werden. Man hoffte, einer der Ehemänner werde von dem Zwischenfall erfahren und am nächsten Tag vor Gericht erscheinen, um eine Kaution zu entrichten.

Währenddessen wurde in Soho ein weitaus geschickterer Diebeszug in die Wege geleitet. In Mrs. Underhills Gästehaus stellte sich eine gewisse Ann Gallant als hochherrschaftliches Dienstmädchen wohlhabender Leute vor. Angeblich suchte sie eine Unterkunft für ihre Herrschaft, eine Dame und einen Herrn aus Frankreich, die derzeit im französischen Hotel in der Jermyn Street wohnten. Mrs. Underhills Räumlichkeiten wurden begutachtet und für passend erklärt. Am folgenden Tag kehrte Ann Gallant in Begleitung eines Französischdolmetschers zurück, um persönlich das Lüften der Wohnung, das Bettenmachen und das Aufstellen der Habseligkeiten von Madame und Monsieur zu beaufsichtigen. Der Dolmetscher beugte sich über Mrs. Underhills Hand und hatte einen wirklich charmanten Akzent. Ann Gallant bestellte Kohle und überprüfte die Liste der Wäsche und des Silbers, die Mrs. Underhill bis spät nachts angefertigt hatte.

Am folgenden Tag zog Madame mit zwei weiteren Dienstboten ein. Vier Tage lang verlief alles ruhig, die ausländischen Gäste blieben unter sich. Mrs. Underhill war sicher, für den Winter vermögende Mieter gefunden zu haben (auch wenn diese noch nicht bezahlt hatten), und der Dolmetscher fuhr fort, sie zu umschwänzeln. Deshalb war die Zimmerwirtin ziemlich erschrocken, als Ann Gallant sie am Montagmorgen weckte und meinte, sie sei besorgt, da weder die gnädige Frau noch der Dolmetscher am Sonntagabend nach Hause gekommen seien. Entweder war Ann Gallant eine schlechte Schauspielerin, oder eines von Mrs. Underhills Dienstmädchen hatte bereits bemerkt, dass die Wohnung ausgeräumt worden war. Man rief einen Polizisten von der Wache in der Litchfield Street. Ann Gallant wurde durchsucht und noch am Abend dem Magistrat vorgeführt, und zwar wegen eines Verbrechens, auf das die Todesstrafe stand. Da sie völlig allein und nicht in der Lage war, sich mit ihren Komplizen in Verbindung zu setzen, und da ihr außerdem der Galgen drohte, legte sie ein Geständnis ab.

Der reizende Dolmetscher war Engländer und hieß Francis Bunting. Ann sagte aus, man könne ihn im französischen Kaffeehaus in der Jermyn Street oder beim französischen Friseur in der Peter Street finden. Als die Polizisten aus der Litchfield Street den völlig überraschten Bunting in der Peter Street festnahmen, gab dieser zunächst vor, nicht der englischen Sprache mächtig zu sein. Man fragte ihn, ob das für einen Dolmetscher nicht merkwürdig sei, und führte ihn in die berüchtigten schäbigen Pfandleihen am Golden Square und in der Brewer Street, wo er einige von Mrs. Underhills Bettlaken wieder auslöste. Anschließend brachte man ihn zum Magistrat in der Bow Street, wo er immer noch beteuerte, das Englische nicht zu beherrschen. Inzwischen hatte der Magistrat die Hintergründe der verworrenen Geschichte mehr oder weniger ermittelt und befahl, Bunting und Ann Gallant einzusperren, bis »die andere Frau« gefunden sei. Zu Buntings Bestürzung verfrachtete man sie auf eine Wache, wo ein fließend Französisch sprechender Polizist Dienst tat. Bunting, der weiterhin störrisch blieb, behauptete nunmehr, kein Französisch zu sprechen, sondern eine andere Fremdsprache, die er als Französisch bezeichne, weil, weil … tja, das könne er auch nicht so recht erklären.

Nach einer Weile gab er den Widerstand jedoch auf und begleitete den Französisch sprechenden Polizisten zu einem weiteren Pfandleiher in Soho, wo er auf Englisch eine Garnitur Silberlöffel zurückverlangte. Madame wurde nie aufgespürt. Selbstverständlich schoben Ann Gallant und Francis Bunting ihr die ganze Schuld zu. Offenbar hatte sich Madame geschickt aus dem Staub gemacht. Vielleicht fürchteten sich ihre beiden

Komplizen auch vor Rache, denn sie konnten oder wollten den Beamten nicht verraten, wo sie zu finden sei. »Sie benutzte eine Reihe verschiedener Namen«, mehr hatten sie dazu nicht zu sagen.

In der ersten Dezemberwoche des Jahres 1788 saßen die benannten »verbrecherischen Frauen« (und Francis Bunting) in Londons Newgate-Gefängnis ein, das einen bunt gemischten Haufen von mehr als siebenhundert Sträflingen beherbergte. Der Zustand der Zellen spiegelte die Bedingungen draußen auf der Straße wider, denn es handelte sich um das überfüllteste Gefängnis der bevölkerungsreichsten Stadt Englands. Seit zwei Generationen war die Einwohnerschaft der Stadt sprunghaft angewachsen. Außerdem waren die Menschen im ganzen Land, insbesondere in und rings um London, mobiler geworden. Hinzu kam, dass die Zahl der Arbeitslosen stark angestiegen war. Auf der Regierungsebene hatte England mit einer Krise im Königshaus zu kämpfen. Die unteren Schichten kamen mit den allzu plötzlich über sie hereingebrochenen Veränderungen nicht zurecht. Zudem saßen Magistrate, Gemeinderäte und Polizei zwischen den Stühlen und versuchten, die alten Regeln in einer Bevölkerung aufrechtzuerhalten, die sich zunehmend von den Traditionen abwendete. Die Möglichkeiten von Recht und Gesetz stießen allmählich an ihre Grenzen.

Im Jahr 1783 hatte die Überbevölkerung in den Städten bedrohliche Ausmaße angenommen – die entlassenen Soldaten einer gewaltigen Armee waren aus den Kriegen nach Hause zurückgekehrt. Einhundertdreißigtausend Männer, das hieß zwei Prozent der Bevölkerung, mussten nach dem Sieg der amerikanischen Kolonien über König Georgs britische Armee und die deutschen Streitkräfte ihren Abschied nehmen. Innerhalb eines Monats stand allein London vor der Aufgabe, mehreren zehntausend Männern ein Dach über dem Kopf und einen Broterwerb zu geben – mit dem deutlich sichtbaren Ergebnis, dass die Arbeitslosigkeit bei beiden Geschlechtern stark anstieg. Die erste Folge daraus stach dem Betrachter sofort ins Auge: In den Straßen wimmelte es von Versehrten, die um

Münzen bettelten. Die zweite Konsequenz trat erst mit der Zeit zutage: Als die Männer aus dem Krieg heimkehrten, verloren viele Frauen ihre Stellung und fanden sich auf der Straße wieder. Diese sattsam bekannte Entwicklung nach dem Ende eines Krieges ist Resultat des Versuchs, die Arbeitslosigkeit unter den Männern dadurch bekämpfen zu wollen, dass man sie anstatt der Frauen einstellt und die weiblichen Werktätigen einfach wieder an den heimischen Herd schickt. In Englands Städten des ausgehenden achtzehnten Jahrhunderts wurde diese Strategie allerdings davon durchkreuzt, dass viele Frauen keinen Haushalt hatten, in den sie sich zurückziehen konnten. Und so erhielten die Veteranen und Kriegsversehrten in diesem Jahrzehnt Gesellschaft von ehemaligen Verkäuferinnen, früheren Milchmädchen, einstigen Arbeiterinnen und entlassenen Dienstmädchen. Sie galten nun als »gefallene Mädchen«, ernährten sich von Gin und fettigen Fleischportionen, kratzten die Pennys zusammen und besserten ihre Einkünfte dadurch auf, dass sie – wann immer möglich – die Zeitgenossen bestahlen, die ein wenig besser dran waren als sie selbst.

Bei den Londoner Behörden setzte es sich zunehmend durch, diese Entwicklung durch repressive Maßnahmen einzudämmen. Eines Abends im November 1785 marschierte die städtische Polizei in Hundertschaften auf St. Paul's, der Brücke zwischen der Innenstadt und Westminster, auf und machte sich daran, die dort arbeitetenden Prostituierten aus dem Stadtgebiet nach Westminster abzudrängen. Am selben Abend war auch die Polizei von Westminster mobilisiert worden, und zwar in der Absicht, ihrerseits die Frauen von Westminster in die Stadt zu treiben. »Infolge dieser moralisch begründeten Maßnahme«, schrieb die *Times* am nächsten Tag, »sehen sich die bedauernswerten Frauen gezwungen, sich in die Arme des alten Vaters Themse zu flüchten oder in ihren heruntergekommenen Behausungen zu verhungern ... Vor ein paar Jahren«, hieß es in dem Artikel weiter, »hatten diese Frauen Stellungen in Läden; das hat sich inzwischen geändert. Nadeln, Bänder und der unbedeutendste Krimskrams werden der Kundschaft inzwischen von einem eins achtzig messenden Kerl ausgehändigt; anderenfalls begegnen die Leute dem Laden mit Geringschätzung.« Der Verfasser schlug vor, männliche Verkäufer, die in Stoffhandlungen, Kurzwarenläden, Parfümerien oder bei Hutmachern – alles bis vor wenigen Jahren typische Arbeitsplätze für Frauen – tätig waren, mit einer Steuer zu belegen, anstatt die Frauen zu bestrafen, die ihre Stellung an beschäftigungslose Männer verloren hatten.

Trotzdem regte Premierminister Pitt im selben Jahr an, eine Steuer auf Dienstmädchen über fünfzehn Jahre mit zu erheben. Lord Surrey widersprach im Oberhaus, diese Maßnahme bedeute eine ausgesprochene Ungerechtigkeit gegen Frauen, »die außer der Arbeit im Haushalt keine Möglichkeit haben, ihren Lebensunterhalt zu verdienen«. Auch er war dafür, eine Steuer einzuführen, und zwar für die, welche »sich die natürlichen Arbeitsbereiche von Frauen aneignen, wie männliche Hutmacher, Korsettmacher und so weiter und so fort«. Die *Times* unterstüzte ihn darin. »Fünfzehn ist das gefährlichste Alter für das weibliche Geschlecht; wenn Tausende in diesem Alter ihre Arbeit verlieren, muss man das Schlimmste befürchten ... solange es keine andere Rettung aus Armut und Not gibt als den Verdienst aus der Prostitution.« Dennoch wurde die Steuer verabschiedet. Im Juli des folgenden Jahres schätzte die *Times*, dass »Mr. Pitts Dienstmädchensteuer nach sehr vorsichtigen Schätzungen mindestens zehntausend weitere Prostituierte geschaffen hat«. Im Oktober schrieb ein verzweifelter Journalist: »Die hohe Anzahl der Frauen, die sich der Prostitution zuwenden, welche in der Hauptstadt vermutlich sogar noch zunehmen wird, gibt großen Anlass zur Besorgnis ... In London und Umgebung leben mittlerweile fünfzigtausend Dirnen.«

Es war eine allgemein bekannte Tatsache, dass arbeitslose Dienstmädchen »einer der größten Personenkreise sind, aus denen sich die Prostituierten in dieser Stadt rekrutieren«. Einige von ihnen versuchten nach Kräften, diesem Schicksal zu entrinnen. Zu ihnen gehörte die zwanzigjährige Mary Anderson, die seit ihrer Verurteilung zu sieben Jahren Deportation nach

Übersee im Mai 1788 in Newgate einsaß. Ihr Prozess wegen eines jämmerlichen Bagatelldiebstahls war kurz und darüber hinaus ein Skandal gewesen. Mary Anderson stammte aus Bristol und war nach London gekommen, um Arbeit zu suchen – vielleicht, weil sie durch ein Missgeschick in ihrem Heimatort in schlechten Ruf geraten war, vielleicht auch, weil es dort keine freien Stellen gab. Sie war völlig allein in der Stadt und konnte einfach keine Stellung finden. Als ihr Geld aufgebraucht war, stahl sie Einrichtungsgegenstände aus einem Zimmer in der Virginia Street, auf halbem Wege zwischen dem Tower und Shadwell. Heute ist dieses Viertel eine heruntergekommene, schäbige Industriewüste, an deren nördlichem Rand eine viel befahrene Autobahn verläuft. Im Jahr 1788 hingegen gab es hier viele kleine Läden und billige Pensionen. In einer davon entwendete Mary Anderson ein paar Kleider und Haushaltswäsche und wurde beobachtet, wie sie mit ausgebeulter Schürze das Haus verließ. Beim Prozess sagte die Frau, die sie ertappt hatte, dem Richter: »Sie weinte und flehte mich an, sie werde sich nie mehr meinem Hause nähern, wenn ich sie laufen ließe.« Mary Anderson gab sich keine große Mühe, sich zu verteidigen: »Meine Freunde leben in Bristol. Ich habe die Sachen gestohlen ... Ich hielt das für besser, als Prostituierte zu werden.« Arbeitslosen Frauen standen nicht viele Möglichkeiten offen.

Die Gründe, warum die Verbrechensrate unter Frauen anstieg und die weibliche Armut zunahm, waren ein mehr oder weniger offenes Geheimnis. Allerdings war die Gesellschaft mit dem gedanklichen Schluss überfordert, dass eine Frau die Situation, die zu ihrer Straftat geführt hatte, häufig nicht beeinflussen konnte, weshalb ihre Lebensumstände als schuldmindernd hätten gewertet werden müssen. Natürlich verdienten diese Frauen Mildtätigkeit und gewiss auch Mitgefühl. Auch kleine Zugeständnisse, was den Ermessensspielraum, die Auslegung der Gesetzestexte, die rechtlichen Zielsetzungen oder die übertrieben strengen Strafen betraf, waren denkbar. Doch eine Wiedereingliederung in die Gesellschaft kam nicht in Frage.

Man betrachtete es als bedauerliche Tatsache, dass der Charakter gefallener Mädchen »unwiderbringlich und rettungslos zerstört« sei. Straffälligen Männern gestand man hingegen zu, dass sie »sich nach vielen Irrtümern vielleicht bessern konnten, damit man sie wieder mit offenen Armen in die Gesellschaft aufnehmen könne«. Man fand sich damit ab und hielt es für Gottes Willen und die menschliche Natur. Weibliche Kriminalität galt als unheilbare Krankheit, sehr traurig zwar und manchmal durch vom Opfer nicht veränderbare Bedingungen ausgelöst, doch auch nicht mehr rückgängig zu machen. Als die Zahl der Straftäterinnen wuchs, wie es in den achtziger Jahren des achtzehnten Jahrhunderts der Fall war, mangelte es nicht nur an Gefängnisplätzen für sie, sondern auch an Möglichkeiten, sie wieder in die Gesellschaft einzugliedern. Das Wort »Gesellschaft« bezog sich in dieser Zeit ohnehin auf einen viel kleineren Teil der Bevölkerung als heutzutage. Unter ihresgleichen hatte man eine prosaischere Einstellung zu gefallenen Mädchen. Doch es war die »Gesellschaft«, die ihr Urteil über sie fällte und dieses in schriftlicher Form festhielt.

Die Frage, wie die Kriminalität bei Frauen einzuschätzen sei, war im Dezember 1788 noch lange nicht beantwortet. Wichtiger schien, wie man sie verhindern sollte, und in dieser Hinsicht war man offenbar völlig ratlos. Das bedeutete nicht, dass die Behörden sich des Problems nicht bewusst gewesen wären, denn schließlich erhöhte sich die Arbeitsbelastung auf allen Dienstebenen. Nacht für Nacht dokumentierten einfache Polizisten mit ungelenker Hand in den Dienstbüchern der Wachen, welche Folgen die gesellschaftlichen Verwerfungen der Nachkriegszeit hatten. In der Poultry-Wache, am Stadtrand von London, wurde ein gefallenes Mädchen nach dem anderen aufgegriffen, »das in aller Öffentlichkeit weinend auf der Straße herumirrte«, »anscheinend keine Möglichkeit hatte, den Lebensunterhalt zu verdienen, und im Freien auf der Straße lagerte«, »mit der Laterne eines Nachtwächters floh«, »Lärm und Radau verursachte«, »unflätige Sprache benutzte« und in einem Fall von ganz besonderem Temperament »einen Ochsen die

Poultry hinunterjagte«. Jeden Morgen pünktlich um elf Uhr
wurden die Bücher mit den traurigen Schilderungen verpfusch-
ter Leben aus den Wachen zum Gericht gebracht. Dann waren
die Magistrate an der Reihe, sich mit den Taschendiebinnen,
Ladendiebinnen, Prostituierten und Handtaschenräuberinnen
zu befassen, von denen jede eine tragische Geschichte von er-
littener Not und dem Kampf ums nackte Überleben zu erzäh-
len hatte. Nachdem die Magistrate die Ordnungswidrigkeiten
von den Schwerverbrechen getrennt und für diesen Tag ihre
Bücher zugeklappt hatten, lag es an den Richtern zu entscheiden, wie man diesen endlosen Strom von Kleinkriminellen
bestrafen sollte, deren ewig gleiche Berichte von einem Dasein
in bitterer Armut nach einer Weile nur noch abstumpfende
Wirkung hatten.

Unter den Frauen, die Monat für Monat im Old Bailey vor
Gericht gestellt wurden, waren etliche, die mit ihrer Familie
oder mit Freunden zusammenlebten oder zumindest einen Be-
kanntenkreis hatten und dadurch über einen Rückhalt und soziale Anbindung verfügten. Doch viele, wie Mary Anderson,
hatten sich ganz allein und nur dank ihrer Geschicklichkeit
durchgeschlagen. Ohne fremde Hilfe und immer auf der Hut,
waren sie von Stadt zu Stadt und von Ort zu Ort gezogen; sie
waren von ihren Familien im Stich gelassen worden oder hatten
ihnen den Rücken gekehrt. Ihre ständig wechselnden Freundschaften und Beziehungen dauerten eine Nacht oder eine
Woche, bis einer der Beteiligten sich wieder aus dem Staub
machte – häufig nicht, ohne zuvor die Freundin um ihre letzte
Habe erleichtert zu haben. Überall in der Innenstadt, Westminster, dem Borough, am Ratcliff Highway, an den Londoner
Docks und den »gewöhnlichen Gasthäusern« – einer Mischung
aus Pension, Absteige und Bordell – wimmelte es von ihnen.
Betrunkene, stillende Mütter, Diebe, Ausländer, entlassene
Dienstboten, Arbeiter, die Pech gehabt hatten, und viele andere
Unglückliche, die am Rande der Gesellschaft dahinvegetierten,
übernachteten hier in Schlafsälen, Baracken, Ställen, Schuppen
und selbst in den Toilettenhäuschen auf dem Hof. Betten wurden

nächteweise an Einzelpersonen, Paare oder Dreigespanne vermietet – an so viele Menschen, wie eben nötig waren, um die Miete aufzubringen. Sie schliefen, Fuß an Kopf, in Löchern, wo die Matratzen aus feuchtem Stroh bestanden und wo die Fenster mit Lumpen abgedichtet waren, um die Kälte abzuhalten, sodass sich die nach fauligem Atem, Darmwinden und Sex stinkende Luft im Raum staute. Ein Bett in einem solchen Schlafsaal kostete etwa sechs Pence, vier Pence pro Kopf, wenn man es mit jemandem teilte. Unten im Hof neben den Toiletten musste man für die Übernachtung drei Pence bezahlen, in etwa der Preis, den die billigsten Prostituierten für eine schnelle Nummer an einer Straßenecke nahmen.

Wer in diesen Häusern die Nacht verbrachte, war Kälte, Feuchtigkeit, Krankheiten und den Übergriffen der anderen Gäste ausgesetzt. Am 26. September 1787 hatten die achtundzwanzigjährige Elizabeth Ayres und ihre dreiundzwanzigjährige Freundin Ann Wood vorübergehend eine Übernachtungsmöglichkeit in einem Haus in der Goldsmith Alley (der heutigen Goldsmith Street) angemietet, einer winzigen Straße, die von der Cheapside abgeht und die Gutter Lane mit der Wood Street verbindet. Sie erklärten sich bereit, das Bett eine Nacht mit einem gewissen James Roach, einem Arbeiter, zu teilen. Roach beteuerte vor Gericht, er habe wirklich nur schlafen wollen. Also habe er den Frauen einen Shilling bezahlt, sich ausgezogen und ins Bett gelegt. Die Frauen warteten, bis er schlief, und flohen mit seinen Kleidern. An der nächsten Ecke blieb Ann Wood stehen, zog Roachs Hose unter ihrem Rock hervor und rannte, seine Jacke über dem Arm, weiter. Sie kamen bis zur Plumtree Street (der heutigen Court) am Ende der Newgate Street, wo ein Polizist namens Cornelius Harrigan sie bemerkte und aufhielt. Der Constable erkundigte sich, warum sie mit einer Herrenjacke herumliefen, worauf Ann Wood erwiderte, sie gehöre ihrem Mann, und sie wolle sie »zum Flicken zum Schneider bringen«. Was ihr Mann denn von Beruf sei? Er sei Kutscher einer Mietdroschke. Aber Droschkenkutscher trügen doch keine solchen Jacken? Mein Mann ist Schneider, verkündete Elizabeth Ayres, die sich in das Gespräch einmischte. Harrigan nahm die beiden fest und brachte sie zu Edward Treadway, der in dieser Nacht in der nächstgelegenen Wache Dienst hatte und im Old Bailey kein Unbekannter war. Officer Treadway betrachtete die Jacke und kam zu dem Schluss, dass die Geschichte vom Schneider und vom Droschkenkutscher erlogen sei, da diese Jacke nicht geflickt werden müsse. Dann durchsuchte er die Frauen und entdeckte die Hose, die Ann Wood bei sich hatte. Wenig später saßen beide Frauen in Newgate ein, verurteilt zur Deportation nach Übersee.

Übernachtungsarrangements wie das von Elizabeth Ayres und Ann Wood waren für viele Einwohner der Stadt nichts Ungewöhnliches, und nicht nur Männer mussten morgens häufig ihrer Habe nachjagen, die ihnen während der Nacht in dem gemieteten Bett gestohlen worden war. Für gewöhnlich bestahl ein kleiner Dieb den anderen. Und eine Frau, die ihren Bettgenossen gerade um seine Uhr erleichtert und sie unter ihr Kopfkissen gesteckt hatte, konnte am nächsten Morgen durchaus feststellen, dass diese inzwischen von einer dritten Person entwendet worden war. Für eine Frau, die Nacht für Nacht in einem anderen Bett schlief, war es nicht leicht, selbst das, was sie am Leib trug, vor den langen Fingern der Fremden zu retten, mit denen sie die Matratze teilte. Also nähte man Münzen in Säume ein oder verschluckte sie der Sicherheit halber und förderte sie später mithilfe eines wirksamen Abführmittels, das auch unter dem eindrucksvollen Namen »Öffnungsmedizin« bekannt war, wieder zutage. Ein walisischer Magistrat erinnerte sich an ein weiteres Versteck »in dem Haar ... das der Anstand zu erwähnen verbietet«. Eine ihm bekannte Frau hatte dort dreißig goldene Sovereigns verwahrt. Doch nicht jeder Gegenstand konnte verschluckt oder in den Körper eingeführt werden. Ketten wurden von Hälsen gelöst, Münzen aus Säumen getrennt, Schuhschnallen mit Rasierklingen abgeschnitten, Schuhe und Schürzen nachts von Fremden aufgeschnürt und gestohlen.

Eine Stufe höher als diese Elendsquartiere standen die privaten

Pensionen, zu denen auch die in der Virginia Street gehörte, in der Mary Anderson gestohlen hatte. Tausende ein wenig besser gestellte Zugvögel mieteten für fünf Shilling pro Woche ein Zimmer in derartigen Häusern. Bei einigen handelte es sich um reine Beherbergungsbetriebe, bei anderen um das Wohnhaus eines Kaufmanns, eines Ladenbesitzers oder einer Witwe, die sich durch das Vermieten von Zimmern etwas dazuverdienen wollten. Im Erdgeschoss befand sich für gewöhnlich der Laden. »Eine Treppe hoch«, im ersten Stock also, wohnte die Familie des Besitzers. In den oberen Stockwerken und im Souterrain drängten sich die Mieter. Jede Etage und jeder Raum wurde nach einem abgestuften Preissystem vermietet, um eine feine soziale Staffelung der Klientel zu erreichen. Eine allein stehende Dame, die von einer bescheidenen Pension lebte, durfte vielleicht das erste Stockwerk mit der Hauswirtin teilen. Im zweiten Stock mochten zwei Dienstmädchen für eine Woche ein Zimmer bewohnen, während sie in der Stadt Arbeit suchten. Und oben auf dem Speicher schlief möglicherweise für eine geringere Miete ein Diener, der schon länger arbeitslos war und dem allmählich das Geld ausging. Am billigsten und unwirtlichsten waren die Keller. Es handelte sich dabei nicht um solche, von denen aus Stufen zur Straße hinaufführten, sondern um unterirdische, nur durch eine Falltür im Gehweg erreichbare Kammern. Wenn sich diese Falltüren öffneten, stieg eine Wolke aus Küchendünsten, Bügeldampf oder Wachsgestank nach oben. Häufig stolperten zum allgemeinen Ärgernis Betrunkene in die Luken.

Frauen, die erst kürzlich die Arbeit verloren hatten oder neu in der Stadt waren, mieteten sich in einem dieser Häuser ein. Die Miete zehrte die Ersparnisse auf, eine Stelle war nicht in Sicht, nach einer Weile wurden die ersten Möbel versetzt, um weiter Miete zahlen zu können, und zu guter Letzt war die Betreffende hoffnungslos verschuldet. Solche Geschichten bekam man bei jeder Sitzung im Old Bailey zu hören. Einige Mieterinnen beabsichtigten wirklich, die versetzten Gegenstände auszulösen, sobald sie wieder auf eigenen Füßen standen und

Geld verdienten. Häufig glaubten diese Frauen irrtümlicherweise, dass sie sämtliche Gegenstände nach Belieben versetzen konnten, solange beim Auszug nur alles wieder vorhanden war.

Die Witwe Ryan war die typische Wirtin einer Privatpension und bewohnte das erste Stockwerk ihres Hauses in Short's Garden, Seven Dials. Die übrigen Räume vermietete sie wochenweise. Im August 1781 mietete Elizabeth Gosling dort ein Zimmer für drei Shilling wöchentlich. Ganz gleich, ob sie von außerhalb kam oder gerade ihre Stelle verloren hatte und eine neue suchte, jedenfalls hatte sie sich einen schwierigen Monat ausgesucht. Denn die meisten Familien waren verreist und verbrachten die Sommerfrische in Bath oder Cheltenham. Mitte September konnte Elizabeth Gosling die Miete nicht mehr aufbringen und versetzte zunächst eine Steppdecke im Wert von achtzehn Pence und anschließend ein Bettlaken für sechs Pence. Sie stritt gegenüber dem Polizisten, der sie verhaftete, vor dem Magistrat und selbst noch vor dem Richter im Old Bailey nicht ab, die Bettwäsche versetzt zu haben. »Ich hatte die Wohnung doch nicht gekündigt, als sie mich in ihr Büro rief«, sagte sie dem Gericht, eindeutig in der Meinung, sich damit zu entlasten. Doch sie irrte sich. Auch sie wurde zu sieben Jahren Deportation nach Übersee verurteilt und saß im Dezember 1788 schon über ein Jahr in Newgate ein.

Unter den übrigen Frauen, die wegen eines ähnlichen Verbrechens wie Elizabeth Gosling hinter Gittern saßen, befanden sich zwei, die von derselben Hauswirtin angezeigt worden waren. Mrs. Martha Davis besaß eine Pension in der Broad Street, Bloomsbury – wo Mary Stewart für fünf Shilling pro Woche ein möbliertes Zimmer gemietet hatte –, und eine weitere in der Little St. Andrew's Street, Seven Dials. Wie Elizabeth Gosling begannn Mary Stewart nach einigen Monaten, die Möbel Stück für Stück in einer Pfandleihe in der West Street, unweit von Mrs. Davis' Haus in Seven Dials, zu versetzen.

Auch Mary Stewart glaubte, dass sie als Mieterin Gegenstände beleihen durfte, solange sie nicht auszog und weiter Miete zahlte. Sie erklärte dem Gericht, Mrs. Davis habe ihr gesagt, sie könne versetzen, was sie wolle, solange alles beim Auszug wieder vorhanden sei. Das sei in den Häusern von Mrs. Davis so üblich, fuhr sie fort. In der Little St. Andrew's Street »gibt es niemanden, der noch ein Bettlaken hat«. Mrs. Davis betriebe sogar eine Pfandleihe »und nimmt die Sachen selbst an; die Sachen, die man versetzt, um die Miete an sie zu bezahlen«. Mrs. Davis stritt das ab. Vielleicht hatte sie einfach genug davon, dass die Mieterinnen alles zu Geld machten, was nicht niet- und nagelfest war, und sich dann auf Unwissenheit beriefen.

Elizabeth Kearnon, die sich Price nannte, und ihre Partnerin waren im Oktober 1786 in die Little St. Andrew's Street gezogen und hatten binnen achtundvierzig Stunden eine eiserne Bratpfanne, ein Bügeleisen, drei Decken, zwei Leinenlaken, eine Steppdecke und einen Kupfertopf versetzt. »Alles im Zimmer bis auf die Tische und Stühle«, wie Mrs. Davis beteuerte. Als sie ertappt wurden, hatten sie zu denselben Ausflüchten gegriffen wie Elizabeth Gosling und Mary Stewart, die es vielleicht sogar ehrlich gemeint hatten. Doch im Fall von Elizabeth Kearnon lag die Sache anders, da es sich bei ihr und ihrer Freundin offenbar um Wiederholungstäterinnen handelte. Gewiss, nicht alle Mieter hatten Pech im Leben gehabt und hofften auf eine bessere Zukunft. Und einige Hauswirtinnen besaßen selbst kaum mehr als ihre Kundschaft und konnten es sich deshalb nicht leisten, bei jedem Mieterwechsel ein Bügeleisen oder ein Paar Vorhänge einzubüßen.

Allerdings waren in Pensionen wie der von Mrs. Davis die Hauswirtinnen nicht die einzigen Opfer. Wie in den schäbigeren Absteigen bestahlen auch hier die Bewohner häufig ihre Zimmergenossen. Da in derartigen Häusern große Fluktuation herrschte, begegnete man auf den Treppen und in den Fluren ständig neuen Gesichtern. Die Menschen kamen und gingen, sodass sich für einen Diebstahl mannigfaltige Gelegenheiten ergaben. Für einen Shilling pro Woche überließ Hannah Wigfall einer gewissen Ann White die Hälfte ihres Bettes in einer Pension in St. Sepulchre; dann lud sie ihre Freundin Elizabeth Johnson, die eigentlich Lee hieß, zu sich ein, und während sie die anderen durch Geplauder ablenkte, stahl Elizabeth Johnson Mrs. Whites Kiste unter dem Bett, als diese versuchte einzuschlafen. Auch sie wartete nun in Newgate darauf, dass die Behörden entschieden, wie man mit ihr verfahren solle. In einer anderen Pension, in der Einzelzimmer vermietet wurden, besuchte die siebzehnjährige Ann Bone alias Smith im November 1788 ihre Schwester. Sie schlich sich in ein Nachbarzimmer und stahl Habseligkeiten im Wert von fünfzig Shilling. Bei ihrer Verhaftung am folgenden Tag wurde eine Schürze wiedererkannt, die sie unter dem Rock um die Taille trug, damit sie ihr nicht entwendet wurde.

In einem anderen Teil von London stand Charles Marsh eines Morgens gegen Ende des Jahres 1788 um Viertel vor fünf auf, um zur Arbeit zu gehen. Als er das Haus durch den Hof verließ, hörte er »eine Frauenstimme aus dem Abort«. Die Frau hieß Esther Curtis, war achtzehn Jahre alt und sturzbetrunken. Marsh fragte sie, was sie in seiner Toilette verloren habe, und sie erwiderte, sie sei in der Nacht zuvor gestürzt und auf den Stufen eingeschlafen und wolle nun ihre Notdurft verrichten, bevor sie weiterzöge. Da so etwas häufiger vorkam, ließ Marsh sie gewähren. Später stellte er fest, dass sie ihm Kleidung im Wert von fast zwanzig Shilling gestohlen hatte. Er schrieb den Verlust als Lebenserfahrung ab und nahm sich vor, die Toilette in Zukunft abzuschließen. Er hätte Esther schon längst vergessen gehabt, wenn er sie am nächsten Tag nicht wieder auf seiner Türschwelle angetroffen hätte. Auch diesmal war sie stark betrunken, und sie trug keine Schuhe mehr. Marsh holte die Polizei. Esthers Ausssage vor Gericht war ebenso wirr wie ihr Verhalten in Marshs Hof. Sie habe einen Mann kennen gelernt ... irgendwo ... dieser habe sie aufgefordert, zu ihm nach Hause zu gehen ... was sie getan habe ... und die Schuhe auszuziehen, denn seine Vermieterin sei krank und dürfe nicht gestört werden ...

Öffentliche und private Pensionen waren häufig der Schauplatz von Diebstählen durch Prostituierte, die sich an den schlafenden Gästen schadlos hielten. Eine Frau mietete für eine Nacht gemeinsam mit anderen ein Bett oder ein Zimmer und drehte sich um, wenn eine Kollegin mit einem Kunden kam. Eine Prostituierte, die einen Freier ergattert hatte, aber nicht über eine Unterkunft verfügte, lieh sich für eine halbe Stunde das Bett einer Freundin und übernahm dafür einen Teil der Miete – oder, und das war gang und gäbe, sie teilte den Erlös der gestohlenen und versetzten Uhr oder Hose mit ihr. Im Old Bailey waren Geschichten von Prostituierten, die ihren Freiern die Taschen leerten und den Inhalt bei Dunkelheit an eine Freundin weiterreichten, ebenso an der Tagesordnung wie die von versetzten Bettdecken.

Nicht alle Männer, die nachts ihrer Hosen verlustig gingen, waren so schlau wie der zuvor erwähnte James Roach. Der Fall Nimrod Blampin gab Anlass zu einiger Heiterkeit und kostete den Bedauernswerten vermutlich nicht nur seine Habe, sondern auch seinen guten Ruf. Vor Gericht gab er freimütig zu, in einer Liebeslaube im St. James's Park eine gewisse Rachel Hoddy angesprochen zu haben. Er sei betrunken gewesen und habe sie in ihre Unterkunft in der Gravel Lane begleitet, um sich mit ihr ein aus Lachs und Bier bestehendes Abendessen zu genehmigen und anschließend mit ihr ins Bett zu gehen. Bald habe er sein Gesicht zur Wand gedreht, um seinen Rausch auszuschlafen. Erst um sieben Uhr morgens sei er aufgewacht und habe festgestellt, dass er nackt war. Rachel hatte ihn ins Zimmer eingeschlossen und ihm sämtliche Kleider und all sein Geld gestohlen. Da es Juni war, war die Lage eher peinlich als lebensgefährlich. Blampin brach unbekleidet die Tür mit einem Schürhaken auf und überredete einen Soldaten, der unter ihr wohnte, ihm ein paar Kleider zu leihen. Als er die nächstgelegene Polizeiwache erreichte, war Ann Hardiman, Rachels Zimmergenossin, bereits von einem aufmerksamen Polizisten aufgegriffen worden, als sie, Nimrods Hemd über dem Arm, eine Pfandleihe angesteuert hatte. Seine übrigen Sachen hatte sie bereits bei drei verschiedenen Pfandleihern in der Fleet Street versetzt. In der Wache gestand Ann Hardiman, dass die Kleider Blampin gehörten und ihr während der Nacht von Rachel gegeben worden waren. Sie behauptete aber, Rachel »hat die Sachen anstelle von Geld erhalten«.

Nimrod Blampin und James Roach waren noch einmal davongekommen, mit einer Blamage zwar, doch unter Rückerstattung ihrer Kleider und ohne Schaden an Leib und Leben. Sie hatten Glück gehabt. In den gefährlicheren Teilen der Stadt hingegen griff eine Prostituierte häufig mit einer Hand in die Tasche des Kunden, während sie ihm mit der anderen eins überbriet oder einem Komplizen ein vereinbartes Zeichen gab. Damals nannte man das »einen Überfall auf königlichen Straßen«, während man es heutzutage als schweren Raub bezeichnet. Die dafür am meisten berüchtigte Gegend war der Ratcliff Highway, eine lange, gerade Straße, die aus östlicher Richtung von London nach Limehouse führte. Dort drängten sich Gasthäuser, in denen Banden von Prostituierten und Straßenräubern Unterkunft gefunden hatten. Hier eine Prostituierte anzusprechen war nicht ratsam, vor allem wenn ein Mann allein und durch Alkoholgenuss nicht mehr ganz zurechnungsfähig war. Wer einem um die Ecke huschenden schmutzigen Rock in eine Seitengasse oder in einen Hinterhof folgte, riskierte nicht selten eine Begegnung mit einem Dutzend dort wartender gewaltbereiter Elendsgestalten, die nichts dagegen hatten, selbst Hand anzulegen. Ein kluger Mann fand sich in solchen Fällen besser mit seinem Verlust ab und machte sich rasch aus dem Staub.

Ein offizieller »Bericht über die Lage in öffentlichen Gasthäusern«, der im Jahr 1788 in Auftrag gegeben wurde, schilderte die Fallen, mit denen ein ahnungsloser Freier dort rechnen musste. Insbesondere wurde ein Ereignis beschrieben, wie es sich überall auf dem Ratcliff Highway Nacht für Nacht wiederholte: »Eine Prostituierte lockt einen Mann an und beraubt ihn, worauf die Puffmutter die Hälfte des Lohns und die Hälfte der Beute erhält.« Im Oktober 1788 lockte Mary Anson Benjamin Solomon in ein Haus, das Elizabeth Underhill gehörte, einer Frau, die einen Mann das Fürchten lehren konnte. Allerdings muss man Solomon zugute halten, dass er sich – mit heruntergelassenen Hosen und im Liebesrausch – in einer besonders prekären Situation befand. Mrs. Underhill stellte nicht nur eine körperliche Bedrohung dar, sondern verfügte auch über die nötige Fantasie, um ihren finsteren Andeutungen Nachdruck zu verleihen. Die dreiundzwanzigjährige Mary Anson hingegen hatte da gewiss reizvoller gewirkt, zumindest auf den dunklen Straßen von Shoreditch, wo sie Solomon, der auf dem Heimweg von einem geselligen Abend am Hoxton Square war, angesprochen hatte. Zuerst hatte er ihr einen Penny für eine Kerze gegeben und sie dann für einen Shilling auf etwas zu trinken eingeladen. Als sie die St. Paul's Alley erreichten, stand sein Entschluss fest. Solomon machte den schweren Fehler, sich als Erster zu entkleiden. Als er von der Taille abwärts nackt war, wurde ihm die Hose entrissen, an der die Schließen klimperten. Die hübsche Mary Anson verschwand, und an ihrer Stelle erschien Mrs. Underhill. Sie »wollte wissen, was ich hier zu suchen hätte«, sagte Solomon dem Richter, »und dann drohte sie mir in den schillerndsten Farben, mich mit dem Inhalt von sechs oder sieben Nachttöpfen ... aus den Aborten ... zu ersticken, falls ich reden sollte ...«. Angesichts des Todes in Fäkalien schwor Solomon zu schweigen. Die Hose, inzwischen nicht mehr klimpernd, wurde ihm zurückgegeben, und man wies ihm die Tür. Die Schließen der Hose, die nun an den Knien offen war, waren der Preis für seine Freiheit gewesen.

Verängstigt, aber noch nicht zur Kapitulation bereit, schlurfte Solomon los, um einen Polizisten zu suchen. Mary Anson wurde im Old Bailey der Prozess gemacht, und man verurteilte sie zu sieben Jahren Deportation nach Übersee. Mrs. Underhill befand sich auf Anordnung des Richters in Haft, bis das Gericht im Dezember wieder zusammentrat, damit wegen Mittäterschaft gegen sie verhandelt werden konnte. Beide Frauen saßen in Newgate ein.

Ein weiteres Pärchen aus dem East End, das nach der Verurteilung zur Deportation in Newgate seine Haft verbüßte, waren Poll Randall und Mary Butler, die einen noch viel kühneren Raubzug unternommen hatten. Ihr Opfer war Joseph Clark, der Tatort eine Pension – oder besser ein Bordell – in der Cable Street, die der fünfundzwanzigjährigen Elizabeth Sully gehörte.

SIÂN REES

In der Nacht des 10. November 1787 schlenderte Joseph Clark die Cable Street entlang. Unvorsichtigerweise hatte er die ausgesprochen hohe Summe von vierzig Pfund bei sich, und außerdem trug er einen halben Käse auf dem Kopf. Als er plötzlich von Poll Randall und Mary Butler von hinten angegriffen und in ein Haus gezerrt wurde, verhinderte – wie er dem erstaunten Gericht schilderte – die Angst, den Käse zu beschädigen, jegliche Gegenwehr seinerseits. Drinnen wurde ihm der Käse abgenommen, und das sei, wie er fortfuhr, auch der Grund gewesen, warum er nicht geflohen sei. Ein klügerer Mann hätte wahrscheinlich auf einen Käse im Wert von ein paar Shillings verzichtet, um wenigstens die vierzig Pfund Bargeld zu retten.

Joseph Clark jedoch beschützte seinen Käse; er trank währenddessen einen Viertelliter Gin, spielte Karten und genehmigte sich anschließend noch einen Viertelliter und ein Abendessen. Letzteres habe er jedoch zunächst abgelehnt, mit dem Einwand, er wolle »nur seinen Käse zurück und nach Hause gehen«. Plötzlich jedoch schwenkte die Stimmung um. Poll und Mary zerrten ihn nach oben – »Sie konnten sich gar nicht wehren?«, fragte ein Richter ungläubig – und entkleideten ihn gewaltsam. »Sie warfen mich aufs Bett!«, rechtfertigte sich Clark. »Und ich rief, um Himmels willen, tut mir nichts.« Erst als Poll die Banknoten in seinen Taschen forderte, wurde Clark klar, dass sie es gar nicht auf seinen Käse abgesehen hatten. Doch selbst in dieser angespannten Situation taten sie sich ein zweites Mal an Rindfleisch und Gin gütlich. Clark lag immer noch im Bett. Die Mädchen spiegelten ihm eine Weile Freundschaft vor, doch irgendwann wurde es Poll Randall zu bunt – sie wollte endlich etwas trinken. »Sie nahm meine beiden Hände und drehte sie mir auf den Rücken. Ich wagte nicht, Widerstand zu leisten!« Poll Randall und Mary Butler waren erst dreizehn Jahre alt.

Fünf Monate nach ihrem Prozess erhielten sie in ihrer Zelle Gesellschaft von Mutter Sully persönlich und einem weiteren Schäfchen ihrer Herde. Offenbar hatte sich Mrs. Sully auf minderjährige Prostituierte spezialisiert. Mary Bateman, die im

Mai 1788 gemeinsam mit ihr verurteilt wurde, war vierzehn. Sie und ihre Freundin Elizabeth Durand hatten am Wellhouse Square James Palmer angesprochen, als dieser nach einer Sauftour in Minories zu seiner Unterkunft im Haus eines Keksbäckers aus Limehaus zurückkehrte. Palmer lud die Mädchen auf einen Viertelliter Gin in einem Lokal am Wellhouse Square ein, handelte die Bedingungen aus und ging dann mit Mary Bateman zum Haus von Mrs. Sully, wo es zum Geschlechtsverkehr kam. Vor Gericht sagte er aus: »Ich weiß nicht, wie ich [aus ihrem Haus] rausgekommen bin, so betrunken war ich.« Allerdings wurde er auf der Straße schlagartig wieder nüchtern, als ihm klar wurde, dass man ihm Mantel, Bargeld und eine Uhr im Wert von drei Pfund gestohlen hatte. Er alarmierte Joshua Grey, den in dieser Nacht Dienst habenden Gendarmen.

Bis Officer Grey in der Cable Street eintraf, hatten die beiden Frauen Zeit gehabt, die Uhr gut zu verstecken, sodass seine Durchsuchung von Mary Batemans Zimmer ergebnislos blieb. Dennoch war der Diebstahl einer Uhr im Wert von drei Pfund, und überdies in einem so berüchtigten Haus wie dem von Mrs. Sully, kein Pappenstiel. Und der Gendarm hatte nicht vor, die Sache auf die leichte Schulter zu nehmen. Im Laufe der nächsten Tage gelang es Grey, die kleine Elizabeth Durand allein abzupassen und ihr – durch Druck oder Bestechung – die gewünschten Informationen zu entlocken. Daraufhin kehrte er in die Cable Street zurück, nahm die Frauen zum Verhör mit und schüchterte sie so lange ein, bis sie ihr Gewissen erleichterten. Vielleicht erbot er sich ja, den Wert des Diebesguts in der Anzeige als geringer anzugeben, damit aus dem Schwerverbrechen eine einfache Straftat wurde – allerdings nur, wenn sie jetzt geständig waren. Mary Bateman begleitete Grey zum Haus und zeigte ihm die Uhr, die in Mrs. Sullys Matratze steckte.

Das überfüllte London war in den achtziger Jahren des achtzehnten Jahrhunders eine Stadt mit vielen Gegensätzen. Prächtige Viertel standen Seite an Seite mit heruntergekommenen Elendsquartieren. In vielen Gebieten gab es Pensionen, wo

Fremde die Betten miteinander teilen mussten, ebenso wie Bürgerhäuser, in denen Kaufleute, Beamte und kleine Händler wohnten. Zwischen diesen Bevölkerungsschichten herrschte eine ständige Fluktuation: Ein Dienstmädchen, das vom Glück verlassen in einer Absteige in Seven Dials hauste, hatte vielleicht schon eine Woche später eine Stellung bei einem angesehenen Metzger in Smithfield. Die Witwe eines Ladenbesitzers, die eine kleine Pension bezog, lebte möglicherweise Tür an Tür mit einem Taschendieb. Selbst Menschen, die keinerlei Berührung mit der Welt der Gasthäuser hatten, kamen ständig in engen Kontakt mit Fremden, seien es nun Mieter, Nachbarn oder Dienstboten. Und daraus ergaben sich zunehmend Gelegenheiten für die Sorte von Straftäterinnen, wie sie am häufigsten im Old Bailey vor dem Richter standen: Dienstmädchen, die das Tafelsilber stahlen.

»Das Verbrechen von Dienstboten, die ihre Herrschaft bestehlen ... stellt einen Verstoß gegen sämtliche Grundregeln der zivilisierten Gesellschaft dar, sodass es die Pflicht der Gerichte ist, dieses strengstens zu bestrafen.« Das waren die Worte des obersten Richters von London, James Adair, der viele der Frauen, die zurzeit in Newgate einsaßen, zur Deportation nach Übersee verurteilt hatte. Allerdings hatte seine Einschätzung des Verhältnisses zwischen Dienstboten und Herrschaft schon längst nichts mehr mit der Wirklichkeit zu tun. Die Gedanken, die man sich im georgianischen Zeitalter über die Arbeitslosen machte, waren von einer fast elisabethanischen Furcht vor führerlosen Menschen geprägt. Doch sosehr man auch auf die althergebrachte Gehorsamspflicht gegenüber den Herrschaften pochte – die ihren Dienstboten im Gegenzug finanziellen und moralischen Schutz gewähren mussten –, löste sich diese Struktur in der sich wandelnden Welt ständig wechselnder Arbeitsverhältnisse dennoch zunehmend auf. Vor den hohen Gerichten wurden nur wenige Familienzwistigkeiten verhandelt. Hauptsächlich befasste man sich dort mit Menschen, die einmal hier, einmal dort arbeiteten und ihre Habe in einer Kiste auf dem Rücken mit sich herumtrugen, ständig auf der Suche nach zusätzlichen sechs Pence Wochenlohn, einem wärmeren Bett oder besserer Verpflegung. Fremde wurden ohne viel Federlesen als Dienstboten in den Haushalt aufgenommen, erhielten Zugang zu vertraulichen Familieninterna, bekamen ebenso beiläufig wieder den Laufpass und wurden, wenn nötig, durch andere herumvagabundierende Unbekannte ersetzt.

Für gewöhnlich wurden die Dienstmädchen im späten Frühling »freigesetzt«, wenn die Familien ihre Häuser in London schlossen, um ihre Sommerfrische auf dem Land zu verbringen. Manchmal wurde ein Personalstamm in London beibehalten, doch die Arbeitgeber wussten, dass es bei ihrer Rückkehr im Herbst nicht schwer sein würde, neue Bewohnerinnen für die Dienstmädchenzimmer in der Mansarde zu finden. Anhänger dieser Praxis waren sich darüber im Klaren, dass man in den Tagen zwischen der Kündigung und dem tatsächlichen Auszug der Betroffenen ein besonders scharfes Auge auf die Wertgegenstände im Haus haben musste. Also war man im April 1788 im Haus des Baronet Sir George Little am Grosvenor Square nicht sehr erstaunt, als ein Pfandleiher aus der Nachbarschaft an der Tür klopfte. Der Mann hatte einen silbernen, mit einem Wappen verzierten Löffel bei sich und gab eine Personenbeschreibung ab, die auf die tags zuvor entlassene Küchenhilfe passte. Der Butler, der vor Gericht aussagte, war nicht in der Lage, Gründe zu nennen, warum Catherine Hounsam den Laufpass erhalten hatte. Man kann sich fast vorstellen, wie er angesichts der Zumutung, er solle sich über ein Küchenmädchen den Kopf zerbrechen, die Augenbrauen hochzog. Catherine wird als ein wenig schlicht von Verstand geschildert. Sie hatte einen wertvollen und leicht zu erkennenden Löffel in eine Pfandleihe gleich um die Ecke gebracht und dem Besitzer erklärt, der Löffel sei von einem Müllwagen gefallen. Von einem Müllwagen? Ja, von einem Müllwagen, und einer der Müllfahrer habe gesagt: »Ich darf ihn behalten, um damit meinen Haferbrei zu essen.« Selbst die Geschworenen hielten Catherine für leicht geistig zurückgeblieben. Wegen des hohen Wertes des Diebesguts und der Umstände der Tat hätte eigentlich die

Todesstrafe über sie verhängt werden müssen. Doch die Geschworenen baten in aller Bescheidenheit um Gnade, »da sie so jung und unwissend« sei. In Wahrheit jedoch war Catherine bereits dreißig und bewies später im Leben mehr Schlauheit, als man ihr nach diesem ungeschickten Diebstahl zugetraut hätte.

Vermutlich hatte Catherine den Löffel gestohlen, um sich über Wasser zu halten, bis sie im nächsten Haushalt die Küche scheuern durfte. Ihre Lage, die sie mit vielen Tausenden teilte, war wohl bekannt. Elizabeth Gale hatte sich dasselbe Verbrechen zuschulden kommen lassen, auch wenn sie verschlagener war als Catherine. Obwohl sie wegen des Diebstahls von Gegenständen im astronomischen Wert von siebzehn Pfund angezeigt worden war, wurde sie nur wegen neun Pence verurteilt. Sie hatte sechzehn Monate lang als Dienstmädchen bei Alexander Annesley gearbeitet und hätte, wie er aussagte, »am Tag nach dem Diebstahl gehen sollen«. Dieser hatte sich nachts ereignet, als Gale selbst die Familie geweckt und die Polizei gerufen hatte. Man stellte fest, dass »die Anrichte leer« war, und entdeckte einen verdächtigen »Kutscher aus der Nachbarschaft unter dem Bett der Angeklagten«. In ihrer Kiste fand man Kinderkleidung im Wert von neun Pence. Beim Verhör gestand sie, sie habe während ihres Arbeitsverhältnisses vier weiteren Männern gestattet, unter ihrem Bett zu übernachten. Man konnte ihr den Diebstahl des Silbers nicht nachweisen. Doch dass sie die Kleidung entwendet hatte, genügte, um sie zu sieben Jahren Deportation zu verurteilen.

Man brachte den entlassenen Dienstmädchen – ebenso wie den Verkäuferinnen, die durch männliche Arbeitskräfte ersetzt worden waren – zwar ein wenig Verständnis entgegen, aber es gab zwei Dinge, die gegen sie sprachen: Sie waren erstens nun einmal Frauen und zweitens diebische Dienstboten. Andererseits hielten sich viele ihrer Berufskolleginnen nicht aus Not an ihrer Herrschaft schadlos, sondern einfach deshalb, weil sich die Gelegenheit dazu bot. Die Hausherrin des achtzehnten Jahrhunderts trug ständig einen riesigen Schlüsselbund um die

Taille, der mehr dem Schutz vor Langfingern im eigenen Haus als dem vor Einbrechern diente. Ein Arbeitgeber, der vergaß, die Teeschatulle oder die Wohnzimmertür abzuschließen, galt als leichte Beute. Diebstähle durch Hausangestellte waren in den damaligen Haushalten, ganz gleich welcher Größe, gang und gäbe.

Die zwanzigjährige Elizabeth Parry behauptete, erst kürzlich aus Lancashire eingetroffen zu sein, als sie im Mai 1787 rings um die Felder nördlich der City Road an verschiedene Türen klopfte und Arbeit »in der Milchwirtschaft« suchte. Sie hatte Glück bei Mrs. Attewell, die sie als Kuhhirtin einstellte, und nachdem die Abmachung getroffen war, zog sie mit ihrer Kiste bei den Attewells ein. In den acht Tagen, die sie dort verbrachte, molk sie weder eine einzige Kuh der Attewells, noch machte sie sich auf den Feldern die Stiefel schmutzig. Denn schon nach zwei Tagen wurde sie krank und musste das Bett hüten. Mrs. Attewell pflegte das Mädchen in ihrem Zimmer und bezahlte auch für die Dienste eines Apothekers – einschließlich eines Aderlasses für drei Pence. Als sie eines Nachmittags nach Hause kam, stellte sie fest, dass Elizabeth verschwunden war. Ihre Truhe war ausgeräubert, das Geld, das sie für den Lohn ihrer anderen Kuhhirten beiseite gelegt hatte, war fort. Susanna Attewell war zwar keine gute Menschenkennerin, aber die Erfahrung sagte ihr, dass sie Elizabeth Parry sofort einen Gendarmen auf den Hals hetzen musste. Ansonsten würde das Mädchen im Meer der Hauben und braunen Baumwollkleider untertauchen, das ständig über die City Road wogte. Also handelte sie rasch, und wenige Stunden später wurde Elizabeth Parry festgenommen. Vor Gericht war sie dreist und unterbrach ständig Mrs. Attewells Aussage mit Einwürfen wie: »Das habe ich nie behauptet!« Sie meinte, ihre Arbeitgeberin sei tags zuvor ebenfalls ausgegangen, der Diebstahl könne deshalb auch in dieser Zeit verübt worden sein. Zu guter Letzt verteidigte sie sich trotzig: »Die Sachen gehören mir, und was das Geld betrifft, hatte die Klägerin gar keines!«

Elizabeth Parry wollte sich bereichern, Catherine Hounsam

war in Not, und bei Elizabeth Gale lag die Wahrheit irgendwo in der Mitte. Die Geschichte eines weiteren Dienstmädchens, das ebenfalls in Newgate einsaß, ist noch schwieriger zu deuten. Die siebenundzwanzigjährige Rachel Turner hatte bei Cleophas Comber gearbeitet, einem Kerzenzieher, der in der Gemeinde St. Martin's lebte. Comber war so vermögend, dass er außer Rachel noch männliche Dienstboten und während des Wochenbetts seiner Frau zusätzlich eine Krankenpflegerin beschäftigen konnte. Als die Krankenpflegerin ins Haus kam, fehlten plötzlich verschiedene Kleidungsstücke, Bettwäsche und mehrere Saucieren. Später erklärte Comber vor Gericht, er habe Rachel verdächtigt, sie aber nicht selbst zur Rede stellen wollen. Deshalb habe er nach dem Gemeindediener Parsley geschickt. Nachdem sich Mr. Parsley die Verdächtigungen angehört habe, habe er das Dienstmädchen befragt und darauf bestanden, einen Blick in ihre Kiste zu werfen. Darin befanden sich die silbernen Saucieren, worauf Rachel aufgefordert wurde, ihren Mantel zu holen. Auf der Wache wurde in Gegenwart eines Gendarmen eine Liste der gestohlenen Gegenstände erstellt, die Rachel im Dezember 1787 im Old Bailey vor dem Richter abzeichnen musste.

Sie hatte sich einen bekannten Anwalt namens Garrow genommen, der beschloss, die Anzeige mit einer Gegenattacke zu parieren. Er sagte, die Gegenstände seien Rachel untergeschoben worden. Gepeinigt von den Vorwürfen seiner Frau, er unterhielte eine sexuelle Beziehung mit Rachel, habe Cleophas Comber eine Lösung gesucht und beschlossen, das Mädchen loszuwerden. Sechs Monate lang habe sie frei von jeglicher Beanstandung für Mrs. Comber gearbeitet. Die »Gardinenpredigten« gegen Cleophas hätten vermutlich begonnen, als »die gute Frau im Wochenbett lag« (und als Schwangere zu Hysterie neigte). Erst nach dem Eintreffen der Krankenpflegerin (»ein berüchtigtes Tratschweib«) hätten die Verdächtigungen angefangen, der Hausherr triebe im Salon unzüchtige Dinge mit dem Dienstmädchen. Hatte Rechtsanwalt Garrow all das frei erfunden, oder hatten ihn Rachel Turners Erklärungen auf den

Gedanken gebracht? Cleophas Combers Version der Dinge trägt nicht dazu bei, die Angelegenheit zu erhellen. Doch er spielt ohnehin eine ziemlich klägliche Rolle in Rachels tragischer Lebensgeschichte. Er wäre nicht der erste Ehemann mit einer schwangeren Frau gewesen, der eines Nachts an die Tür des Dienstmädchens geklopft und sich anderntags mit einem raschen Geschenk vom Kaminsims ihr Schweigen erkauft hätte.

KAPITEL ZWEI

Reizende britische Nymphen

Die gefallene Frau war eine der beliebtesten Figuren in der Unterhaltungsliteratur des späten achtzehnten Jahrhunderts, und am meisten beflügelte es die Fantasie, wenn das Mädchen, das von einem scheinbar vertrauenswürdigen Schurken um den Finger gewickelt und anschließend im Stich gelassen wurde, aus guter Familie stammte. Bei Chapbooks erschienen die Sammlungen *Wahre Geschichten!* mit historischem oder moralischem Ansatz, die sich bei den des Lesens mächtigen Angehörigen der unteren Mittelschicht großer Beliebtheit erfreuten. Und die häufigste Heldin dieser Erzählungen war die gefallene Frau. Zwei der sechzehn Geschichten in einem dieser Bände drehen sich um verführte und betrogene Heldinnen (»Der glückliche Neger« und »Ben aus der Sonntagsschule«), bei weiteren zwei handelt es sich um leidenschaftliche Liebesschmonzetten, die sich lose an wahren Ereignissen orientieren und im fünfzehnten Jahrhundert spielen. Die blauäugige Patty Freelove, die sich als Soldat verkleidet, um ihrem Geliebten zu den Botany Bay Rangers zu folgen, steht für ein weiteres Faible jener Epoche: Frauen in Männerkleidung, die – getarnt als Marineinfanteristen oder Soldaten – Heldentaten begehen, kommen in drei der sechzehn Erzählungen vor.

Die frei erfundene Geschichte von Louisa Harewood, erschienen in einem weiteren Band, wird eindrucksvoll in Form

eines bekennenden Briefes an ihre Eltern erzählt, den sie am
Vorabend ihres Aufbruchs nach Botany Bay verfasst. Im An-
schluss folgt ein kleines Gedicht:

Du britische Nymphe, von Schönheit geküsst,
hör an, was aus mir geworden ist.
Einst lebt' ich wie du in Glück und in Freud,
doch heute bedrücken mich Kummer und Leid.
Beweint meine Sorgen, mein Leben ist aus.
Als Sträfling muss ich in die Fremde hinaus!

... und all das nur wegen einer zufälligen Begegnung mit Leutnant Henry Harris im Hause eines ortsansässigen Adeligen.
Mit dem hübschen Leutnant führt eins zum anderen, und »eines schicksalsträchtigen Abends gab ich meine jungfräuliche
Unschuld hin – und damit auch meinen Seelenfrieden, eure
Fürsorge und euren Schutz – und beschwor eine lange Reihe
tragischer Ereignisse über mich herauf«. Henry überredet
Louisa, mit ihm durchzubrennen, doch schon nach wenigen
glücklichen Wochen wird er nach Portsmouth zu seinem Schiff
zurückgerufen. Beim Abschied schwört er ihr »ewige Treue«
und verspricht, »mir Geld zu schicken und mir so oft wie möglich zu schreiben, was er leider nicht eingehalten hat«. Schließlich gibt Louisa ihr letztes Geld für die Kutschfahrt nach Portsmouth aus, sucht sich eine Unterkunft und lässt Henry eine
Nachricht zukommen. Ihnen bleiben noch zwei gemeinsame
Tage, bis sie erfährt, dass sein Schiff in See gestochen ist. Dieser
Schreck ist der Anfang ihres Untergangs, und nach einer Weile
ist sie »Besitzerin von nur noch vier Guineen«. Zuerst versetzt
sie ihre Kleider und ist schließlich gezwungen, »(wenn auch
mit dem größten Bedauern) die Möblierung meiner Unterkunft zu Geld zu machen«. Daraufhin wird sie angezeigt und
zu sieben Jahren in Botany Bay verurteilt.
   Es ist leicht, moralistische Geschichten wie die von Louisa
Harewood, die förmlich von unterdrückter Sexualität knis-
tern, zu belächeln. So leicht, dass man erschrickt, wenn man

SIÂN REES

erkennt, wie nah sie der Wahrheit kommen. Zwei junge Mädchen, die als Vorbild für Louisa Harewood hätten dienen können, saßen vierhundert Kilometer nördlich von London im Gefängnis. Mary Rose und ihre Altersgenossin Sarah Whitelam, die ihre beste Freundin werden sollte, stammten aus Lincolnshire, einer lang gezogenen, ebenen, sumpfigen Region im Osten von England. Sie gehörten zu der Hand voll gefallener Mädchen, die von den Richtern des Norfolker Gerichts im Jahr 1787 zur Deportation nach Übersee verurteilt worden waren.

Lincolnshire war zu weit entfernt, zu provinziell und zu ländlich, als dass Geschehnisse dort in den Städten, insbesondere in London, großes Interesse hervorgerufen hätten. Allerdings erlangte die Gegend 1788 einige Berühmtheit, denn in diesem Jahr erlitt König Georg seinen bislang schlimmsten Anfall von Geisteskrankheit. Der Arzt, der ihn behandelte, als er in Kew Gardens zu toben begann, war gebürtig aus Lincolnshire. Premierminister Pitt und die Partei des Königs setzten alle Hoffnung in Dr. Willis, der den Kranken mit einfachen Gesprächen und heißen Packungen behandelte. Allerdings war Dr. Willis kein Adeliger. Damals war Sir Joseph Banks aus Revesby Hall Präsident der Royal Society, der wichtigste Mann in Lincolnshire und außerdem ein Förderer geografischer und botanischer Expeditionen auf dem ganzen Erdball. Vor knapp zwanzig Jahren hatte er Kapitän Cook auf seiner Erkundungsfahrt begleitet, die 1770 zur Entdeckung von Neusüdwales geführt hatte.

Weder Dr. Willis noch Sir Joseph Banks hatten je von der achtzehnjährigen Sarah Whitelam gehört, die bei ihrem Prozess im Rahmen der vierteljährlichen Gerichtssitzung im April 1787 in Kesteven nur als »Jungfer aus Tealby« bezeichnet wurde. Inzwischen saß sie im Gefängnis von Kesteven ein. Man hatte sie wegen Diebstahls einer gewaltigen Beute »unter dem Einsatz von Gewalt und einer Waffe« verurteilt. Dazu gehörten: »ein dunkelgraues Wollkleid, ein weißes Baumwollkleid mit roten Streifen und Ranken, ein Umhang aus Norwichkrepp, ein rosafarbener gesteppter Unterrock, sieben Meter schwarzer Taft, zwei Damenkorsetts, ein schwarzer Satinumhang, ein roter Umhang aus Wollstoff, eine Schürze aus feinem weißem Battist, ein schokoladenbraunes Taschentuch aus Rohseide, ein schwarz-rotes Taschentuch aus Seide, ein schwarzes Taschentuch aus Seide, ein Damenhut aus schwarzer Seide, drei weiße Leinenschürzen, zwei karierte Schürzen aus Leinen-Baumwoll-Gemisch, ein Paar Lederschuhe und ein Paar versilberte Schuhschnallen, Gesamtwert einundfünfzig Shilling«. Unterlagen, die Licht auf die Hintergründe des Diebstahls werfen könnten, sind nicht mehr vorhanden. Vermutlich hatte sie ein für das achtzehnte Jahrhundert typisches Verbrechen begangen, indem sie ihre Dienstherrin bestahl oder in einer Pension ins Nachbarzimmer einbrach. Die Formulierung »Einsatz von Gewalt und einer Waffe« ist ebenfalls nicht sehr erhellend, da sie vom rüden Versuch, sich zur Tür durchzudrängen, bis hin zum Schwingen einer Axt alles bedeuten kann. Allerdings war die von ihr benutzte Waffe vermutlich nicht sehr bedrohlich, denn sonst hätte dieser Anklagepunkt zusammen mit dem Umstand, dass der Wert der von ihr gestohlenen Gegenstände mehr als neununddreißig Shilling betrug, gewiss die Todesstrafe nach sich gezogen.

In Lincoln verbrachte Mary Rose – einige Quellen geben ihr Alter mit sechzehn, andere mit zwanzig Jahren an – schon ihr zweites Weihnachtsfest im Stadtgefängnis. Mary Roses Lage unterschied sich erheblich von Sarah Whitelams, denn im Dezember 1788 begann Sir Joseph Banks aus Revesby Hall, sich persönlich für ihren Fall zu interessieren. Offenbar war er von örtlichen Honoratioren darauf aufmerksam gemacht worden, denen das Schicksal dieser wahrhaftigen Louisa Harewood mit dem hübschen Gesicht, dem romantischen Namen und der traurigen Liebesgeschichte sehr ans Herz zu gehen schien.

Einer von ihnen machte im *Lincoln, Rutland and Stamford Mercury* vom 26. Dezember 1788 seinen Gefühlen in einem bewegenden Gedicht Luft:

Für Mary Rose, ein junges Mädchen, etwa sechzehn oder siebzehn Jahre alt, das ... wegen eines Bagatellvergehens ... im Stadtgefängnis von Lincoln sitzt:

Wenn alle Himmel sich verdüstern,
Und Winterwind das Szepter schwingt,
Wenn Eises Macht des Flusses Wellen
Mit einem Mal zum Stillstand bringt.
Gedenket dann, ihr Braven, Guten,
Wahrhaftigen aus Lincoln Town
Der Menschen in Gefängniszellen,
Wo Elend herrschen, Not und Grau'n

Schlaf rückt für mich in weite Ferne,
Lieg bis zum Morgengrauen wach.
Und grell bescheinen mir die Sterne
Das samten schwarze Tuch der Nacht
Dann will es all meine Gedanken
Zu Lincolns düstrem Kerker ziehn,
Wo Tag um Tag und völlig einsam,
Ein zartes Röslein welkt dahin.

Ach, armes Mädchen, du musst leiden
Und betten dich auf hartes Stroh.
Die liebe Sonne muss dich meiden,
Und niemals wirst du wieder froh.
Im finstern Loch bist du gefangen,
Sehnst bess'res Schicksal dir herbei.
Du glaubst, dein Leben sei vergangen,
Und nur das Grab mache dich frei.

Offenbar hatte Mary Rose als junges Mädchen ein unbescholtenes Dasein geführt. Sie stammte aus einer intakten Familie mit mittlerem Einkommen, arbeitete in Lincolnshire in der Landwirtschaft und war mit dem Sohn einer benachbarten Bauernfamilie verlobt. Ihr stand ein beschauliches Leben nach dem Beispiel ihrer Mutter und Großmutter bevor, so wie es Bauerntöchter im ganzen Lande führten. Das allerdings änderte sich schlagartig, als Mary Rose einen Offizier kennen lernte, der vorübergehend in ihrem Dorf stationiert war.

Aus irgendeinem Grund kam eine Ehe nicht in Frage, vielleicht weil sie noch keine sechzehn war, weil ihre Familie den Bräutigam ablehnte oder weil sie die Tochter für zu jung hielt. Wahrscheinlicher jedoch ist, dass die Eltern des Mannes oder seine Vorgesetzten die Hochzeit eines jungen Herrn mit einer Bauerntochter nicht billigten. Möglicherweise war wegen des großen Standesunterschieds ohnehin nie von Hochzeit die Rede. Dennoch war Mary davon überzeugt, dass ihr Offizier für sie sorgen würde. Die beiden – oder wenigstens Mary – waren verliebt; also verließ sie eines Nachts ihre Familie und quartierte sich in Lincoln ein.

Als ihre Eltern aufwachten, war Mary Rose verschwunden. Nun war rasches Handeln angesagt, denn in ein paar Stunden würde ihr kleines Mädchen unwiderbringlich eine gefallene Frau sein, die Schande über die Familie gebracht hatte. Schließlich war Mary Rose keine mittellose Dienstmagd, die nichts weiter als zwei Pence und einen Ersatzunterrock besaß. Da sie nach ihrem einundzwanzigjährigen Geburtstag zwanzig Pfund Jahreseinkommen beziehen würde, war sie sogar ziemlich vermögend und in der Gemeinde hoch geachtet. Vermutlich machten sich ihre Eltern an jenem frühen Morgen verzweifelt auf die Suche und durchkämmten den gesamten Hof, die Landstraßen und die Felder ihrer Nachbarn und schickten Knechte zu Pferde ins Dorf, um sich zu erkundigen, ob jemand Mary Rose gesehen hatte. Nach einer Weile dämmerte den Eltern wahrscheinlich, dass sie mit dem Offizier durchgebrannt war. Sicher war der junge Mann der Familie bekannt und häufig bei Mahlzeiten oder Kammermusikabenden im Salon zu Gast gewesen. Man hatte ihn am Markttag bei Tanzveranstaltungen und in den besseren Lokalen von Lincoln getroffen. Deshalb ahnte Roses Familie bestimmt bald, was ihre Tochter getan hatte.

Nur zwei Dinge konnten einen Skandal abwenden: das Mädchen sofort aufzuspüren oder es umgehend zu verheiraten – doch keines von beidem geschah. Binnen weniger Tage, womöglich sogar Stunden, nach der Flucht aus ihrem Elternhaus hatte Mary Rose das Bett mit ihrem Offizier geteilt. Vielleicht hatte er wirklich beabsichtigt, sie zu heiraten, und sie war davongelaufen, um ihren Vater vor vollendete Tatsachen zu stellen. Es kann auch sein, dass er von Anfang an geplant hatte, sie im Stich zu lassen. Jedenfalls nahmen ihm die äußeren Umstände die Entscheidung ab, denn schon wenige Wochen nach Mary Roses Flucht wurde sein Regiment ins Ausland verlegt; er musste seine minderjährige Geliebte in der Pension zurücklassen, wo sie auf ihn warten sollte. Offenbar verhielt er sich anständig und gab der Vermieterin Geld, um bis zu seiner Rückkehr für Marys Unterkunft und Verpflegung aufzukommen. Man weiß zwar nicht genau, welche Rolle der Offizier in dieser Geschichte spielte, doch er war anscheinend ein Ehrenmann. Es war die Hauswirtin, die sich als Schurkin entpuppte.

Ganz gleich, wie sich Mary und ihr Geliebter bei Anne Kestleby, der Pensionswirtin in Lincoln, vorgestellt hatten, sie kam ihnen rasch auf die Schliche. Aus Mrs. Kestlebys Verhalten gegenüber Mary, nachdem der Offizier abgereist war, lässt sich ersehen, welche Behandlung ein Mädchen, das seinen guten Ruf für die Liebe opferte, zu erwarten hatte. In den Augen der Hauswirtin hatte Mary das Recht auf den Schutz ihrer Familie verwirkt und sich aus freien Stücken zu einem Leben als moralische Außenseiterin entschlossen. Und da sich ihr einziger männlicher Beschützer auf dem Weg nach Frankreich befand, hatte sie sich alles, was geschah, selbst zuzuschreiben. Mrs. Kestleby hatte es auf das Geld abgesehen, das der Offizier hinterlegt hatte. Und welchen einfacheren Weg gab es, das Mädchen loszuwerden, als es zu beschuldigen, es habe Möbelstücke aus dem Zimmer gestohlen? Der Magistrat würde diesem Vorwurf sofort Glauben schenken, insbesondere dann, wenn man ihn auf den Lebenswandel des Mädchens hinwies. Mary Rose wurde angezeigt und einem Magistrat vorgeführt, dem – da es

Beweise für ein Verbrechen und eine Zeugin gab – nichts anderes übrig blieb, als sie einzusperren, bis in Norfolk die nächste Sitzung eines hohen Strafgerichts stattfinden würde. Man brachte sie in eine Zelle des Stadtgefängnisses von Lincoln, wo sie auf ihren Prozess warten sollte.

Mary Roses Schicksal ist dasselbe wie das von Louisa Harewood und Lydia Bennet. Und die Häufigkeit, mit der dieser Handlungsstrang in der Literatur – von Unterhaltungsromanen bis hin zu Jane Austen – anzutreffen ist, weist darauf hin, welche Faszination sexuelle Fehltritte auf die damaligen Zeitgenossen ausübten. Lydia gelingt es wenigstens, mit ihrem hübschen Schurken von Hampshire nach London zu fliehen, wo niemand sie kennt, und außerdem erhält ihre Familie mehr Bedenkzeit. Die Familie Bennet hat zum Glück – sehr wichtig für die Handlung – einen Mr. Darcy, der seinen verkommenen Stiefbruder verprügelt und damit die Ehre wieder herstellt. Doch niemand unternahm etwas, um Mary Rose aus dem Stadtgefängnis von Lincoln zu befreien.

Eines späten Nachmittags traf Richter Heath, begleitet von den Männern des Sheriffs in voller Livree, in Lincoln ein. Er wurde von Sheriff Theophilus Buckworth begrüßt und in den Gasthof gebracht, wo er die Honoratioren des Landkreises empfing. Am folgenden Tag wurden die Frühjahrsprozesse mit dem üblichen Pomp eröffnet. Im Gericht von Lincoln musste nur gegen zehn Angeklagte verhandelt werden. Doch das Ritual, zuerst die Namen sämtlicher Mitglieder des Friedensrats und anschließend den jedes einzelnen Bürgermeisters, Leichenbeschauers, Ratsherrn, Bezirksvorstehers und Gendarmen aufzurufen, wurde in Lincoln mit derselben Feierlichkeit gepflegt wie im Old Bailey, wo bei jeder Sitzung Hunderten von Beschuldigten der Prozess gemacht wurde. Die Geschworenen zogen ein, beleibte Männer mittleren Alters, von deren Klugheit und Unparteiischkeit das gesamte System letztlich abhing. Nachdem sie ernannt und vereidigt worden waren, erging sich der Richter in einer allgemeinen Lobrede auf die Größe der britischen Verfassung, des Gesetzes, des Königs Georg III., der

Freiheit, des Privateigentums und der Moral. Daraufhin zogen sich alle in einen abgeschlossenen Raum zurück, wo ein Gerichtsdiener die Anklageschriften verlas.

Für die Öffentlichkeit, die sich im Zuschauerraum auf wackeligen Bänken drängte, war das alles ziemlich langweilig. »Das schöne Wetter hat die seit vielen Jahren größte Menschenmenge zu dieser Gerichtssitzung gelockt«, berichtete der *Lincoln Mercury*. Die Leute rutschten herum und taten sich an Erfrischungen gütlich. Das endlose Zeremoniell der Gerichtssitzung wurde höchstens dann aufgelockert, wenn sich ein wichtiger Mann unter den Geschworenen befand, ein stattlicher Gutsbesitzer oder ein junger Adeliger, wie ihn die einfachen Leute nur selten zu Gesicht bekamen. Doch am sehnsüchtigsten wurde das Eintreffen der Gesetzesbrecher erwartet, die – in Eisen gelegt – aus dem Gefängnis heranschlurften und ihre Geschichten erzählten. Wenn diese Berichte von Gewalttaten oder verbotener Leidenschaft handelten, dann umso besser. Möglicherweise war die Menschenmenge nicht von dem schönen Wetter zu den Frühjahrssitzungen des Gerichts gelockt worden, sondern von dem Umstand, dass heute gegen ganz besonders interessante Verbrecher verhandelt werden sollte: zwei Mörder und ein gefallenes Mädchen aus guter Familie.

Nun wurden die Ankläger und die Zeugen in jedem der Fälle zu Richter Heath gerufen, um vereidigt zu werden. Anschließend brachte man sie in den Raum zu den Geschworenen, wo sie, unter Ausschluss der Öffentlichkeit, ihre Aussage zu Protokoll gaben. Zu guter Letzt führte man die Angeklagten aus dem Stadtgefängnis und dem Verlies des Schlosses gemeinsam herein. Die Zuschauer richteten sich auf ihren Plätzen auf und erörterten das Aussehen und die Zukunftsaussichten der Gefangenen. Alle, deren Fall bereits von den Geschworenen abgewiesen worden war, wurden entlassen. Die übrigen traten vor, hoben einer nach dem anderen die Hand, nannten ihren Namen, wurden gefragt, ob sie sich schuldig oder unschuldig bekannten, und antworteten.

»Wer wird über Sie richten?«, wandte sich der Gerichtsschreiber an William Rawby.

»Gott und mein Land.« Das war die einzig mögliche Erwiderung.

»Wer wird über Sie richten?«, wollte er von Mary Rose, John Lee und John Thompson wissen.

»Gott und mein Land.«

Dann wurde eine untergeordnete Jury aus zwölf männlichen Geschworenen einberufen und vereidigt. Endlich verstummte das Getuschel auf den Zuschauerbänken, denn nun wurden die traurigen, anrührenden Geschichten der Gefangenen erzählt. Das war der Höhepunkt des Tages, der allerdings nicht lange dauerte, denn die Anhörungen wurden in blitzartiger Geschwindigkeit abgehandelt. War ein Angeklagter ein wenig schwer von Begriff, wurde er für schuldig oder unschuldig erklärt, eher er noch wusste, wie ihm geschah. Die Beschuldigten hatten das Recht, Leumundszeugen zu benennen, doch es ist ziemlich unwahrscheinlich, dass Mary Rose im Mai 1787 jemanden vorweisen konnte, der »ihren guten Ruf« bestätigte. Anne Kestleby, die böswillige Hauswirtin, machte ihre Aussage, während Mary Rose, vermutlich schweigend, vor dem Richter stand. Die Geschworenen zogen sich kurz zur Beratung zurück, kamen wieder und sprachen sie, als sie nach ihrem Urteil gefragt wurden, schuldig. Die Zuschauer raunten. Mary Rose wurde aus dem Gerichtssaal geführt. Wenn diese Gerichtsverhandlung nach dem üblichen Muster ablief, erhob sich Richter Heath – nachdem es in allen zehn Fällen zu einem Schuldspruch gekommen worden war – von der Richterbank, um als Gast im Hause des Sheriffs zu speisen. Man erörterte die neuesten Ereignisse im Landkreis und die Belange der hiesigen Honoratioren, die Gesundheit des Königs und wahrscheinlich den Zustand der Staatsfinanzen – vor allem im Hinblick darauf, wie viele Gefängnisplätze man sich noch leisten konnte. Die Angeklagten warteten. Nach dem Dessert kehrte der Richter in den Gerichtssaal zurück, rülpste und verkündete das Urteil.

SIÂN REES

»Gibt es einen Grund, warum nicht über Sie gerichtet werden kann?«, fragte er.

»Nein«, erwiderten die Angeklagten.

Daraufhin folgten die Urteile. John Lee und John Thompson, Einbrecher, und Mary Rose, Diebin, bekamen sieben Jahre Deportation nach Übersee. William Rawby, Mörder seines Hausmädchens, sollte am kommenden Morgen hingerichtet werden.

Um vier Uhr nachmittags war alles vorbei. Richter Heath verließ die Stadt, um über die Straftäter von Nottingham und Stafford zu Gericht zu sitzen. Die Bauern aus den Dörfern stiegen wieder in ihre Wagen und fuhren nach Hause. Mary Rose wurde ins Gefängnis zurückgebracht. Wahrscheinlich war sie verzweifelt. Die folgenden zwanzig Monate musste sie im Stadtgefängnis verbringen, das aus vier schäbigen Zellen im Keller eines Gebäudes, gleich neben dem Gildenhaus, drei Treppen unter der Erde bestand. Lediglich durch ein kleines vergittertes Fenster, vor das sich die Leute auf die Straße knien und Lebensmittel und Alkohol herunterreichen konnten, fiel Licht in das Verlies. Zwei Zellen waren für Männer, zwei für Frauen bestimmt. Wenn die Platzverhältnisse es gestatteten, wurden die Schuldner wie in allen Gefängnissen von den übrigen Straftätern getrennt. Vermutlich verbrachte Mary Rose die ersten Monate ihrer Haft meistens allein, denn es gab hier nur wenige weibliche Kriminelle. So hatte sie ein wenig mehr Platz für sich; der Eimer in der Ecke enthielt nur ihre eigenen Ausscheidungen. Doch es bedeutete auch, dass sie einsam war und genug Zeit hatte, über ihre Zukunft nachzugrübeln.

Zwei Monate bevor Mary Rose in Lincoln und Sarah Whitelam in Kesteven eingesperrt wurden, war es einigen Gefängnissen im Kreis Lincolnshire gelungen, sich eines Teils ihrer Langzeitsträflinge zu entledigen. Verbrecher, die zur Deportation nach Übersee vorgesehen waren, hatte man nach Süden geschafft, um sie mit der ersten Flotte nach Botany Bay in Neusüdwales zu bringen – die letzte nicht erschlossene Insel, die noch für die Verbannung von britischen Sträflingen bestimmt war. Dabei waren unter anderem William Douglas aus Horncastle; Mary Groves, ein Mädchen aus Lincoln, das einen Beutel mit dreizehn Guineen gestohlen hatte; Mary Harrison – sie hatte aus einem Brief in einem Postamt in Gainsborough Wechsel entwendet; John Irvine alias Aderson alias Law, ein Quacksalber und Kurpfuscher, der mit angeblichen Wundermedizinen handelte und 1784 wegen des Diebstahls eines silbernen Bechers verurteilt worden war; Paul Page, zum Tode verurteilt wegen Einbruchs, begnadigt zur Deportation nach Botany Bay; George Robinson, Taschendieb aus Market Rasen; Thomas Saunderson, Einbrecher; James Stow, Dieb; John Mowbray, der eine silberne Uhr gestohlen hatte; William Sands, Pferdedieb; Mary Pinder, über die nichts bekannt ist; und Rebecca Bolton, Frau von Thomas, und ihr acht Monate altes Baby. Sie alle gingen in London an Bord. Mary Rose und Sarah Whitelam hatten das Schiff um einige Wochen verpasst.

Während der ersten Monate im Gefängnis waren die beiden Mädchen vermutlich erleichtert darüber. Eine Woche nach Mary Roses Prozess veröffentlichte der *Lincoln Mercury* einen aufmunternden Artikel:

> Die Schiffe mit dem Ziel Botany Bay hatten annähernd tausend Verbrecher an Bord ... Zu diesen einmal jährlich stattfindenden Transporten werden alle in besagtem Zeitraum verurteilten Straftäter versammelt und gemeinsam auf Fahrt geschickt ... Die Deportation nach Botany Bay hat gegenüber der früheren nach Amerika den Vorteil, dass sie das Königreich endgültig vor dem Einfluss dieser verderbten Mitglieder der Gesellschaft schützt. Aus der Sterberate während der Fahrt lässt sich schließen, dass höchstens einer von fünfen die Schiffsreise übersteht. Und wer das Ende seiner Strafe erlebt, verfügt ganz sicher nicht über das nötige Geld zur Heimreise.

In den bedrückenden anderthalb Jahren, die Mary Rose und Sarah Whitelam in den Gefängnissen von Lincolnshire ein-

saßen, stellte sich heraus, dass dieser ausgeklügelte Plan zur all-
jährlichen Abschiebung von Straftätern nicht aufging. Im November 1787 jedoch war man beim *Mercury* noch überzeugt,
dass alles reibungslos funktionierte: Die nächste Flotte, »Schiffe mit dem Ziel Botany Bay«, hieß es (nach Informationen aus
London) werde »Ende des kommenden Monats in See stechen«. Im Februar lagen die Schiffe allerdings noch immer im
Hafen, obwohl sieben männliche Sträflinge aus dem Gefängnis
des Schlosses von Lincoln bereits mit Wagen nach Portsmouth
geschafft worden waren. Mitte Juni 1788 brachte man weitere
fünf Männer aus dem Gefängnis von Oakham. Doch im Dezember 1788 befanden sich die Schiffe, die nach Botany Bay
segeln sollten, weiterhin in den Docks von Deptford. Die im
Februar und Mai nach Süden verfrachteten Sträflinge lebten an
Bord von Gefängnisschiffen im Hafen von Portsmouth. Mary
Rose und Sarah Whitelam hatten bereits achtzehn Monate ihrer siebenjährigen Deportationsstrafe verbüßt, ohne Lincolnshire je zu verlassen.

Sarahs Familie lebte in Lincolnshire und ließ ihre Tochter
nicht im Stich. Gewiss versorgten die Eltern sie mit Lebensmitteln, frischer Wäsche und anderen Kleinigkeiten, um ihr die
Entbehrungen in der Massenzelle zu erleichtern. In Provinzgefängnissen wie das, in dem Sarah saß, wurden die Frauen für
gewöhnlich während des Sommers auf Bewährung entlassen,
um auf den Bauernhöfen in der Umgebung bei der Ernte zu
helfen. Sie wurden der Obhut eines vertrauenswürdigen Bauern übergeben, der sie jeden Abend in ihrer Zelle ablieferte.
Über ein Gnadengesuch von Sarah existieren keine Aufzeichnungen, und es ist unwahrscheinlich, dass ein solches eingereicht wurde. Sie war eines Verbrechens für schuldig befunden
worden, auf das eigentlich die Todesstrafe stand, und dennoch
lediglich zur Deportation verurteilt worden. Mit mehr Milde
konnte sie nicht rechnen.

Mary Rose litt Höllenqualen. Im Frühjahr 1787 hatte ihr
noch vor der Deportation nach Botany Bay gegraut, doch im
Dezember 1787 erschien ihr diese Perspektive allmählich ange-

nehmer als ein Leben im Stadtgefängnis. Man kann sich Marys Verzweiflung bildlich vorstellen: Ihre Familie hatte sie im Stich gelassen; ihr Offizier würde gewiss nicht zurückkehren; seit achtzehn Monaten hatte sie keine frische Luft mehr schöpfen und sich nicht mehr Bewegung verschaffen können, als es eine Zelle von vier Quadratmetern gestattete. Und da sie gegen den sexuellen Moralkodex verstoßen hatte, war sie vermutlich Zielscheibe von anzüglichen Bemerkungen und möglicherweise auch Übergriffen durch die Wärter.

Allerdings gab es offenbar jemanden aus den verhältnismäßig privilegierten Kreisen, in denen sie früher verkehrt hatte, der den Kontakt zu ihr nicht abreißen ließ. Denn während des Jahres 1788 gelang es Mary Rose, einige Fürsprecher zu gewinnen. Entweder ihrem entschlossenen Auftreten oder dem Glück hatte sie es zu verdanken, dass Sir Joseph Banks für sie Partei ergriff. Um die Weihnachtszeit erhielt sie, anscheinend auf Betreiben des Bürgermeisters oder in Antwort auf einen Brief von Sir Joseph, Besuch von einem Mr. Vanniel. Da weder ein Gnadengesuch noch ein Antrag auf Unterbringung in einem Freigängerprogramm zur Arbeit in der Landwirtschaft vorlagen, wollte er sich vermutlich nach ihrem Interesse erkundigen, als eine der Ersten am zweiten Gefangenentransport nach Botany Bay, Neusüdwales, teilzunehmen.

Sir Joseph Banks hatte sich engagiert für die Einrichtung der Kolonie in Neusüdwales eingesetzt. Als junger, ehrgeiziger Mann hatte er Kapitän Cook auf eine dreijährige Reise begleitet, die ihn auf die Südseeinseln, nach Neuseeland und schließlich zu einem unbekannten Erdteil im Süden geführt hatte, der eine Reihe von Namen trug, hauptsächlich jedoch unter der Bezeichnung Neuholland bekannt war. Die Entdecker nannten den östlichen Teil dieses Landes Neusüdwales und beanspruchten ihn für Großbritannien. Die Holländer hatten die unwirtliche Küste, der sie für ein Jahrhundert ihren Namen gegeben hatten, nie wieder besucht, und es war unwahrscheinlich, dass sie Rechte darauf geltend machen würden. Botany Bay erhielt auf dieser Reise seinen europäischen Namen, und zwar zu Ehren der Vielfalt exotischer Pflanzen, die Sir Joseph dort sammelte. Einige davon wurden nach seiner Rückkehr 1771 in ausgesprochen beliebten Ausstellungen der Öffentlichkeit gezeigt. Durch die Entdeckungsreise und die Ausstellungen war Banks ein bekannter Mann geworden, der seitdem darauf pochte, ein Fachmann für ferne Erdteile zu sein. Unter anderem war es seiner Empfehlung zu verdanken, dass der Staatsminister für innere und koloniale Angelegenheiten, Lord Sydney, Neusüdwales fünfzehn Jahre später als passenden Aufenthaltsort für Verbrecher propagierte, die zur Deportation nach Übersee verurteilt worden waren.

1786 wurde der Banks-Sydney-Plan zur Errichtung einer Strafkolonie in Neusüdwales verabschiedet. Im selben Monat, in dem Mary Rose und Sarah Whitelam in Lincolnshire verurteilt wurden, verließen elf Schiffe, die erste Ladung Sträflinge an Bord, Portsmouth mit dem Ziel Neusüdwales. Als Mr. Vanniel Mary Rose im Stadtgefängnis von Lincoln aufsuchte, hätte bereits eine zweite Flotte der ersten folgen sollen, doch es existierten noch keine Namenslisten, und man hatte erst ein Schiff in den Dienst gestellt. Dennoch ist es durchaus wahrscheinlich, dass die Möglichkeit, einige Sträflinge aus Lincolnshire – mit ein wenig diplomatischer Fürsprache von Sir Joseph – in den nächsten Transport einzuschließen, das Thema war, das Mr. Vanniel und Mary Rose im Dezember 1788 erörterten. »Sie schien darauf zu brennen, nach Botany Bay zu fahren«, schrieb Mr. Vanniel am 28. Dezember an den Bürgermeister. »Alles ist ihr recht, solange sie nur nicht an diesem grässlichen Ort bleiben muss.« Etwa eine Woche nachdem erst dem Bürgermeister und dann Sir Joseph Banks über diese Unterredung berichtet worden war, wurde Marys Fall bei einer Gemeinde- oder Stadtratssitzung besprochen. Einige erwähnten Sir Joseph und Botany Bay und nicht zuletzt die Möglichkeit, sich mit der Hilfe einflussreicher Männer vor Ort einiger Häftlinge zu entledigen und somit die Kosten vom Stadtsäckel auf die Staatskasse abzuwälzen. Andere wandten ein, es werde die Gemeinde zehn Pfund und zwölf Shilling für die Kutsche und die Dienste eines

Wärters kosten, das Mädchen zur Einschiffung nach London zu schaffen. Jemand merkte düster an, Mary Rose sei seines Wissens nach »verderbt«. All das wurde Banks hinterbracht, der den Bedenkenträgern durch das Angebot, die Kosten für Marys Transport zu begleichen, den Wind aus den Segeln nahm. Im Februar wurde eine Entscheidung gefällt, und der Rat von Lincoln wartete auf die offizielle Anweisung von Lord Sydney, um Mary die erste Etappe ihrer Reise von Lincolnshire nach Neusüdwales, die Fahrt nach Süden, antreten zu lassen. In der Zwischenzeit wurde »ein wenig Taschengeld« für sie gesammelt.

Zwanzigtausend Kilometer entfernt waren die Sträflinge, die im März 1787 aus Lincoln aufgebrochen waren, mit dem Rest der ersten Flotte im Januar 1788 in Neusüdwales eingetroffen. Niemand in England wusste, dass das Lager sich nicht in Botany Bay befand, denn das Land dort war als zu unfruchtbar und zu wenig windgeschützt eingestuft worden. Stattdessen hatten sich die Kolonisten in einer kleinen Bucht, ein paar Kilometer einen Fluss hinunter, niedergelassen, der ebenfalls während der Fahrt im Jahre 1770 entdeckt worden war. Sie nannten die Bucht Sydney Cove. Hier war die Erde fruchtbarer, der Fluss lieferte ausreichend sauberes Wasser, und das Meer fiel am Ufer steil ab, sodass die Schiffe leichter würden anlegen können, wenn es hier erst einmal einen Hafen gab.

Im Dezember 1788 war Sydney Cove eine britische Garnisonsstadt am Rande eines von Aborigines bewohnten Kontinents. Es handelte sich um ein Arbeitslager, in dem die Sträflinge von zweihundertfünfzig Soldaten bewacht wurden. Die Regierungsgeschäfte erledigten einige wenige zivile Beamte, die dem kürzlich ernannten britischen Koloniegouverneur, Arthur Phillip, unterstellt waren. Vom Basislager aus waren einige Siedler fünfundzwanzig Kilometer weit ins Landesinnere vorgedrungen und hatten an der Quelle des Flusses ein Dorf namens Rose Hill gegründet. Andere waren sechzehnhundert Kilometer weiter nach Nordosten in den Pazifik gesegelt und hatten eine weitere Siedlung auf der Insel Norfolk errichtet, die bereits vor achtzehn Jahren von Kapitän Cook und Sir Joseph bei ihrer Schiffsreise entdeckt worden war. Eine Rundreise von achttausend Kilometern – also mindestens vier Monate auf See – trennte die Garnison von ihren nächsten europäischen Nachbarn, den Holländern, die Handelsstützpunkte in Batavia (Jakarta) im Norden und Kapstadt im Süden unterhielten. Dahinter erstreckten sich, Tausende von Kilometern weit, unerforschte Landmassen. Auf dem ganzen Erdball gab es keine abgelegenere europäische Siedlung.

Die erste Flotte nach Botany Bay hatte England mit Nahrungs- und Wasservorräten verlassen, die für sechs Monate auf See und nach der Ankunft für ein weiteres Jahr reichen sollten. Minister Sydney hatte zugesichert, innerhalb dieses Jahres weiteren Nachschub zu liefern, in der Erwartung, dass es den Kolonisten während dieser Zeit gelingen würde, sich wenigstens zum Teil selbst zu versorgen. Doch der Plan war gescheitert. Man hatte zwar Vieh zu Zuchtzwecken mitgebracht, doch die Tiere waren entweder auf der Fahrt von Kapstadt nach Neusüdwales erkrankt oder später in den Busch geflohen. Auch Saatgut hatte man mitgeführt, aber dieses hatte während der Reise gekeimt und war nach der Ankunft nicht mehr zu gebrauchen. Die Erde zwischen den kleinen Hütten, die die Siedler auf den Abhängen von Syndney Cove errichteten, war für den Ackerbau nicht geeignet. Auf der angrenzenden Landzunge hatte man zwar den Boden umgepflügt und Saatgut ausgebracht, allerdings fiel die Ernte zu mager aus, um das ganze Lager ernähren zu können. Das Land rings um sie herum war von Natur aus unfruchtbar; nur eimerweise Dung hätte etwas dagegen ausrichten können, aber dazu hätte man wiederum Vieh gebraucht – und außerdem Eimer, Pflüge, Hacken, Äxte, Zugpferde, Wagen, Gärtner und Landarbeiter, Menschen also, die etwas von Pflanzen und Ackerbau verstanden, die ein Pferd anschirren und dessen Dung sinnvoll einsetzen konnten. Doch Gouverneur Phillip standen solche Leute nicht zur Verfügung. Er herrschte über Banden männlicher Stadtbewohner, die in Covent Garden und Shoreditch Taschendiebe gewesen waren oder aus Pensionszimmern in Bristol und Hull Möbel gestohlen hatten. Nun zogen diese Männer holpernd aus grünem Holz gezimmerte Karren mit nicht völlig runden Rädern über die Trampelpfade rings um die Bucht. Die weiblichen Einwohner waren ebenfalls Städterinnen, die in Holborns Läden gestohlen oder das Silber ihrer Dienstherrin in Liverpool entwendet hatten. Jetzt gruben sie am Ufer nach den Scherben von Austernschalen, um diese zu Kalk zum Zusammenmörteln ihrer Hütten zu zerreiben. Phillips Soldaten waren missmutig, verzettelten sich in Zuständigkeitsgezänk und Debatten über die Ehre und hielten das Bewachen der Lagerbewohner für unter ihrer Würde.

Die kleine Kolonie in Sydney Cove war die jüngste in einer Reihe von Lagern, bevölkert von unpassend gekleideten Europäern, die sich einen Weg durch den Busch eines unbekannten Kontinents bahnten. Seit mehr als zwei Jahrhunderten schickten europäische Regierungen bereits Kolonistengruppen als Vorhut nach Übersee, um den Handel zu fördern, die Heimat von unerwünschten Elementen zu säubern und andere Länder daran zu hindern, dieses Gebiet für sich zu beanspruchen. Auch Sydney Cove wurde aus diesen drei klassischen Gründen eingerichtet. Und im Dezember 1788 litt die Siedlung unter Problemen, wie sie für alle hauptsächlich von Männern bewohnten jungen Kolonien fern der Heimat typisch waren.

Bei der Gründung der Siedlung in den siebziger Jahren des achtzehnten Jahrhunderts mussten die zuständigen Stellen zunächst berechnen, wie viel Nachschub nötig war, bis die Kolonie sich selbst versorgen konnte. Dabei beschränkte sich die Planung nicht nur auf Saatgut, Vieh und Ziegelsteine. Auch Frauen mussten her, um die Einwohnerzahl konstant zu halten und den inneren Frieden zu wahren. »Ohne eine genügende Anzahl des weiblichen Geschlechts ist es bekanntermaßen unmöglich, schwere Verstöße in der Siedlung zu unterbinden«, schrieb ein prüder Beamter. Gouverneur Phillip hatte eine unnachgiebige Einstellung zu diesen »Verstößen«. Er befürwortete, jeden, der mit heruntergelassenen Hosen im Akt der

Sodomie ertappt wurde, nach Neuseeland zu verfrachten und ihn bei lebendigem Leibe an die Maoris zu verfüttern. »Der äußerst geringe Frauenanteil«, schrieb Phillip in einem seiner ersten Briefe in die Heimat, »macht es unbedingt notwendig, zusätzliche Kontingente hierher zu schicken.«

Verschiedene Wege, für ausreichenden Frauennachschub zu sorgen, wurden mit einiger Fantasie erörtert. 1786 schlugen Berater von Lord Sydney vor, man könne sie auf den Friendy Islands (heute Tonga) und in Neukaledonien beschaffen, »wo sie in unbeschränkter Zahl zur Verfügung stehen«. Sydney und Gouverneur Phillip waren anfangs beide der Ansicht gewesen, dass sich die Moral unter den Männern durch den Einsatz dunkelhäutiger Schönheiten am besten aufrechterhalten ließe. Der Plan fand also Eingang in Phillips offizielle Anweisungen (wenn auch mit der Einschränkung, dass »nicht zu Zwang oder Vortäuschung falscher Tatsachen« gegriffen werden dürfe, um sie zu überzeugen.) Als Phillip im Jahr 1788 seine ersten Briefe aus den Kolonien nach Hause schrieb, hatte er seine Meinung geändert: »Frauen von den Inseln herbeizuschaffen würde in unserer gegenwärtigen Situation keinen anderen Zweck erfüllen, als sie elendig dahinsiechen zu lassen.« Anders als man in London angenommen hatte, war Sydney Cove kein tropisches Paradies für Mädchen in Baströcken.

Von den eintausendneunundsiebzig Menschen, die mit der Flotte von 1787 in Botany Bay eintrafen, waren zweihundertneunundfünfzig Staatsbedienstete oder Marinesoldaten. Fünfunddreißig von ihnen wurden von ihren Ehefrauen begleitet. Die Anzahl der weiblichen Gefangenen belief sich auf einhundertdreiundneunzig, also zu wenig, um »Verstöße« innerhalb von Militär und Beamtenschaft, geschweige denn unter den Gefangenen zu verhindern. Damit die Siedlung gedieh, mussten sich männliche Auswanderer und befreite Sträflinge gemeinsam und langfristig für ihre Zukunft einsetzen. Und wenn das glücken sollte, mussten auch ausreichend Frauen vorhanden sein. Allerdings war dieses Problem weder neu noch unlösbar. Die traditionelle Antwort bestand darin, mehr weibliche

Straftäter aus dem Mutterland zu deportieren. Seit Jahrzehnten schon schaffte man ständig Nachschub über den Atlantik und den Indischen Ozean in die älteren Kolonien. Die Routen lagen fest, es gab Vermittler, die Frauen waren hauptsächlich für Amerika und Ostindien bestimmt. Sechzigtausend Männer und Frauen von den britischen Inseln waren schon vor der Gründung von Neusüdwales aus ihrer Heimat zu diesen Plantagen und Handelsposten verfrachtet worden. Also würde es ein Leichtes sein, das amerikanische System auf die neue Kolonie zu übertragen. Wenn die Frauen erst einmal da waren, würden sie als Ehefrauen und Geliebte einen mäßigenden weiblichen Einfluss ausüben. Was diese Rolle betraf, nahm die Kolonieregierung von Neusüdwales kein Blatt vor den Mund. Bald würden einige der männlichen Gefangenen, die sich bereits in der Kolonie befanden, ihre Strafe verbüßt haben. Um sie zu halten und zur Arbeit anzuregen, musste man ihnen Land, Hilfe beim Roden und Pflügen, andere Häftlinge, die ihre Strafe noch ableisteten, als Arbeitskräfte und eine Ehefrau zur Verfügung stellen. Deshalb beschloss man, einem Mann bei der Hochzeit zwanzig Hektar Land und bei der Geburt jedes Kindes weitere vier Hektar zuzuteilen. Einem Junggesellen standen nur zwölf Hektar zu. Um ein stetes Wachstum der Kolonie zu gewährleisten, mochte dieser Plan vernünftig und pragmatisch sein. Allerdings war dazu ein Vorrat an gehorsamen, heiratswilligen Frauen notwendig.

Dennoch lag es in niemandes Absicht, sämtliche eintreffenden Frauen ordentlich unter die Haube zu bringen. Auch für nichteheliche Lebensgemeinschaften gab es in der Kolonie eine Nische. Nach Lord Sydneys Schätzung genügten zweihundert Frauen von den pazifischen Inseln als »Gefährtinnen für die Männer«, wobei mit »Männer« die Soldaten, nicht die Sträflinge gemeint waren. Doch da man von der Einfuhr von Inselbewohnerinnen abgekommen war, musste man anderswo Frauen auftreiben, um den Männern eine Zerstreuung zu bieten. Was uns heute als unbegreifliches Beispiel für georgianische Doppelmoral erscheint, war für Männer wie

Kommodore Phillip und Minister Sydney völlig normal. Die beiden kannten sich mit den Anliegen und Bedürfnissen der jungen Kolonien und den dort gepflegten ungewöhnlichen Lebensgemeinschaften aus. Das Konkubinat hatte sich in den Kolonien derart etabliert, dass viele Zeitzeugen die betreffenden Frauen – besonders diejenigen, welche höheren Offizieren zugeteilt worden waren – als »Gattinen« bezeichneten. Wie ein Besucher von Sydney Cove fünf Jahre später schrieb, hatte »jeder Offizier, Siedler und Soldat ein Anrecht darauf, sodass kaum jemand allein bleibt«. Bald folgte man in Sydney Cove dem Beispiel anderer kolonialer Garnisonsstädte auf der ganzen Welt und ging Paarbeziehungen ein, von denen keiner der beiden Beteiligten Dauerhaftigkeit erwartete. In der Kolonie gab es kaum einen Marinesoldaten, der keine »Gattin« hatte. Dasselbe galt für Offiziere, Beamte, Ärzte, deren Gehilfen oder sonstige Männer in gehobener Position. Die einzige Ausnahme scheint der Gouverneur selbst gewesen zu sein – doch das mag an Lücken in den Aufzeichnungen liegen, nicht daran, dass man im Gouverneurspalast der Keuschheut frönte.

Gouverneur Phillip war überzeugt, Sitte und Anstand auch bei den untersten Bevölkerungsschichten fördern zu können, indem er die Sträflinge ermutigte, untereinander zu heiraten. Allerdings war er sich dessen bewusst, dass die Ehe nicht sämtliche sexuelle Energie in einer hauptsächlich von jungen Männern bevölkerten Kolonie absorbieren konnte und dass sich diese Bedürfnisse nun einmal nicht unterdrücken ließen. Deshalb schlug er Lord Sydney vor seinem Aufbruch nach Übersee unter anderem die Einrichtung eines Hurenghettos vor, bewohnt von denen, »die am tiefsten gesunken sind« – offenbar glaubte er, es besagten Frauen an der Nasenspitze ansehen zu können. Dort würde man den Frauen »gestatten, innerhalb gewisser Grenzen und unter Einhaltung bestimmter Regeln Sträflinge zu empfangen«. Auf diese Weise würden die übrigen Frauen tugendsam bleiben, nicht über die Stränge schlagen, die Ehe mit Mitgefangenen suchen oder im Konkubinat mit einem Soldaten leben.

Diese Briefe, in denen Gouverneur Phillip Lord Sydney den Fortpflanzungsaspekt in den neuen Kolonien und andere Punkte erläuterte, befanden sich im Dezember 1788 an Bord zweier verschiedener Flottenverbände. Von den elf Schiffen, die 1787 in See gestochen waren, sollten zwei auf Dauer in den Kolonien verbleiben, die anderen neun nach England zurückkehren. Drei standen bis Sydney Cove unter dem Befehl der Admiralität. Anschließend wurden sie der Ostindischen Kompanie unterstellt, um nach Kanton zu segeln, wo sie eine Ladung Tee an Bord nehmen sollten. Sie verließen Sydney Cove im Mai 1788. Die übrigen Schiffe sollten sich auf den direkten Rückweg nach England machen. Sie brachen im Juli auf, hatten im Dezember Kap Hoorn umrundet und fuhren dann an der brasilianischen Küste entlang nach Norden. Jedes der Schiffe brachte eine aus tiefstem Herzen stammende Botschaft von Gouverneur Phillip. Dieser schilderte schonungslos den Zustand der Kolonie und deutete an, man werde sie vermutlich aufgeben müssen, wenn sie in der schwierigen Anfangszeit nicht mehr Unterstützung erhielte. Phillip glaubte fest an Neusüdwales. Er war überzeugt, dass die Erde Früchte hervorbringen und dass die Forstwirtschaft florieren würde. Die Wilden würden Freunde werden, im Meer würde es von Fischen und Schildkröten wimmeln. Und binnen weniger Jahre würden britische Soldaten und Händler Seite an Seite in Sydney Cove leben. Allerdings wusste er, dass sich dieses Vorhaben mit der Ausrüstung, die die britische Regierung in den Lagerräumen und auf den Decks der erste Flotte im Mai 1787 heranschaffen ließ, niemals würde bewerkstelligen lassen. Immer wieder listete er in seinen Briefen die Dinge auf, die am dringendsten benötigt wurden: mehr Lebensmittel, mehr ausgebildete Arbeitskräfte, mehr Frauen – in nämlicher Reihenfolge.

Kapitel drei

Gefängnisfieber

Im Dezember 1788 lebten einhunderteinundfünfzig weibliche Sträflinge in den drei Frauenzellen des Gefängnisses Newgate, das eigentlich nur für höchstens siebzig Insassen gebaut war. Die Essensrationen entsprachen diesem theoretischen Maximum, nicht der tatsächlichen Anzahl von Gefangenen. Jede Zelle verfügte über ein Fenster, das auf ein innen liegendes Treppenhaus hinausging. Es gab keine Betten, sondern nur ein Sims an einem Ende des Raums. Ein darauf angebrachter Holzbalken diente als Matratze und Kopfkissen. Auf diesem Sims und dem Balken schlafen zu dürfen, war ein Privileg, für das man wöchentlich bezahlen musste. Eine aus rauem Hanf gewebte Decke kostete zusätzliche Miete. Wer sich keines von beidem leisten konnte, rollte sich auf dem von Speichel und Urin feuchten Steinboden zusammen. Bevor die Wärter morgens die Zellen öffneten, tranken sie ein Glas Schnaps, um nicht in Ohnmacht zu fallen, denn »der üble Gestank und der Pesthauch« konnten einem den Atem verschlagen.

Die Insassen von Newgate waren unterernährt, entkräftet, durchgefroren, ungenügend gekleidet und von krankheitsübertragenden Läusen übersät. Typhuserreger hatten in den Zellen ein leichtes Spiel. Einige Zeit lang hatte Mr. Simpson, der Gefängnisarzt, das Budget für Medikamente und das Gehalt zusätzlicher Apotheker aus eigener Tasche aufgestockt. In den achtziger Jahren des achtzehnten Jahrhunderts waren diese Zustände wohl bekannt. Jeden Winter spitzte sich die Krise in den

Gefängnissen zu und zog sich für gewöhnlich bis zum Frühling hin – vorausgesetzt, es kam nicht zu einer größeren Katastrophe. Der Winter 1788 war außergewöhnlich streng; die Gefängnisse waren hoffnungslos überfüllt, und das Geld in den Kassen reichte nicht für Lebensmittel, geschweige denn für Medikamente.

Eines Morgens im November 1788 wurde der Arzt Simpson in den Zellentrakt gerufen. Eine Gefangene zeigte eindeutige Symptome »des Fiebers«. Der Arzt wich erschrocken zurück und erstattete sofort dem Gefängnisdirektor Meldung. Angesichts der Zustände im Gefängnis wussten beide Männer, dass jederzeit eine Epidemie ausbrechen konnte.

Während das Gefängnispersonal im November und frühen Dezember alles tat, um eine Ausbreitung des Fiebers unter den Sträflingen zu verhindern, wurden von überarbeiteten Polizisten und Gendarmen aus den Wachen in ganz London immer neue Gefangene eingeliefert. Am 5. Dezember kamen Ann Clapton und Charlotte Marsh mit dem Wagen aus der Wache in der Wood Street. Mary Arnold, die beim Taschendiebstahl unweit der Stallungen von Long Acre ertappt worden war, und Mary Oakley, erwischt bei demselben Verbrechen in Oakley, wurden von der Poultry herangeschafft. Die »Einbrecherin« Esther Curtis, die sich auf dem Abort betrunken hatte, transportierte man aus Tothill heran. Ann Bone alias Smith, die Prostituierte Jane Walters vom Ratcliff Highway mit ihrem Freund John Dearman und die Betrügerin Ann Gallant samt Komplizen Francis Bunting, sie alle trafen gegen Ende des Monats aus den Wachen in der Stadt ein. Ihnen sollte bei der nächsten Sitzung im Old Bailey, die am 10. Dezember beginnen würde, »der Prozess gemacht« werden.

Die vorangegangenen Sitzungen im Old Bailey waren vor sechs Wochen abgeschlossen worden. Nun beherbergte das Newgate Gefängnis nicht nur diejenigen, die seither hier auf ihren Prozess warteten, sondern auch alle, welche im Laufe dieser Sitzungen zum Tode oder zur Deportation verurteilt worden waren. Im Jahre 1788 stieg die Anzahl der Gefangenen

SiÂN Rees

zwischen den Sitzungsterminen stark an, da in diesem Zeitraum jeweils zwischen fünfundsiebzig und zweihundert neue Gefangene eingeliefert wurden. Bei etwa einem Fünftel davon handelte es sich um frisch Verurteilte, bei den anderen um Untersuchungshäftlinge, die vor Gericht gestellt werden sollten. Ein Teil der letzteren wurden bei jeder Sitzung verurteilt, und man übertrug ihre Namen auf eine andere Liste in den dickleibigen Sträflingsbüchern. Damit gehörten sie zu den Langzeitbewohnern des Gefängnisses, deren Zahl mit jedem Monat zunahm und inzwischen jeglichen Rahmen sprengte.

Die letzte Zählung der Gefangenen Ende Oktober 1788 kam zu folgendem Ergebnis: achtzehn zum Tode Verurteilte, einer, der auf die Deportation nach Amerika wartete, vier, die nach Afrika und weitere vier, die nach Neusüdwales verbannt worden waren, und zweihundertneunundsiebzig, die man nach Übersee transportieren wollte. Hinzu kamen die langen Listen von Schuldnern, die mehr als die Hälfte der Gefängnisinsassen ausmachten. Als am 10. Dezember einhunderteinundvierzig Untersuchungshäftlinge für die nächste Gerichtssitzung eingeliefert wurden, drängten sich mehr als achthundert Menschen in den Zellen. Die Anzahl der Gefangenen überstieg die der vor zehn Jahren eingeplanten Plätze um fast dreihundert Prozent. Obwohl die Lage immer unerträglicher wurde, sperrte man Tag für Tag weitere gefallene Mädchen, Schuldner, kleine Diebe und Straßenräuber ein, und jeder von ihnen brauchte Platz, eine Schlafstelle, Nahrung und Luft zum Atmen.

Unter diesen Besorgnis erregenden Umständen wurde am hohen Gericht von London die letzte Sitzung des Jahres 1788 eröffnet. Das Gerichtsgebäude grenzte direkt an Newgate an. Die beiden Einrichtungen erstreckten sich entlang dem Old Bailey, einer von Norden nach Süden reichenden kleinen Straße, die Holborn mit Ludgate Hill verband und die alte Stadtgrenze von London bildete. Vom Gefängnis aus erreichte man das Gericht über den Dead Man's Walk, eine unterirdische Passage, durch die man die Sträflinge in den Gerichtssaal führte. Einige Meter von den Gerichtssälen entfernt, am anderen

Ende dieses Ganges, breitete sich das Fieber immer mehr aus. Vier Tage lang saßen oder standen Richter, Geschworene, Zeugen und Gerichtsbeamte bei bitterkaltem Winterwetter in Sälen, deren Fenster und Türen weit geöffnet waren, weil man befürchtete, sich bei den aus den Zellen heraufgeführten Gefangenen anzustecken. Die Gerichtssäle wurden mit Wein und Essig gereingt; den ganzen Tag lang verbrannte man in offenen Kohlebecken Kräuter. Kleine Mengen von Schwefel und Tabak wurden in den Räumen zur Explosion gebracht. Geschworene, Anwälte und Richter kauten Knoblauch, Zitronenschalen, Kardamom und Kümmelsamen, um sich nicht an der Atemluft der Sträflinge zu infizieren.

Am ersten Tag der Dezembersitzungen herrschte eisige Kälte. Die Untersuchungshäftlinge drängten sich hustend auf der Treppe zusammen, die vom Dead Man's Walk nach oben führte. Eine Bibel, ein Gebetbuch und eine Kerze waren dort an der Wand festgekettet. Um neun Uhr morgens wurde der Bürgermeister, in vollem Ornat mit Hut und Amtskette, vom Mansion House zum Old Bailey gefahren. In seiner Begleitung befanden sich der oberste Richter der Stadt London, der Leiter des Zeremonienwesens, der ihm den Stab trug, der Schwertträger, der das Schwert präsentierte, und außerdem der Polizeichef. Am Old Bailey wurden sie feierlich von Mr. Bloxham, dem Sheriff der Stadt London, empfangen und ins Gebäude geleitet. Der Bürgermeister betrat den Gerichtssaal Nummer eins, den größten der drei, und ließ sich hinter dem Schwert der Gerechtigkeit nieder. Die anderen beiden Richter wurden von den Ratsherren und den Sheriffs in die Gerichtssäle zwei und drei gebracht. Anschließend vereidigte man die Geschworenen, die dann hinter hölzernen Schranken Platz nahmen.

Als die Verhandlung endlich begann, wurde bei der Rechtsprechung nicht lang gefackelt. Mary Dowling, Ladendiebstahl in Holborn: Deportation. Mary Oakley, Matilda Johnson und Mary Arnold, Taschendiebstahl: Deportation. Ann Bone alias Smith, Diebstahl einer Schürze: Deportation. Charlotte Thomas Marsh und Ann William Clapton, Diebstahl eines Baum-

SIÂN REES

wollballens in Snow Hill: Deportation. Ann Gallant, Diebstahl in einer Pension in Soho: Deportation. Sie wurden zurück in ihre Zellen verfrachtet, während der Schreiber ihre Namen auf eine andere Liste übertrug.

Das Strafgesetz des späten achtzehnten Jahrhunderts war selbst in den Augen von Zeitgenossen ein grober Keil und völlig ungeeignet, die Angelegenheiten im Staat zu regeln; es handelte sich um ein im Laufe der Jahrhunderte willkürlich zusammengeschustertes Flickwerk, denn immer wenn es zu einer Verbrechenswelle kam, wurden kopflos neue Gesetze erlassen. Wie im Bericht über jede Sitzung im Old Bailey schriftlich festgehalten, stand auf die folgenden Schwerverbrechen (oder Straftaten unter verschärfenden Umständen) die Todesstrafe:

Brandstiftung, Einbruch, Viehdiebstahl, Falschmünzerei, Urkundenfälschung, Straßenraub, Hausfriedensbruch, Pferdediebstahl, Mord, Totschlag, Diebstahl von Privateigentum, Vergewaltigung, Raub in einer Pension, Diebstahl von Briefen, Postraub, Aufruhr, Diebstahl in einer Pension, Ladendiebstahl, Schafdiebstahl, Diebstahl an Bord eines Schiffes oder Boots, Landesverrat, ungesetzlicher Gebrauch von Feuerwaffen.

Allerdings lagen die Dinge nicht so einfach, wie sie schienen. Die meisten Diebstähle, die man anfangs als einfaches Verbrechen einstufte, wurden schließlich mit strafverschärfenden Umständen belegt, was von der Höhe des angerichteten Schadens und vom Tatort abhing. Diese Kriterien waren von vorangegangenen Generationen festgelegt worden und hatten immer weniger Bezug zu den Lebensbedingungen und Wertvorstellungen des späten achtzehnten Jahrhunderts. In den meisten Fällen beurteilte man einen Diebstahl, bei dem die Beute den Wert von neununddreißig Shilling überstieg, als Schwerverbrechen. Dasselbe galt für den »Diebstahl von Privateigentum« in einem privaten Haushalt, was auf Dienstboten, die sich an ihrer Herrschaft schadlos hielten, ebenso zutraf wie auf Eigentumsdelikte von Mietern gegenüber ihren Hauswirten und sogar auf einige Fälle von Ladendiebstahl. Auch wenn der Wert des Diebesguts geringer war als neununddreißig Schilling, betrachtete man die Tat wegen der strafverschärfenden Umstände dennoch als Schwerverbrechen. Der Einbruch in ein Haus war ungeachtet des Werts der gestohlenen Güter stets ein Schwerverbrechen. Und da Taschendiebstahl – wie er bei fast allen Prostituierten üblich war – ebenfalls als »Diebstahl von Privateigentum« galt, stand auf das Entwenden jedes Gegenstands, dessen Wert einen Shilling überstieg, automatisch die Todesstrafe.

Diese Gesetzgebung war jedoch in der Praxis nicht anwendbar, denn Geschworene, Richter und Ankläger weigerten sich zunehmend, Menschen wegen des Diebstahls von ein paar Pence an den Galgen zu bringen. Deshalb einigte man sich im Gerichtssaal häufig darauf, weibliche Angeklagte, die wegen eines Schwerverbrechens vor Gericht standen, nur einer einfachen Straftat für schuldig zu befinden und sie zur Deportation anstatt zum Tode zu verurteilen. Selbst wenn sich ein Todesurteil nicht vermeiden ließ, wurden Verbrecherinnen nur selten gehängt; der vorsitzende Richter verfasste ein Gnadengesuch und wandelte die Strafe in Deportation nach Übersee um – mit dieser vagen Bezeichnung hatte der »Elizabethan Transportation Act« den Rest der Welt benannt, und zwar in einer Zeit, als die Erde noch nicht vollständig entdeckt war und unbekannte Kontinente am Rande der Landkarten lauerten. Hätten die Richter sich anhand der Beweislage streng an die Buchstaben des Gesetzes gehalten, wären viele der Frauen, die in Sydney Cove endeten, in England hingerichtet worden.

Australische Beobachter, die die Barbarei der britischen Rechtsprechung mit einem selbstzufriedenen Schaudern kommentierten, wären ziemlich befremdet gewesen, hätten sie gewusst, wie die europäischen Nachbarn das Strafrecht des damaligen England einschätzten. Der preußische Baron Johann von Archenholz schrieb verblüfft in seinem Werk *Ein Bild von England*, dass in diesem Land »ein Verstoß [gegen das Gesetz] ...

ohne Rücksicht auf Rang oder Vermögen des Übeltäters bestraft wird«. Selbst »wenn der oberste Magistrat von dem Wege abweicht, den das Gesetz ihm vorschreibt, muss er sich wie der gemeinste Bürger der Rechtsprechung beugen«. Für einen europäischen Adeligen war dieser Ansatz revolutionär demokratisch. »Nichts ist erstaunlicher als die Milde und Menschlichkeit, mit der Verbrecher behandelt werden, mögen es Diebe, Mörder oder Brandstifter sein«, fuhr er fort. »Selbst wenn ihre Schuld feststeht, scheinen sich Ankläger, Geschworene und Richter verabredet zu haben, um einen Freispruch zu erwirken; der Anwalt verteidigt den Beschuldigten leidenschaftlich, und die Belastungszeugen werden streng und zuweilen scharf befragt. Ein Geständnis wird nie gefordert ... ein krasser Gegensatz zu jenen Tribunalen, deren wirksamste Waffe die Folter ist.«

Wäre es streng nach dem Gesetz gegangen, hätten die Richter in den meisten dieser Fälle die Todesstrafe verhängen müssen. Allerdings zeigt die Häufigkeit, mit der sie Gnade walten ließen und die Angeklagten unabhängig von ihrem Verbrechen zur Deportation nach Übersee verurteilten, die engen Grenzen der Rechtsprechung auf. Auch wenn den Richtern ein noch milderes Urteil lieber gewesen wäre, waren ihnen die Hände gebunden, woraus sich so manche grausame Ungerechtigkeit ergab. Elizabeth Sully, die einen Stall minderjähriger Prostituierter hielt und die von ihnen angesprochenen Freier regelmäßig bedrohte und ausraubte, bekam sieben Jahre Deportation. Esther Curtis betrank sich auf einem Abort – und erhielt dieselbe Strafe. Das Gesetz erinnerte eher an eine Keule.

Der englische Sozialreformer Jonas Hanway schilderte die Situation, die von Archenholz Anlass zur Bewunderung gegeben hatte, aus einer anderen Perspektive und formulierte die Schwierigkeiten, die sich aus dieser »Milde« ergaben. »Die heutzutage verhängten Strafen stehen in keinem Zusammenhang zur Übeltat«, schrieb er und stellte fest, dass schwere Körperstrafen in England nicht mehr üblich seien. Der »sanftere Geist der modernen Zeit hat diese Härten gemildert ... das

Auspeitschen gilt nur in wenigen Fällen als nützlich ... und wir halten es nicht mehr für angemessen, alle diejenigen Personen hinzurichten ... die ihr Leben im Sinne des Gesetzes verwirkt haben. Was sollen wir also tun?« Es war die Frage, die das Jahrzehnt bewegte.

Sarah Dorset, neunzehn Jahre alt, gehörte zu den Gefangenen, die ihre Deportationsstrafe im überfüllten Gefängnis Newgate absaßen. Sie war eines Nachmittags im Oktober 1787 in einem Speiselokal in der Londoner Innenstadt festgenommen worden, stammte allerdings offenbar von außerhalb. Sarah hatte ihrer Familie den Rücken gekehrt, um mit einem Mann durchzubrennen, hatte jedoch »den Schurken, der sie ruiniert hatte, seit sechs Wochen nicht gesehen«. Er habe sie verlassen, und sie sei »von der Not auf die Straße getrieben worden«, wo sie sich mit kleinen Diebstählen durchgeschlagen hatte. Vermutlich war sie nach London gekommen, weil sie in ihrer Gemeinde keine Arbeit finden konnte oder weil sie ihren Eltern nicht weiter Schande machen wollte. Nur zu ihrer Schwester Mary, mit der sie in dem Speiselokal gewesen war, hatte sie den Kontakt aufrechterhalten. Die beiden Mädchen setzten sich in die Gaststube und bestellten etwas zu essen und ein Glas Bier. Die Wirtin, Mrs. Davidson, ging los, um das Bier zu zapfen, und ließ die Schwestern allein. Als die Mädchen aufbrechen wollten, bemerkte Mrs. Davidson, dass ein Mantel fehlte, der an einem Haken an der Tür zur Gaststube gehangen hatte. Sie packe Sarah, schob eine Hand unter ihren Umhang und fand das Kleidungsstück. »Der Mantel fiel mir von der Sitzbank auf den Arm, und die gnädige Frau befahl mir, ihn aufzuheben«, sagte Sarah. »Ich weiß nichts von der Sache«, meinte Mary. Mary wurde freigesprochen. Sarah erhielt die übliche Strafe: sieben Jahre Deportation.

Es gibt ungeklärte Punkte in Sarah Dorsets Geschichte, die in dem Speiselokal begann. Mrs. Davidsons Aussage vor Gericht wurde von ihrem Diener, einem gewissen William Powell, bestätigt. Er versicherte, ja, der Mantel habe dort gehangen. Und ja, er sei unter dem Umhang des Mädchens entdeckt worden. Ja, sie habe ihn gestohlen. Sarah Dorsets Verurteilung stützte sich zum Teil auf seine Aussage. William war im damaligen England ein ausgesprochen häufiger Vorname, und auch Powell als Familienname kam öfter vor. Später sollte ein Engländer namens William Powell, von seinen Freunden bei seinem zweiten Namen Edward genannt, eine wichtige Rolle in Sarah Dorsets Leben spielen. Von William Edward Powell wissen wir nur wenig. Lediglich, dass er aus Lancaster stammte, eigentlich Bauer war und später zur See fuhr – vermutlich war er während des Krieges gegen Amerika zwangsrekrutiert worden. Vielleicht handelt es sich um einen ganz anderen Mann als den William Powell, der im Oktober 1787 in einem Londoner Speiselokal arbeitete; möglicherweise aber war es auch ein und dieselbe Person.

Seit mehr als einem Jahr saß Sarah Dorset nun schon mit einhundertfünfzig anderen Frauen in der allgemeinen Abteilung von Newgate. Allerdings gab es in Newgate noch einen zweiten Zellenblock. Diese Abteilung bot bequemere Unterkünfte für diejenigen, die es sich leisten konnten, wöchentlich eine halbe Krone Miete zu bezahlen; die allgemeine Abteilung war für diejenigen bestimmt, deren Mittel das nicht erlaubten. Die meisten Frauen wären nicht in der Lage gewesen, auch nur eine Wochenmiete in der gehobenen Abteilung zu entrichten, geschweige denn die vielen halben Kronen, die nötig waren, um die Monate oder Jahre zwischen Verurteilung und Entlassung durchzustehen. Der Großteil der gefallenen Mädchen, die als Untersuchungshäftling eingeliefert wurden und nach dem Urteil weiter hier einsaßen, schliefen auf den steinernen Simsen des ersten Zellenblocks. Die wenigen, die das Geld für die gehobene Abteilung erübrigen konnten, waren – bis auf eine – besser gestellte Ladendiebinnen, die sich vor ihrer Ergreifung ein hübsches Polster angespart hatten. Wer bereit war, ein hohes Risiko einzugehen, aber nicht über besondere Kenntnisse und Fähigkeiten, zum Beispiel in der – sehr lukrativen – Urkundenfälschung, verfügte, entschied sich zumeist für den Ladendiebstahl. Alice Haynes war verurteilt worden, weil sie in einer Kurzwarenhandlung in der Fleet Street Spitze gestohlen hatte; bei früheren Raubzügen war sie eindeutig erfolgreicher gewesen, denn sie war nun in der gehobenen Abteilung untergebracht. Die dreißigjährige Mary Higgins, die bei ihrem Einzug im Januar 1789 im achten Monat schwanger war, hatte in der Cranbourn-Passage blauen Glanztaft im Wert von sieben Pfund mitgehen lassen – das entsprach in etwa dem Jahreslohn eines Dienstmädchens.

Die schlaueste unter den Insassinnen der gehobenen Abteilung war eine Fälscherin und Geschäftsfrau namens Nelly Kerwin. Sie wurde unter dem Namen »Eleanor Kerwin alias Karavan, Witwe« vor Gericht gestellt und hatte einige Jahre lang »ein Haus zur Bewirtung von Seeleuten, nicht öffentlich, sondern privat« in Gosport, unweit von Portsmouth, betrieben. An Bord der Schiffe im Hafen von Gosport war sie keine Unbekannte. Ihre hauptsächliche Einnahmequelle war die Vergabe von Wucherkrediten an finanzschwache Seeleute, gegen Gebühren oder mit der ausstehenden Heuer als Sicherheit. Außerdem war sie als inoffizielle Arbeitsvermittlerin für Kapitäne tätig, die in See stechen wollten, aber noch keine vollständige Mannschaft beisammen hatten. Vor Gericht sagte sie aus, sie habe einem gewissen Kapitän Urmiston im Jahr 1781 vierzehn oder fünfzehn Matrosen beschafft. Zu ihnen gehörte Samuel Druce, in den Nelly – sowohl in ihrer eigenen Pension als auch in einer anderen ganz in der Nähe – bereits einige Pfund in bar für Unterkunft und Bewirtung investiert hatte. Vielleicht war er auch ihr Geliebter gewesen und lebte nun auf ihre Kosten, sodass sie ihn inzwischen satt hatte. Sie besorgte ihm eine Anstellung bei Urmiston und verlangte von ihm vor seinem Aufbruch ein Testament, das sie als Nutznießerin nannte und das sie als Sicherheit aufbewahren wollte, bis er es mit seiner Heuer wieder auslöste. Doch als Druce an Bord ging, trug er sich unter dem Namen James White in die Mannschaftsliste ein und verfasste ein zweites Testament, das Kapitän Urmiston in aller Unschuld bezeugte. Darin hinterließ er seine Heuer und zukünftige Prämien seiner Mutter. Die Admiralität zahlte die Heuer gemäß den Namen aus, die auf den Mannschaftslisten standen. Nelly war betrogen worden. Nun stand sie vor Gericht, weil sie beschlossen hatte, das ihr versprochene Testament zu fälschen. Falls Druce auf der Überfahrt starb, wollte sie damit beweisen, dass das von »James White« unterzeichnete Testament keine Gültigkeit hatte.

Die Geschworenen brauchten eine Stunde, um auf der Grundlage der ihr zur Last gelegten Anklagepunkte über Nellys Fall zu entscheiden: die Fälschung des Testaments oder die Anstiftung dazu und zweitens »die Abfassung dieses Testaments in der Absicht, unseren Herrn, den König, zu betrügen«. Man befand sie des zweiten Verbrechens für schuldig und verurteilte sie zum Tode.

Nelly mochte die klügste Insassin der gehobenen Abteilung gewesen sein, doch Elizabeth Barnsley und ihre Freundin Ann Wheeler waren bei weitem die Auffälligsten. Die beiden waren die Königinnen unter den Ladendiebinnen: Barnsley hatte den richtigen Stammbaum, Wheeler die nötige Klasse. Selbst die Gerichtsbeamten bezeichneten sie, und das offenbar ohne Spott, als »Damen«. Im Laufe der kommenden Monate ließ Mrs. Barnsley niemanden im Zweifel darüber, über welche Rechte und Privilegien sie verfügte.

Ann und Elizabeth stahlen nur bei den besten Adressen. Die achtzehn Meter Musselin, die Wheeler unter ihrem »weißen, mit Pelz besetzten Seidenmantel« und hinter dem »großen Muff« zu verstecken versuchte, stammten von Hodgkinson, Warrener und Percival in der Bond Street. Wie Mary Higgins interessierten sie sich nicht für Diebesgut im Wert von wenigen Shillings und Pence: Das Musselin kostete sechs Pfund, und Wheeler zückte eine Zehn-Pfund-Note, um ein Stück irisches Leinen zu bezahlen. Der erste Schritt des Beutezugs war geschickt durchgeführt, doch offenbar verpfuschte eine der beiden den wichtigsten Teil, nämlich den Stoff vom Tresen zu nehmen, ihn unter die Kleidung zu schieben und mit betörend raschelnden Röcken aus dem Laden zu rauschen. Als die Damen sich zum Gehen wandten, stellte sich ihnen ein tapferer Verkäufer in den Weg. Auch als die beiden sich angesichts seiner

Unverschämtheit mächtig empörten, verließ ihn der Mut nicht. Wheeler erkundigte sich in eisigem Ton, ob er sie denn nicht als die Dame erkenne, die in diesem Laden häufig Einkäufe für sich und ihre Dienerschaft tätige. Und die darüber hinaus eine enge Freundin von Lady Spencer sei. Elizabeth Barnsley bestätigte dies, doch der Verkäufer ließ sich nicht beirren. Trotz ihrer Beteuerungen, sie verfügten über gute Verbindungen, wurden die Damen nach Newgate verbracht. Seit ihrer Verurteilung zu sieben Jahren Deportation im Februar empfingen sie in ihren Räumlichkeiten in der gehobenen Abteilung Besucher.

Niemand weiß genau, warum der fünfzehnjährigen Sarah Roberts ebenfalls dieses Privileg zuteil wurde. Ihr Diebstahl von Baumwollstoff in Holborn Hill hatte weder reiche Beute gebracht, noch war er geschickt ausgeführt worden. Außerdem befand sie sich in den ersten Monaten einer Schwangerschaft. Ein anonymer Wohltäter finanzierte ihr den verhältnismäßig angenehmeren Aufenthalt in der gehobenen Abteilung.

Zwischen der gehobenen und der allgemeinen Abteilung des Newgate-Gefängnisses fand ein reger Austausch statt. Doch in der zweiten Hälfte des Jahres 1788 wurde den Behörden das ständige Kommen und Gehen allmählich zu bunt, da sie eine Gefängnismeuterei befürchteten. Im August war die Disziplin in den Frauenzellen wegen des schlechten Einflusses eines Mannes, der mit Mrs. Barnsley, Mrs. Higgins und Mrs. Haynes die gehobene Abteilung bewohnte, mehr oder weniger in Auflösung begriffen. Lord George Gordon war der Inbegriff der eleganten Welt des *fin de siécle*, ein Patensohn des Königs, gleichzeitig jedoch Liebling des einfachen Volkes von London. Er hatte die Massen in die antikatholischen Aufstände des Jahres 1780 geführt, in deren Verlauf das alte Newgate-Gefängnis bis auf die Grundmauern abgebrannt war (es wurde in den achtziger Jahren des achtzehnten Jahrhunderts wieder aufgebaut). 1787 wurde Lord George wegen Anzettelns einer Meuterei unter den Gefangenen verurteilt, die zur Deportation nach Botany Bay bestimmt waren. Er (oder vielmehr sein

Diener) hatte unter den Insassen von Newgate ein Pamphlet verteilt, das – wie es im Prozess hieß – »den Adressaten [zum Tode oder zur Deportation verurteilte Verbrecher] dazu anregt, sich zur Verteidigung derer zu erheben, die ihr Leben und ihre Freiheit verwirkt haben«. Des Aufruhrs für schuldig befunden, erhielt Lord George Gordon eine Haftstrafe und wurde ins Gefängnis Newgate eingeliefert. Dort machte er sich sofort zum Fürsprecher der Gefangenen – oder, wie es die Behörden sahen –, zum Anstifter von Unfrieden unter den Sträflingen, die mit der nächsten Flotte in See stechen sollten. Täglich besuchte er die Zellen der Frauen, erörterte ihre Fälle mit ihnen, beriet sie zu ihren Anträgen und verteilte Lebensmittel und Geld. Gordon verfügte über eine beachtliche Fähigkeit, die Öffentlichkeit für sich und seine Schützlinge zu gewinnen, weshalb seine Gefolgschaft unter Sträflingen, Seeleuten, Befürwortern der Amerikaner und anderen missliebigen Elementen stetig anwuchs. Bevorzugte Gefangene erhielten von ihm eine »Pension«, die sie sich jede Woche in seinen Räumen in der gehobenen Abteilung abholen konnten. Vielleicht war es ja sogar Lord George, der die Unterkunft für Sarah Roberts – fünfzehn Jahre alt, schwanger und zur Deportation verurteilt – bezahlte, denn sie war ein Mensch, mit dem man einfach Mitleid haben musste. Lord Georges Anziehungskraft bestand in einer gefährlichen Mischung aus Fanatismus, Charisma und Geld, weshalb der Direktor und der Sheriff ihn als ernsthafte Bedrohung für Ruhe und Ordnung im Gefängnis betrachteten.

Seine Majestät, der König, war vor kurzem vom Kabinett gebeten worden, sich gegen die Zunahme des Verbrechens auf den Straßen auszusprechen – Alkoholmissbrauch, Glücksspiel, Prostitution, Verstöße gegen die Sonntagsruhe und den allgemeinen moralischen Niedergang. Seine Proklamation war in ganz Großbritannien veröffentlicht worden. Die ohnehin schon bekannteste Rede des Jahres gewann zusätzliche Brisanz, als die Frauen von Newgate unter Gordons Einfluss versuchten, sie zu ihren Gunsten auszulegen. In jenem Sommer stand die Diebin

Arabella Stuart in Old Bailey vor dem Richter und verblüffte alle Anwesenden durch die anmaßende Antwort, Gottes heiliges Gesetz, auf das der König selbst sich beriefe, verlange, dass »alle Vergehen ... bei denen ein Richter auf schuldig erkennt ... dem Nächsten doppelt zurückerstattet werden sollten«. Deshalb, so sagte sie, müsse sie das Doppelte dessen zurückzahlen, was sie gestohlen habe. Sie nach Botany Bay zu verbannen verstieße jedoch gegen das Wort Gottes. Sie wurde gehängt.

Arabella sollte nicht die Letzte von Lord Georges Gefolgsleuten unter den Sträflingen sein, die sich mit diesem Argument verteidigten. Es schwang zwischen den Zeilen jedes Briefes und jedes Antrags mit, der im Laufe des Sommers das Gefängnis verließ. Im August 1788 berichtete die *Times* von einer Massenpetition an Seine Majestät, in der stand, die Deportationen widersprächen dem heiligen Gesetz, wie Seine Majestät es in seiner eigenen Proklamation ausgelegt habe. Die Petition war von zweiundachtzig Frauen unterschrieben. Sie alle gehörten zu denen, die mit dem ersten Schiff nach Neusüdwales geschickt werden sollten. Vor acht Jahren hatte Lord George Gordon eine sechzigtausendköpfige Menschenmenge dazu mobilisiert, die Bank von England und den Tower anzugreifen. Also war es zu gefährlich, ihm freien Zugang zu den Gefangenen zu gestatten, unter denen sich die gerissensten Verbrecher Londons befanden. Sheriff Bloxham und Gefängnisdirektor Akerman setzten ihn in der gehobenen Abteilung hinter Schloss und Riegel. Die Meuterei wurde im Keim erstickt. George Gordon starb 1793 am Gefängnisfieber.

Doch eine Krise folgte auf die nächste, denn Meuterei, Hunger oder Gefängnisfieber waren stets auf dieselben Ursachen zurückzuführen: Einhunderteinundfünfzig Frauen, die von Brot im Wert von einem halben Pence täglich und unter den unsäglichsten Bedingungen leben mussten, ohne zu wissen, was aus ihnen werden sollte, würden nicht lange still halten.

KAPITEL VIER

Auf der Themse

Einige Jahre lang schmiedete man schon hochfliegende Pläne, wie des Sträflingsrückstaus in den britischen Gefängnissen Herr zu werden sei. Man überlegte, die Betroffenen der russischen Zarin Katharina zum Geschenk zu machen, der es nicht gelang, ihre eigenen Untertanen zum Besiedeln der Kolonien im – wie die *Times* es schilderte – »düsteren, unwirtlichen Land« des Kaukasus zu gewinnen, »wo es kein Entrinnen gibt«. Eine weitere Möglichkeit, sie loszuwerden, bestand darin, sie nach »Algier, Tripolis und Tunis zu schicken, im Austausch gegen die unglücklichen christlichen Sklaven, die sich in den Händen der Barbaren befinden«. Andere Alternativen waren, sie als Galeerensklaven in Frankreich, als Leibeigene, wie in den deutschen Staaten üblich, oder wie in Schweden und Dänemark als Bergarbeiter einzusetzen.

Allerdings war die britische Regierung nicht überzeugt vom europäischen Weg des Umgangs mit den im Überfluss vorhandenen kriminellen Elementen und bevorzugte stattdessen weiterhin die Strafkolonie als die beste Lösung. Selbst nachdem die Amerikaner ihre Unabhängigkeit erklärt hatten und nun statt Sträflingen Sklaven für sich arbeiten ließen, klammerte sich die britische Regierung an die Vorstellung, dass man irgendwo in der Neuen Welt schon bereit sein würde, britische Straftäter aufzunehmen. Man versuchte, sie weiter nördlich abzuladen, doch inzwischen waren die Sträflinge aus der alten Heimat sogar bei amerikanischen Loyalisten unerwünscht. Im November

1785 wurde gemeldet, dass man in Halifax, Nova Scotia, begonnen habe, die britischen Sträflingsschiffe zurückzuweisen.

Fünf Jahre nach dem Ende der amerikanischen Kriege gab es in den Unterlagen des Newgate-Gefängnisses immer noch eine Liste mit dem Titel »Deportation nach Amerika«. Der Name des einzigen Gefangenen, der darauf stand, wurde Woche für Woche vorschriftsmäßig aufs Neue übertragen. Eine eigene Liste existierte für diejenigen, die zur Deportation nach Afrika verurteilt worden waren. Immer wieder kam die afrikanische Küste als Standort für eine Strafkolonie ins Gespräch, doch alle dahingehenden Versuche scheiterten. Im Jahr 1782 war eine Vorhut von zweihundert Menschen durch Krankheit und Flucht nach dem Transport nach Cape Coast Castle in einem knappen Monat auf fünfzig dezimiert worden. 1783 schickte man eine weitere Gruppe ohne jegliche Ausrüstung los. Sie landete in Goree, wo sie »nackt und krank an der sandigen Küste« strandete. Die Überlebenden wurden später im selben Jahr abgeholt. 1785 wurde ein Gefängnisschiff eigens zur Unterbringung der Sträflinge bereitgestellt, die zur Deportation nach Afrika bestimmt waren. Es handelte sich um die *Ceres*, deren Insassen in Kürze zu einer privat betriebenen Siedlung am Fluss Gambia verschifft werden sollten. Nach Gesprächen mit Minister Sydney im Februar dieses Jahres teilte der oberste Richter von London dem Stadtrat vertraulich mit, die Regierung habe ein Schiff übernommen, das »zuvor im Guineahandel [also im Sklavenhandel] eingesetzt gewesen ist, mit doppelt verstärktem Rumpf und allem, was dazugehört«. Das Schiff werde in Deptford ausgestattet, »um einige Verbrecher an die Küste Afrikas zu bringen«. An Bord war Platz für zweihundert Personen. Der oberste Richter hatte sich zusichern lassen, dass mindestens einhundert Insassen des Newgate-Gefängnisses dabei sein würden. Die Gerichte waren von dieser Möglichkeit ebenso begeistert wie schon 1787 von Botany Bay und 1789 von Sydney Cove. Im April 1785 wurden hundert verurteilte Straftäter von Newgate zu den Schiffen nach Woolwich gebracht, um die Schiffsreise zur Insel Lemano im Fluss Gambia

SIÂN REES

anzutreten. Das Schiff stach nie in See; die Gefangenen blieben auf der *Ceres*.

Ein erneuter halbherziger Versuch, eine Strafkolonie in Afrika einzurichten, wurde im Jahr 1786 unternommen. Ein britischer Erkundungstrupp stattete der Bay of Das Voltas einen Besuch ab und machte sich entsetzt wieder aus dem Staub. Doch die britische Regierung war sofort wieder Feuer und Flamme und beteuerte, man werde bis zu eintausend Sträflinge in dieses neue afrikanische Straflager verschicken.

Im Dezember 1786 entstand das Vorhaben für ein weiteres Afrikaprojekt, diesmal war eine neue Siedlung für verarmte Schwarze in Freetown, Sierra Leone, im Gespräch. Man schmiedete einen bizarren Plan: Die Verbannten »würden lebenslang Sklaven sein«, hieß es in diesem wahnwitzigen Entwurf, »und ihre schwarzen Herren bedienen, die sich in dieser neuen Kolonie niederlassen oder dorthin umgesiedelt werden. Nach allgemeiner Auffassung handelt es sich dabei um eine Strafe, die schlimmer ist als der Tod«.

Selbst jetzt hatte man Afrika noch nicht als möglichen Standort für eine Strafkolonie abgeschrieben, und die Richter fuhren fort, einige Verbrecher zur Deportation dorthin zu verurteilen, wenn es denn irgendwann möglich sei. Bis dahin saßen die Betreffenden in ihren Zellen, gemeinsam mit denen, die – etwas vager formuliert – nach Übersee verbannt werden sollten. Offenbar war die Verschickung nach Afrika den besonders heruntergekommenen Elementen vorbehalten, und man stellte ihnen das schrecklichste Schicksal in Aussicht. »Das Land zu beiden Seiten des [Gambia] Flusses«, schrieb die *Times*, »ist von kriegerischen Negerstämmen bevölkert, die ihren Götzen jeden weißen Mann opfern, dessen sie habhaft werden können, was eine Flucht wirkungsvoll verhindert...«

Afrika erwies sich als seuchengeplagt und unfruchtbar. Amerika nahm keine britischen Sträflinge mehr auf, und von Kommodore Phillips Flotte in Botany Bay hatte man schon seit über einem Jahr nichts mehr gehört. Seine Schiffe waren zuletzt von Europäern gesehen worden, die im November

1787 die holländische Siedlung Kapstadt verließen. Seitdem hatte man in England keine Nachricht von ihnen erhalten. Wie die *Times* im August 1788 feststellte – und anschließend hastig dementierte –, »ist es wahrscheinlich, dass unsere Sträflinge für Botany Bay für immer verschollen bleiben«. Die Inseln der Südsee waren mit den Knochen glückloser Seeleute bedeckt, und als die Monate vergingen, wuchs der grausige Verdacht, dass auch die Gebeine von Phillips Leuten dazugehörten. Die Informationen der Holländer waren auf einem neueren Stand, denn Kapitän Hunter, einer der erfahrensten Offiziere von Phillip, war im Oktober 1788 zum Kap zurückgekehrt, um Lebensmittel für die verzweifelte Kolonie zu kaufen. Die Schreiben, die er von dort aus nach England geschickt hatte, waren noch nicht eingetroffen.

Ein letzter halbherziger Versuch, Sträflinge nach Übersee zu deportieren, wurde im Sommer 1788 unternommen. Diesmal war das Ziel Quebec, wo die Gefangenen als Dienstboten »für niedere und schwere Arbeiten« eingesetzt werden sollten. Einige Monate lang waren die Planer voller Zuversicht. Wenn man die Sträflinge rasch an Bord schaffen konnte, reichte die Zeit gerade noch, mit den Schiffen den Atlantik zu überqueren und den St. Lawrence River hinaufzusegeln, bevor dieser im Winter zufror. Im Juli und August rumpelten die Gefangenentransporte mit männlichen Sträflingen nach Gosport. Doch als die Flotte bereit war, war der letzte Zeitpunkt, an dem eine gefahrlose Überfahrt noch gewährleistet werden konnte, bereits verstrichen. Vorübergehend trat in den Londoner Gefängnissen ein wenig Erleichterung ein, allerdings auf Kosten der Insassen der Gefängnisschiffe im Hafen von Portsmouth, wo die für Quebec bestimmten Sträflinge das nächste Jahr unter unsäglichen Bedingungen verbringen mussten.

Im Innenministerium und in der Admiralität gab es Männer, die wussten, dass Kommodore Phillips Expedition nach Neusüdwales schlecht geplant und miserabel ausgerüstet gewesen war. Man konnte nicht sagen, ob er je in Botany Bay angekommen, geschweige denn, ob es ihm geglückt war, sich dort

SIÂN REES

durchzuschlagen. Allerdings schien Neusüdwales gegen Ende des Jahres 1788 der letzte mögliche Standort für eine Strafkolonie zu sein. Es war ein Vabanquespiel, eine weitere Flotte zusammenzustellen, die der ersten folgen sollte, denn man riskierte dabei das Leben der Verurteilten, welche die Regierung unbedingt aus den brechend vollen Gefängnissen entfernen wollte. Andererseits war es offenbar die einzige Chance, die Gefangenen loszuwerden, die die Zellen verstopften.

Deshalb »... befinde ich angesichts der bedrückenden Zustände im Gefängnis von Newgate«, schrieb Lord Sydney am 20. Dezember 1788, »... dass das Schiff, auf dem sie untergebracht werden sollen, annähernd, wenn nicht vollständig, für ihre Aufnahme bereit ist ... Meiner Schätzung nach sollten einhundertfünfzig Gefangene verschickt werden, was dem Gefängnis eine große Erleichterung verschaffen wird [!] ... um die Ausbreitung schockierender Disziplinlosigkeit zu verhindern, die ... immer mehr zutage tritt«. Auf diese Weise teilte er den Gerichten und Gefängnisverwaltungen im ganzen Land mit, dass endlich eine zweite Flotte nach Neusüdwales endsandt werden sollte – ohne zu wissen, ob Passagiere der ersten Flotte überhaupt noch lebten.

Das Schiff, das die Admiralität eilig damit beauftragte, die Sträflinge aus dem Gefängnis von Newgate nach Neusüdwales zu bringen, war die *Lady Julian*, »ein schönes, auf dem Fluss gebautes [das heißt auf der Themse gebaut] Schiff, das die Amerikaner auf der Fahrt von Jamaika nach London gekapert haben. Später wurde es von einem Kriegsschiff zurückerobert und nach England überführt«. Es handelte sich um eine Bark mit drei Masten und zwei Decks. Die genauen Daten haben nicht überlebt, da das Schiff gebaut wurde, bevor die Versicherung Lloyds ihr grünes Buch begann, in dem Gewicht und Ausmaße neuer Schiffe festgehalten wurden. Allerdings haben die Daten der *Scarborough* die Zeit überstanden, eines Dreimasters mit zwei Decks, der zwei Jahre zuvor als Teil der für Botany Bay bestimmten Flotte im selben Dock hergestellt worden war. Die *Scarborough* hatte mit einer Abweichung von zehn

Bruttoregistertonnen – vierhundertelf statt vierhunderteins – dasselbe Gewicht wie die *Lady Julian* und war vermutlich von ähnlicher Größe.

Das Schiff war sechsunddreißig Meter lang und hatte an der breitesten Stelle einen Durchmesser von zehn Metern. Der Abstand zwischen den Decks betrug etwa zweieinhalb Meter. Jeder der drei Masten – Fockmast, Großmast und Besanmast –, vom Bug zum Achterschiff her betrachtet, konnte mit drei viereckigen Segeln bestückt werden. Stagsegel hingen zwischen jedem Mast. Achtern konnte man ein, zwei oder drei Vorbramsegel befestigen. Das hinterste Deck, das Achterdeck, erhob sich über die anderen. Es war von einer Reling umgeben und war den Offizieren vorbehalten, deren Unterkünfte sich direkt darunter befanden. Der vorderste Teil des Schiffes, zwischen Großmast und Achterschiff, wurde Vorderdeck genannt. Die Kabinen der gewöhnlichen Seeleute, der Mannschaft, lagen dort in einem erhöhten Bereich, der den Offiziersquartieren im Heck nachempfunden war. Im untersten Deck oder Unterdeck des Schiffes, das normalerweise für die gut geschützte Ladung reserviert war, hatten sich die Zimmerleute von Deptford an die Arbeit gemacht, um die *Lady Julian* in ein Gefängnisschiff zu verwandeln. Man errichtete Trennwände, um im Unterdeck drei separate Räume zu schaffen. Vorne und hinten erhielt man so Lagerflächen; die Mitte, ein Raum von etwa fünfhundert bis sechshundert Quadratmetern, war für die einhundertfünfzig erwarteten Sträflinge vorgesehen. Die Einstiegsluken wurden mit Gittern ausgestattet, die man von außen verriegeln konnte. Breite Kojen, die Platz für vier bis sechs Personen boten, wurden zu beiden Seiten des Rumpfes angebracht.

Im Dezember 1788 befand sich die *Lady Julian* in Galleons Reach auf der Themse. Sie sollte mehr als einhundertfünfzig weibliche Gefangene und einhundert männliche Seeleute im Auftrag der Admiralität nach Neusüdwales schaffen, anschließend in nördlicher Richtung nach Kanton segeln und eine Ladung Tee für die Ostindische Kompanie nach Hause bringen.

Kapitän Aitken, von dem fast nichts bekannt ist, war zum Kommandanten des Schiffes ernannt worden. Er war ein eher farbloser Mensch und hatte weniger Kontakt mit den Frauen an Bord der *Lady Julian* als Leutnant Thomas Edgar, der die doppelte Funktion des ersten Offiziers und des Regierungsvertreters ausfüllte. Edgar war besser als »Little Bassey« bekannt. »Little« wegen seiner kleinen Statur, »Bassey« wegen seines Sprachfehlers, der dazu führte, dass er das »th« verschluckte. Er übernahm seinen Posten Anfang des Jahres 1789.

Ein Matrose, der Thomas Edgar auf seiner nächsten Reise im Jahr 1794 begleitete, beschrieb ihn einigermaßen liebevoll als »komischen, unberechenbaren Burschen ... guten Seemann und Navigator, das hätte er zumindest sein können, aber er trank so viel, dass er seiner Gesundheit ernstlichen Schaden zufügte«. 1794 hatte ihn der Alkohol bereits in ein Wrack verwandelt; die ganze Überfahrt lang betrank er sich unablässig und vergaß, Befehle auszuführen. »Edgar, Sie sind betrunken«, sagte dann der leidgeprüfte Kapitän. »Nein, Sir, schlagen Sie mich, wenn das stimmt«, pflegte Edgar zu erwidern.

1776 war Edgar, ein ehrgeiziger junger Seemann, auf Lebenszeit zum ersten Offizier der *Discovery* ernannt worden. Diese gehörte zu den beiden Schiffen, die in einer vierjährigen Reise über Kap Hoorn und die Südsee zu den Antipoden und zurück gesegelt war. Das Kommando führte der größte Seefahrer aller Zeiten, Kapitän James Cook. Das andere Schiff auf der dritten und letzten von Cooks großen Reisen befehligte William Blight.

Thomas Edgars Rolle in dem Tumult, bei dem Kapitän Cook zu Tode kam, ist ungeklärt. Er war zwar ein Ehrenmann, aber sehr impulsiv. Und es ist zum Teil seine Schuld, dass, am Tag bevor Kapitän Cook im Februar 1779 auf Hawaii durch einen Schlag auf den Kopf getötet wurde, Streit zwischen den Seeleuten und den Inselbewohnern ausbrach, welcher später in Gewalt ausartete. Ein Inselbewohner hatte bei einem Besuch an Bord der *Discovery* Werkzeug gestohlen, worauf Edgar und einige Besatzungsmitglieder sich an die Verfolgung seines Kanus machten. Weder ihm noch den Seeleuten am Strand gelang es, die kichernden Hawaiianer einzufangen, die den Briten in die Palmenhaine entwischten und sie im Kreis herumführten. Als ein Unbeteiligter die Werkzeuge schließlich am Ende des Tages zurückgab, versuchte der erboste Edgar erneut, das Kanu des Diebes an sich zu reißen. Es kam zu einer Prügelei, bei der sowohl Seeleute als auch Inselbewohner verletzt wurden. Aus Rache stahlen die Inselbewohner nachts das Beiboot der *Discovery*, und als Cook an Land ging, um es zurückzufordern, folgte ein noch heftigeres Handgemenge, in dessen Verlauf der Kapitän getötet wurde.

Damals, im Jahr 1779, war Edgar Leutnant gewesen, und das war er auch heute noch. Andere Offiziere von Cook waren nach einer Reihe verschiedener Posten befördert worden. William Blight war Kommandant der letzten, von Sir Joseph Banks finanzierten Handels- und Entdeckungsreise im Stil von Cook. Man hatte ihm die prestigeträchtige Aufgabe übertragen zu untersuchen, ob sich die Brotfrüchte auf Tahiti für die Ernährung der Sklaven in der Karibik eigneten, und Proben an Bord der *HMS Bounty* zu nehmen. Doch Leutnant Edgars Erfahrung in der Navigation bei langen Pazifiküberquerungen machten ihn zum geeignetsten Mann für den Posten des ersten Offiziers der *Lady Julian*. Und als alter Weggefährte Cooks erhielt er vielleicht sogar eine Empfehlung von Sir Joseph Banks.

In seiner Rolle als Regierungsvertreter an Bord hatte Edgar hauptsächlich Verwaltungsaufgaben. Für die Gefangenen war es von höchster Wichtigkeit, dass ein anständiger Mann diese Position bekleidete, denn ihr Wohlbefinden auf der Reise nach Neusüdwales hing fast ausschließlich von der Ehrlichkeit und Menschlichkeit dieses Offiziers ab. Er musste dafür sorgen, dass die Vereinbarungen zwischen dem Innenministerium und dem Agenten der Reederei, die das Transportschiff besaß oder ihrerseits gemietet hatte, auch eingehalten wurden. Er war es, der darauf achtete – oder auch nicht –, dass der Agent sämtliche im Vertrag aufgeführten Lebensmittel auch anlieferte und die Gefangenen, weder was die Menge, noch was die Qualität

SIÂN REES

anging, betrog. Er musste sich darum kümmern, dass Kapitän und Mannschaft den Gefangenen auf See genügend frische Luft und Bewegung an Deck zugestanden. Er stellte sicher – oder auch nicht –, dass der Schiffsarzt seine Pflicht tat und dass Matrosen und Offiziere die Gefangenen nicht misshandelten.

Die Vermutung ist verführerisch, Leutnant Edgar könnte, geplagt von Schuldgefühlen wegen Kapitän Cooks Tod und aus Erbitterung wegen des dadurch entstandenen Karriereknicks, Trost im Alkohol gesucht haben. In Wahrheit jedoch scheint er eher ein gemütlicher Zeitgenosse gewesen zu sein, ein pummeliger, fröhlicher, ein wenig kurzatmiger Mann, der aus reinem Vergnügen trank und nicht, um quälenden Gedanken zu entrinnen. Im Jahr 1789 war er noch ein fähiger Seemann und in der Lage, entschlossen zuzupacken, wenn es nötig war. Seine Ehrlichkeit und seine Fürsorge für die Gefangenen waren beispielhaft. Er gehörte zu den wenigen Regierungsvertretern, die nicht, sobald sich die Möglichkeit ergab, auf Mittel und Wege sannen, das Seefahrtsministerium zu betrügen und einen Teil der für seine Schutzbefohlenen bestimmten Rationen für sich selbst abzuzweigen. Außerdem sorgte er dafür, dass die Lebensmittel von bester Qualität waren. Sein Steward auf der *Lady Julian* beschrieb ihn als »anständigen, freundlichen Mann«, der mustergültig seine Pflichten erfüllte und die Gefangenen in seiner Obhut gut behandelte.

Ein weiterer Mann, der Anfang des Jahres 1789 zum Dienst auf der *Lady Julian* berufen wurde, war der Arzt Richard Alley. Kraft seines Amtes hatte er fast ebenso viel Einfluss auf den Gesundheitszustand der Sträflinge wie der Regierungsvertreter. Da Letzterer der vorgesetzte Offizier war, oblag es dem Arzt, gegen ihn und für die Sträflinge Partei zu ergreifen und um bessere Verpflegung und ausreichend Bewegung zu kämpfen, falls dieser sich als grausam oder nachlässig erwies. Auf Schiffen, wo sich weder Regierungsvertreter noch Arzt um die leidenden Menschen im Unterdeck scherten, herrschten tragische Zustände. Schiffsärzte wurden gemeinhin als Kurpfuscher und Säufer hingestellt. Ein Seemann der ersten Flotte erinnerte sich an einen Arzt, der »das Schiff wegen Trunkenheit verlassen« hatte, noch ehe man von England aus in See gestochen war. Die Trunksucht des Arztes, der im Jahr zuvor mit William Blight aufgebrochen war, wurde im folgenden Jahr vom Kapitän als einer der Gründe für die Meuterei auf seinem Schiff bezeichnet. Alley hingegen hatte anscheinend kein Alkoholproblem, und er kümmerte sich so gut um die Gefangenen in seiner Obhut, dass die Regierung ihn später selbst zum Regierungsvertreter ernannte und ihn erneut mit einem Sträflingsschiff nach Neusüdwales schickte. Die Frauen auf der *Lady Julian* hatten also Glück gehabt, denn man hatte anständige Männer auf die beiden Posten berufen, die ihre Lebensbedingungen an Bord maßgeblich bestimmten.

Bevor man die Sträflinge auf der Themse an Bord der Schiffe gebracht hatte, hatte man sie oberflächlich ärztlich untersucht, und zwar in der Absicht, ihre Überlebenschancen auf der Reise und theoretisch auch ihre Fähigkeiten einzuschätzen, etwas zum Gelingen der neuen Kolonie beizutragen. Allerdings konnte es bei diesen Untersuchungen leicht geschehen, dass Kranke und Schwache durchs Netz schlüpften, denn das Ergebnis hing von der Person des Arztes ebenso ab wie von der Frage, wie dringend man besagte Gefangene loswerden wollte. An Bord der *Lady Julian* befanden sich deshalb drei Frauen über sechzig, von denen eine Unterstützung der Kolonien durch Gebärfreudigkeit oder schwere Arbeit eindeutig nicht mehr zu erwarten war. Fast die Hälfte der Frauen, die direkt aus dem Gefängnis an Bord gekommen waren, hatte Typhus, und vermutlich waren einige von ihnen bereits mit Pocken infiziert. Außerdem war es unmöglich, all diejenigen auszusondern, die an irgendeiner akuten oder latenten Form von Geschlechtskrankheit litten. Nach Auffassung des anerkanntesten Autors zum Thema Syphilis und Gonorrhöe, Dr. William Buchan, »gibt es eine Gesellschaftsschicht, in der diese Krankheit gewissermaßen ihre Bastion hat: Ich meine damit die Frauen, die gemeinhin als leichte Mädchen bezeichnet werden ... Aus dieser Patientengruppe werden nur wenige wieder völlig gesund«. Allerdings spielte das für die Kolonie keine Rolle mehr, auch wenn das im Frühjahr 1789 niemand in England ahnte – der Großteil von Sydney Cove war ohnehin schon vom Tripper befallen.

Auch einige Mitglieder der Mannschaft waren bereits in Galleons Reach an Bord gegangen. Dazu gehörte auch einer der Handwerker an Bord, der vierunddreißigjährige John Nicol, der die Aufgaben eines Stewards (Diener für die Offiziere) und eines Böttchers versah. John Nicols Memoiren, die er mehr als dreißig Jahre später in Edinburgh einem Journalisten diktierte, enthalten den einzigen Augenzeugenbericht über die Fahrt der *Lady Julian*. Als Nicol sich auf der *Lady Julian* einschiffte, war er erst seit drei Monaten wieder in Großbritannien. Er konnte auf eine zwanzigjährige Erfahrung als Seemann zurückblicken und hatte auf verschiedenen Schiffen den Großteil der damals bekannten Welt bereist. Gebürtig war er aus Borrowstowness in den schottischen Lowlands.

John Nicols befand sich seit drei oder vier Monaten an Bord, als ein Schiff, das aus Kanton kam, in der ersten Maiwoche des Jahres 1789 langsam die Themse hinaufsegelte. Es war die *Prince of Wales*, das erste Schiff, das aus Botany Bay zurückkehrte. Endlich wusste man, was aus den Sträflingen der Gefängnisse im ganzen Land geworden war. Die Zeitungen berichteten von Sydney Cove und Port Jackson. Sämtliche Blätter brachten Artikel über die Kolonie. Amtliche Papiere, die den Transport von Gefangenen anordneten, sammelten sich genauso rasch an wie die Sträflinge selbst, und die Beamten bemühten sich, die Finger schwarz von Tinte, die Listen auf den neuesten Stand zu bringen. Innerhalb weniger Tage wurden verdatterte Frauen, die zur Deportation nach Übersee verurteilt worden waren, quer durch England nach London geschafft und auf der Themse an Bord der *Lady Julian* gebracht.

Aus Lincoln in Ostengland traf eine Kutsche ein, die von einem Wärter des Schlossgefängnisses bewacht wurde. Er kannte die Vorgehensweise, denn er hatte zur Einschiffung mit der ersten Flotte vor drei Jahren bereits elf Sträflinge und ein

Baby hierher gebracht. Diesmal hatte er vierzehn erschöpfte Frauen mit Seilen an die äußeren Sitze gebunden. Die Eisen, die man ihnen in Lincoln um die Handgelenke geschmiedet hatte, durften sie während der ganzen Reise nach Süden nicht ablegen. Nun saßen sie seit sechsunddreißig Stunden da, dem englischen Märzwetter ausgesetzt und neugierig angegafft von jedem Pferdeknecht und Schusterjungen, die beim Anblick der gefallenen Frauen Stielaugen machten. Unter den Gefangenen befanden sich auch Sarah Whitelam und Mary Rose. Als die Frauen endlich über die Themse gerudert und auf die *Lady Julian* verladen wurden, waren sie schmutzig, durchnässt und geschwächt von Kälte und Hunger. John Nicol hievte sie und ihre wenige Habe über die Reling.

Trotz der bedrückenden Umstände war es Anziehung auf den ersten Blick – zumindest von Nicols Seite. Selbst in der bedauernswerten Verfassung, in der die Behörden Sarah Whitelam abgeliefert hatten, war sie immer noch hübsch genug, um einen bleibenden Eindruck zu hinterlassen. Zuerst entfernte Nicol die verhassten Eisen von den Handgelenken der Frauen, bezahlte dem Wärter die Gebühr von einer halben Krone pro Kopf und gab den Gefangenen Zeit, wieder zu Atem zu kommen. Gehorsam stellten sich die erschöpften Frauen, auch Sarah, vor dem Amboss des Schmieds an und streckten die Hände aus. »Ich hatte ein Auge auf sie geworfen, von dem Moment an, als ich ihr auf meinem Amboss die Bolzen von den Eisen schlug«, schrieb Nicol. Ein sehr ungewöhnlicher Auftakt für eine Romanze.

Während Sarah sich auf dem verhältnismäßig warmen und sicheren Schiff von den Strapazen erholte, erzählte sie dem verliebten Steward Stück für Stück ihre Geschichte, die von Betrug und Unglück handelte. Sie lautete vermutlich wie folgt: Vor ihrem Prozess habe sie in Kesteven gelebt und dort für eine ortsansässige Familie gearbeitet. Ihre Unterkunft habe sie mit anderen jungen Frauen geteilt. Wie unter Freundinnen üblich, hätten sie freimütig ihre Kleider und andere Dinge untereinander getauscht, da keine von ihnen genug Geld besaß, um die gewünschte Abwechslung in die eigene Garderobe zu bringen. Deshalb hätten sie fehlende Stücke einfach aus der Kiste einer Zimmergenossin ausgeborgt. Eine Weile sah alles recht rosig aus. Sie habe einen guten Lohn verdient und ein anständiges Leben geführt. Dann, eines Tages, habe sie sich von einer ihrer Freundinnen einen Mantel geliehen und ihn anderntags zurückgegeben – nichts Ungewöhnliches also. Doch aus einem ihr unbekannten Grund sei ihr einige Tage später vorgeworfen worden, sie habe das Kleidungsstück ohne Erlaubnis genommen. Zuerst habe sie geglaubt, sie habe die Besitzerin unwissentlich gegen sich aufgebracht; vielleicht habe sie den Mantel ja beschmutzt oder zerrissen, ohne es zu bemerken, und ihre Freundin verärgert, weil sie nicht angeboten habe, ihn zu flicken oder zu ersetzen. Aber die Freundin wollte nicht hören, und Sarah stellte fest, dass sich die Anschuldigungen von Tag zu Tag steigerten, bis aus missbrauchter Freundschaft ein Verbrechen geworden war. Denn nun behauptete ein anderes Mädchen, sie habe den Mantel mit Vorsatz gestohlen. So sei sie in die schreckliche Lage geraten, dass diese »falsche Freundin« – wie sie sie John Nicols gegenüber nannte – Anzeige gegen sie erstattet habe. Eines Tages habe sie vor dem Magistrat erscheinen müssen und sei eines Verbrechens für schuldig befunden worden, das sie gar nicht begangen habe. Dann habe man sie zu sieben Jahren Deportation nach Übersee verurteilt.

Nun war sie siebzehn Jahre alt, und ihr Leben war ruiniert. Ihre Familie konnte ihr offenbar nicht helfen. Und ihre Arbeitgeber, vielleicht in der Überzeugung, sie hätten sich von Sarahs hübschem Gesicht und ihrer reizenden Art hinters Licht führen lassen, weigerten sich, etwas für sie zu tun. Aus einem fröhlichen Mädchen mit guten Zukunftsaussichten war eine verurteilte Verbrecherin geworden, die in einem Provinzgefängnis auf faulem Stroh schlief und in die Fremde verbannt werden sollte. Diese Geschichte erfuhr John während der ersten Wochen auf dem Fluss, als sie sich von den Strapazen im Gefängnis von Kesteven erholte, und er schrieb sie dreißig Jahre später in seinen Memoiren nieder. Erschüttert von der Tragödie, deren

Opfer sie geworden war, und bezaubert von ihrer Schönheit, war er fest entschlossen, ihre Leiden zu lindern. Der Steward des Schiffes verliebte sich bis über beide Ohren in dieses »Mädchen von bescheidener, zurückhaltender Art, ein so freundliches und ehrliches Geschöpf, wie man es nur selten antrifft«. Sie war noch keine zwanzig und unschuldig zu einem Leben in einer Sträflingskolonie unter Diebesgesindel verurteilt. Nicol hatte tiefstes Mitleid mit ihr. Und er war der erste Mann, den Sarah seit zwei Jahren kennen gelernt hatte, der ihr nicht misstraute, sie nicht verachtete und ihre wahre Geschichte nicht kannte. Also erwiderte sie seine Aufmerksamkeiten – zögernd zwar, dann aber mit immer mehr Vertrauen und Zuneigung. »Ich machte ihr fast eine Woche lang den Hof«, schrieb Nicol – nach seinen Vorstellungen vom Liebesleben eine wahre Ewigkeit. Noch viele Wochen bevor das Schiff Galleons Reach verließ, siedelte Sarah von der Sträflingsunterkunft im Unterdeck in Nicols bequeme, abschließbare Kabine im Zwischendeck über. Ende April war sie schwanger.

KAPITEL FÜNF

Warten auf dem Fluss

I nzwischen beherbergte die *Lady Julian* mehr als einhundertfünfzig Frauen. Jede Woche trafen aus den Gefängnissen in ganz England weitere ein, um in eine Kolonie geschickt zu werden, in der laut John Nicol »großer Frauenmangel« herrschte. Die Vorhaben, männliche Sträflinge oder weibliche Gefangene in Begleitung eines Marinekorps nach Sydney Cove zu bringen, damit Letztere die dort stationierten Soldaten ablösen konnten, wurden fallen gelassen. Stattdessen beschloss man, sämtliche Plätze mit Frauen zu belegen. Ein Grund könnte gewesen sein, dass man den Frauenanteil in der Kolonie so schnell wie möglich aufstocken wollte. Vielleicht lag es auch an der drangvollen Enge in den Frauenzellen des Newgate-Gefängnisses oder daran, dass es nicht gelungen war, rechtzeitig ein Korps zusammenzustellen.

Die bei weitem größte Gruppe von Frauen kam aus dem Newgate-Gefängnis. Am 12. März 1789 wurden einhundertacht Frauen und zwei Kleinkinder bei Morgengrauen aus dem Gefängnis herangeschafft, an der Blackfriars Bridge in Leichter geladen und die Themse hinunter nach Galleons Reach gerudert. Zu ihnen gehörte Sarah Dorset, deren Gnadengesuch im Juli 1788 von James Adair abgelehnt worden war. Zum gleichen Zeitpunkt hatte er auch über das Schicksal von Esther Abrahams, einer ehemaligen Zellengenossen von Nelly Kerwin, entschieden, die sich bereits seit sechs Monaten in der Kolonie befand, als er sich endlich mit ihrem Antrag befasste. Inzwischen war sie schwanger von einem Marineoffizier. Drei der einhundertacht Frauen stammten von der Liste derer, die nach Afrika deportiert werden sollten, und waren nach Neusüdwales umgelenkt worden. Alle zweiundachtzig Frauen, die im August 1788 Lord Georges Petition an den König unterschrieben hatten, wurden an diesem Tag die Themse flussabwärts gefahren.

Selbst zu dieser frühen Stunde herrschte auf dem Fluss reges Treiben. Der Londoner Hafen gehörte zu den geschäftigsten der Welt. Und da die Stadt befürchtete, die beträchtlichen Einkünfte durch die Gebühren zu verlieren, verbot man trotz der Überlastung des Londoner Hafenbeckens noch ein weiteres Jahrzehnt lang den Bau von Werften und Docks weiter im Osten. Da zuweilen bis zu zehn hochmastige Schiffe nebeneinander lagen, mussten die Leichter einen wahren Hindernisparcours überwinden. Die Schiffe, die tagelang auf einen freien Anlegeplatz warteten, stauten sich kilometerweit nach Osten. Über den Docks hing ein Nebel von Kohlenstaub aus den Heizkesseln.

Die Fahrt führte die Frauen am Nordufer der Themse entlang, wo die Hälfte der unfreiwilligen Passagiere der *Lady Julian* früher inmitten ihrer Opfer gelebt und gearbeitet hatte. Am Fish Street Hill hatte die dreizehnjährige Mary Cavenor versucht, ein Stück Stoff aus der Auslage einer Stoffhandlung zu stehlen. Auf der anderen Seite des Monument, im Lombard Court, hatte Mary Hook den Schreibtisch ihrer Arbeitgeberin ausgeraubt und die Löhne der Dienstboten entwendet, anstatt wie angewiesen in der Küche Hummer zu kochen. Bett Farrel war im Blue Anchor Yard, gleich hinter dem Tower, zufällig einem Gendarmen begegnet, der »sie kannte, aufhielt und fragte, was sie in ihrer Schürze habe«. Wie sich herausstellte, handelte es sich um gestohlene Wäsche aus einem Haus in East Smithfield. »Bett, das sind vierzig Pfund für mich«, sagte er ihr und nahm sie fest. Drei Straßenecken weiter, in der Virginia Street, hatte Mary Anderson in einem Haus gestohlen, weil sie nicht Dirne werden wollte. Mary Butler und Poll Randall hatten Joseph Clark samt seinem Käse ins Bett gelockt und waren mit seinem Geld geflohen. Mary Bateman und Elizabeth Sully hatten James Palmer dazu gebracht, sie in eine Pension zu begleiten, und ihm die silberne Uhr gestohlen.

An der Flussbiegung zwischen Wapping und Limehouse grenzte der Ratcliff Highway fast direkt ans Ufer. Viele Insassinnen des Kahns hatten dort gewohnt. Sophia Sarah Ann Brown hatte »in Mrs. Foys Haus am Highway als Mädchen, als unglückliches Mädchen«, gearbeitet und ihrem betrunkenen Freier neun Guineen, drei Shilling und eine Uhr abgenommen. Jane Walters hatte erst vor zwei Monaten hier einen ebenfalls betrunkenen Kunden beraubt, der in einem stundenweise vermieteten Zimmer eingeschlafen war. Ann Morgan hatte einen Hotelpagen mit den Worten »Komm mit, Ned«, angesprochen, ihm bei der ersten Umarmung die Hosentaschen ausgeräumt und ihm gedroht, ihm »das gottverdammte Auge auszustechen … und obwohl sie eine Frau ist, hat sie besser gekämpft als ich«, als er versuchte, seine halbe Guinnee zurückzuerobern.

Als die Leichter sich nach Süden Richtung Limehouse Reach wandten, gerieten sie in weniger bekannte Gewässer. Am Ende der städtischen Werften begannen die Becken, wo die Schiffe ausgestattet oder gebaut wurden. Am südlichen Ende von Limehouse, in den Docks von Deptford, säumten Becken für Marine- und Handelsschiffe beide Ufer in östlicher Richtung. Hier lag ein Kriegsschiff namens *HMS Guardian*, das gerade aus dem Trockendock geholt worden war, da man es als Frachter für die Kolonie in Sydney Cove einrichten wollte. Die riesigen Royal Artillery Baracks, eine Kaserne, waren noch eine halb fertige Baustelle.

Überall in den Gewässern von Deptford und Woolwich ankerten die Gefängnisschiffe, ausgemusterte Kähne, die nicht mehr seetüchtig waren. Weil man zunächst von einer nur kurzfristigen Einstellung der Deportationen nach Amerika ausgegangen war, hatte man diese Schiffe als Übergangslösung benutzt, um während der Aufstände in den Kolonien die voll gestopften Gefängnisse zu entlasten. Doch da die Überfüllungssituation weiterhin anhielt, war aus dem Provisorium eine Dauereinrichtung geworden. Als die für die *Lady Julian* bestimmten Gefangenen dort vorbeigerudert wurden, befanden sich einige der Insassen schon seit mehr als zehn Jahren an Bord der Schiffe, von denen jedes Hunderte männlicher Sträflinge fasste. Selbst beim Schlafen mussten sie Ketten tragen, die Verpflegung war spartanisch, und viele starben am Fieber. Von Morgengrauen bis zum Sonnenuntergang zwang man die Männer zu schwerer Arbeit in den Docks der Regierung. Bei windstillem, warmem Wetter hing ein übler Geruch über dem ganzen Fluss. Eine gewaltige Menge an Schiffen, voll gepackt mit schmutzigem Bettzeug und Kleidung, von Algen bewachsen und mit verrottenden Segeln, säumte die Themse wie eine schwimmende Elendssiedlung. Als die Leichter daran vorbeigerudert wurden, verlud man gerade zusammengekettete Arbeitstrupps auf ähnliche Boote, um sie zu ihrer täglichen Fron ans Ufer zu bringen. Die Männer johlten ihren gefesselten Leidensgenossen zu.

Jede Woche legten Leichter an der *Lady Julian* an und luden durchgefrorene, nasse Frauen ab. Achtzehn von ihnen wurden aus Warwick herangeschafft, zehn kamen aus Maidstone, ein Stück flussaufwärts die Themse entlang, drei aus Nottingham, drei aus Reading, andere wiederum – allein oder zu zweit – aus allen Teilen Englands. Die Schweinediebin Sarah Gregory und ihre kleine Tochter stammten aus Hertford. Eine achtundsechzigjährige Ladendiebin und ein achtzehnjähriges Milchmädchen waren gebürtig aus Northumberland. Ein Dienstmädchen und eine Räuberin hatte man in Chelmsford ergriffen. Eine Einbrecherin aus New Sarum war zum Tode verurteilt und begnadigt worden. John Nicol empfing die Frauen, half ihnen an Bord, verstaute ihre Kisten unter Deck und brachte sie in ihr neues Quartier. Seine Gefühle ihnen gegenüber ließen sich am besten mit Mitleid und Ritterlichkeit beschreiben. Die meisten, so hielt er in seinen Memoiren fest, waren »harmlose, bedauernswerte Geschöpfe, Opfer, die auf übliche Weise verführt worden sind«.

Im April steuerte ein Leichter mit nur einer Passagierin auf die *Lady Julian* zu, obwohl eigentlich vier Frauen darin hätten sitzen sollen: Elizabeth Barnsley, Ann Wheeler, Sarah Roberts und Alice Haynes. Ann Wheeler litt an schwerem Gefängnisfieber, sodass man sie in der Krankenstation von Newgate hatte belassen müssen. Alice Haynes war in letzter Minute verschont geblieben, da die Entscheidung über ihren Entlassungsantrag noch ausstand. Sarah Roberts war »auf Betreiben von Mr. Akerman zurückgehalten worden, da sie guter Hoffnung war und kurz vor der Entbindung stand, sodass man sie nur unter beträchtlicher Gefahr und Beschwernis vom Boot auf dem Fluss hätte umladen können«. Elizabeth Barnsley, weder krank noch schwanger oder für eine Begnadigung vorgesehen, war also allein im Leichter. Sie ließ sich von John Nicol an Bord helfen und dem Regierungsvertreter Edgar vorstellen. Beide Männer ahnten sofort, dass die Primadonna der *Lady Julian* eingetroffen war.

Elizabeth Barnsleys Anwesenheit an Bord machte sich bald bemerkbar. Sie war stolz darauf, dass ihre Familie schon seit mehr als hundert Jahren als Straßenräuber tätig war. Diese waren im achtzehnten Jahrhundert die Idole der Verbrecherwelt, schneidige Männer auf schwarzen Hengsten und mit spitzenbesetzten Ärmeln, die sich Damen gegenüber stets als Kavaliere zeigten. Elizabeths Bruder, der sie oft an Bord der *Lady Julian* auf der Themse besuchte, hinterließ einen bleibenden Eindruck bei John Nicol. Selbst dreißig Jahre später erinnerte er sich – mit für ihn untypischer Ehrfurcht – daran, dass er »gut gekleidet und von vollendet höflichem Gebaren war wie ein Gentleman«. Und offenbar auch so verwegen, dass es ihn nicht kümmerte, wie seine Schwester seinen Beruf herumposaunte. Elizabeth verfügte über ausreichend Geld, und ihre Koffer im Lagerraum enthielten elegante Kleider. Schon wenige Stunden nach ihrer Ankunft auf dem Schiff bat sie Regierungsvertreter Edgar um Erlaubnis, ihre gewöhnliche Sträflingstracht aus braunem Serge mit etwas Passenderem tauschen zu dürfen, um ihre Freunde und Angehörigen zu empfangen. Edgar weigerte sich, versprach ihr aber, sie könne ihre eigenen Sachen tragen, sobald sie in See gestochen seien.

Mrs. Barnsley war nicht die einzige Frau, die an Bord der *Lady Julian* in Galleons Reach Besuch erhielt. Während der Frühlingsmonate herrschte auf den Decks ein reges Treiben. Es kamen Eltern, die auch im Gerichtssaal dabei gewesen waren. Sie hatten ihre Töchter im Gefängnis besucht und reichten nun verzweifelt Anträge bei den Behörden ein, damit die Mädchen wegen ihrer Jugend und Unwissenheit begnadigt wurden. Auch Familien von außerhalb Londons erschienen. Sie hatten die weite und kostspielige Kutschfahrt unternommen, um sich von einer Tochter oder Schwester zu verabschieden, die sie vermutlich nie wieder sehen würden. Freunde und Verwandte überbrachten Briefe an Marineoffiziere, die in Sydney Cove stationiert waren. Sie stammten aus der Feder von Menschen, die über viele Ecken und Umwege Beziehungen zum Adressaten hatten und die nun hofften, ihrer Frau oder Mutter auf diese Weise zu einer besseren Verpflegung, leichterer Arbeit und einer wohnlicheren Unterkunft verhelfen zu können. Manche Eltern hatten ihr letztes Hab und Gut verpfändet, um ihre Töchter mit ein paar Guineen auszustatten, damit sie sich eine vorzeitige Entlassung oder ein angenehmeres Leben in der Kolonie erkaufen konnten. Journalisten und Illustratoren hatten es auf Geschichten und anrührende Bilder abgesehen. Noch einen Tag bevor die *Lady Julian* in See stach, kämpften Angehörige, Rechtsanwälte und Fürsprecher vergebens gegen die Uhr, um eine Begnadigung oder eine Strafminderung zu erwirken, und verfassten unzählige Bittschreiben an sämtliche einflussreichen Persönlichkeiten, die sie auch nur im Entferntesten kannten. Während der Tag der Abreise immer näher rückte, hofften sie weiterhin verzweifelt, irgendjemand würde sich erweichen lassen und ihnen helfen.

Es ist wahrscheinlich, dass auch Sir Joseph Banks dem Schiff einen Besuch abstattete. Wenn er sich nicht in Revesby, Lincolnshire, aufhielt, wohnte er zumeist in seinem Londoner Haus, Soho Square Nummer 34, das ihm als Stützpunkt für seine verschiedenen Unternehmungen diente. Im August 1788, kurz nachdem er sich in den Fall Mary Rose eingeschaltet hatte,

hatte er eine Expedition ausgerüstet, die auf dem Weg durch Sierra Leone ins Innere von Afrika vordringen sollte. Als Leiter war sein Freund Mr. Lucas, ein weiterer Teilnehmer an Kapitän Cooks frühen Erkundungsreisen der siebziger Jahre, vorgesehen. Im April 1789 hatte sich Banks' Interesse jedoch auf Sydney Cove verlagert, und man hatte ihn gebeten, bei der Ausstattung des Frachters *Guardian* beratend tätig zu werden.

Im April 1789 war die kleine, aus zwei Schiffen bestehende Flotte fast bereit. Lord Sydneys Büro hatte die Bestellungen berücksichtigt, die Gouverneur Phillip in seinen von den zurückkehrenden Schiffen der ersten Flotte überbrachten Botschaften geäußert hatte. Die *Guardian*, eine schlanke Fregatte von fast neunhundert Tonnen, würde die Überfahrt rasch hinter sich bringen und verfügte über genug Stauraum, um Vorräte für viele Monate nach Sydney Cove zu transportieren. Fünfundzwanzig männliche Gefangene von den Schiffen in Portsmouth, die Kenntnisse in Garten- oder Ackerbau besaßen, waren ausgewählt worden. Man versprach ihnen besondere Vergünstigungen und brachte sie an Bord der *Guardian*. Eine Hand voll Aufseher, die ein Gehalt von vierzig Pfund jährlich bezogen, standen ebenfalls bereit. Sie sollten die Sträflingstrupps in Sydney Cove bei der Arbeit überwachen. Es handelte sich um ein bunt gemischtes Trüppchen. Zwei der Männer, ehemalige königliche Gärtner in Kew Gardens, waren von Sir Joseph persönlich ausgesucht worden. Einer, ein verwitweter hessischer Soldat namens Philip Schaffer, gehörte zu den Söldnern, die Georg III. im Deutschland seiner Vorfahren angeworben hatte, um in den Kriegen gegen Amerika zu kämpfen. Er beherrschte das Englische nur bruchstückhaft und war auf die Sprachkenntnisse seiner zehnjährigen Tochter Elisabeth angewiesen. Auch ein Flachshechler namens Andrew Hume war mit von der Partie, und man erwartete von ihm, dass er die Hanfproduktion auf der Insel Norfolk auf Vordermann bringen würde. Ebenfalls an Bord befanden sich ein Bauer namens Thomas Clarke, ein Mann namens Philip Devine, ehemaliger Sträflingsaufseher auf einem der Gefängnisschiffe in Woolwich, und James Reid, »früher amerikanischer Pflanzer« und vermutlich wegen seiner Treue zum Union Jack aus einer anderen Kolonie ausgewiesen. Außerdem John Barlow, einstiger Armeeoffizier und Landvermesser, der »als Ingenieur in Jamaika gearbeitet« hatte. Zu guter Letzt nahm man ein schwarzes Schaf aus der Mittelschicht namens John Thomas Doidge mit auf die Reise. Vermutlich war er dezent darauf hingewiesen worden, dass es ratsam für ihn wäre, das Land für eine Weile zu verlassen.

Einem weiteren ehemaligen Offizier von Cook wurde das Kommando auf der *Guardian* übertragen. Edward Riou war dreizehn Jahre alt und Leutnant zur See gewesen, als er Cook auf seine letzte Reise begleitet hatte. Er hatte unter Leutnant Edgar auf der *Discovery* und unter Leutnant Blight auf der *Resolution* gedient. Inzwischen war er sechsundzwanzig, und ihm stand eine glänzende Karriere bei der Marine bevor. Durch seine persönliche Bekanntschaft mit dem großen Entdecker schien er für den Posten wie geschaffen. Die *Guardian* sollte Pflanzen an Bord nehmen, die als Grundstock für Plantagen in der Kolonie dienen würden. Auf Rious höfliche Bitte hin führte Sir Joseph in der ersten Juliwoche persönlich die Aufsicht über den Bau einer eigenen Pflanzenkabine auf dem Achterdeck und zeichnete mit einem Stück Kreide Linien auf die Bohlen, nach denen die Zimmerleute sich richten konnten. Der Platz genügte für dreiundneunzig Töpfe mit Obst, Kräutern und Gemüse aus Kew Gardens, aus denen die Kolonisten »Nahrung und Medikamente« gewinnen konnten. Banks' Schützling Mary Rose saß währenddessen an Bord der *Lady Julian* im einen halben Kilometer entfernten Galleons Reach.

Der andere mitfühlende Gentleman mit einem Hang zu Bedürftigen und einem Interesse an Botany Bay hatte die Gefangenen, die er in Newgate unterstützt hatte, ebenfalls nicht vergessen. Mindestens vier der Frauen auf der *Lady Julian* erhielten auch weiterhin eine Pension von Lord George Gordon. Einmal wöchentlich begab sich John Nicol in ihrem Auftrag nach Newgate »und nahm ihre Apanage aus seiner eigenen

Hand entgegen«. Bei einem dieser Besuche wurde er im Wachhaus des Gefängnisses von »anständig wirkenden Leuten« erwartet. Sie waren in die Hauptstadt gereist, um etwas über ihre verschollene Tochter in Erfahrung zu bringen, und hatten deren Spuren bis Newgate verfolgt. Der Gefängniswärter, der Sarah Dorsets Namen erkannte, riet ihnen, sich an John Nicol zu wenden, welcher einmal wöchentlich Lord George seine Aufwartung mache. »Die Mutter flehte mich an, ihr zu sagen, ob jemand dieses Namens an Bord sei«, und so hatte Nicol die traurige Pflicht, Sarahs Eltern die Nachricht zu überbringen, dass ihre Tochter zwar am Leben und gesund sei, allerdings nach Sydney Cove deportiert werden solle. »Den Vater nahm das so mit, dass ihm die Worte fehlten«, schrieb Nicol, »doch die Mutter dankte Gott mit Tränen in den Augen dafür, dass sie ihr armes, verlorenes Kind gefunden hatten, auch wenn es noch so tief gefallen sei.«

John begleitete die beiden zum Fluss und ließ sie zur *Lady Julian* hinüberrudern. Dort brachte er sie in seine eigene Kabine und holte Sarah, sodass sich die Familie, unbehelligt von den neugierigen oder abfälligen Blicken der anderen, in die Arme fallen konnte. Als Sarah ungläubig die Kabine betrat, wurde sie beim Anblick ihrer Eltern ohnmächtig. Dann »bat sie sie auf die herzzerreißendste Weise um Verzeihung ... Sie .... war über zwei Jahre lang nicht im Haus ihres Vaters gewesen ... so rasch war sie in Leichtfertigkeit und Sünde abgeglitten.« Sarah gehörte zu den Frauen an Bord, die nicht auf eine Begnadigung hoffen durften, sosehr ihre Eltern sich auch für sie einsetzen mochten. Von ihrer Zelle aus hatte sie sich bereits 1788 an Lord Sydney gewandt. Als Sydney bei dem Richter, der sie verurteilt hatte, eine Stellungnahme anforderte, hatte dieser säuerlich geantwortet, sie »erscheint mir sehr gut für die Kolonie in Botany Bay geeignet«. Also waren sämtliche Mittel erschöpft. An dem Tag im April 1789, als John Nicol ihre Eltern an Bord brachte, sah sie sie zum letzten Mal.

Sarah Dorset war nicht die einzige Gefangene an Bord der *Lady Julian*, deren Gnadengesuch zurückgewiesen worden war.

Der oberste Richter hatte sich auch durch den Antrag von Catherine Wilmot aus Chelmsfort nicht erweichen lassen. Eines der Leumundszeugnisse, die sie mit ihrem Gesuch einreichte, stammte vom Besitzer eines Reitstalls, der sie zwei Jahre lang als »ruhig und fleißig« erlebt hatte und der glaubte, »sie verdiene ihren Lebensunterhalt, indem sie auf Messen mit Werkzeugen handelte«. Die zweite Aussage kam von einem Gemüsehändler, dem sie seit anderthalb Jahren bekannt war, und zwar als Frau, »die reist und Werkzeug aus einem Korb verkauft«. Diese Bestätigungen nützten ihr nicht viel. Eine etwas positivere Beurteilung erhielt sie von einem Gemeindemitglied von St. Mary's in Whitechapel, das schrieb, Catherine habe sich »stets benommen, wie es sich geziemt«. Sie habe vier Kinder von ihrem Ehemann, der während ihres Prozesses auf See gewesen sei; »zurzeit sei er untröstlich, erschüttert und in tiefer Trauer«. James Adair ließ sich jedoch nicht überzeugen. »Ein ernsthaftes und sehr folgenschweres Verbrechen ... Die Verurteilte war keine Ersttäterin ... Ich sehe keinen Grund, meine Meinung zu ändern oder zu glauben, dass ihre Kinder Schaden nehmen könnten, wenn sie nicht von einer solchen Mutter aufgezogen werden ...«

Sarah Dorsets Geschichte ist auch nicht die einzige, die darauf hinwies, dass die Betreffende über außergewöhnlich gute Beziehungen verfügte. In den dreißig nach der Reise vergangenen Jahren waren John Nicol nur die Frauen im Gedächtnis geblieben, an deren Vergangenheit oder Persönlichkeit etwas Außergewöhnliches gewesen war. Zu ihnen gehörte ein junges, namentlich nicht bekanntes Mädchen, an das er sich nicht wegen ihres Charakters oder ihres Verbrechens erinnerte, sondern deshalb, weil alle an Bord sie für eine uneheliche Tochter von Premierminister William Pitt hielten. »Sie selbst widersprach dem nie«, schrieb er. »Sie sah ihm in jeglicher Hinsicht unglaublich ähnlich und glich ihm wie ein Ei dem anderen.« Wir wissen nicht, wie dieses Mädchen hieß – bedauerlicherweise erwähnt Nicol keinen Namen.

Premierminister Pitt hatte einen vierzehnjährigen Cousin namens Thomas, der im Januar 1789 zur Schule nach Charterhouse geschickt wurde. Nach neun Tagen lief er allerdings davon und flehte darum, zur See fahren zu dürfen. Sein Vater gab nach – der Junge wäre ohnehin nur wieder durchgebrannt, wenn man ihn zurück zur Schule gebracht hätte – und verschaffte ihm eine Stelle als Leutnant zur See auf der *HMS Guardian*. Nun sollte er nach Neusüdwales segeln, und zwar als Eskorte eines Schiffes, auf dem sich nach allgemeiner Auffassung eine Gefangene befand, die Ergebnis eines Seitensprungs seines Onkels war. Möglicherweise kannte er sie sogar. Vorausgesetzt, es handelte sich tatsächlich um eine uneheliche Tochter von Pitt, war sie vielleicht von einem seiner Angehörigen unterstützt worden. In diesem Fall hätte sie durchaus in einem Häuschen auf Pitts Ländereien leben können; und es wäre möglich gewesen, dass der junge Thomas seiner Cousine dort begegnete und sie in sein Herz schloss – mit dem Ergebnis, dass er ihr nun aus Zuneigung, Neugier, kindlicher Freundschaft oder aus Liebe in die Fremde folgen wollte.

In den Augen der meisten Zeitgenossen, die entweder selbst an der abenteuerlichen Reise der Gefangenen nach Sydney Cove beteiligt waren oder diese zumindest erörterten, stand den Betroffenen ein grausiges Schicksal bevor. Und genauso wollten die führenden Schichten es auch verstanden wissen, denn schließlich erfüllte eine Strafkolonie den Zweck, abschreckend auf zukünftige Verbrecher zu wirken. Dennoch betrachteten einige Frauen an Bord der *Lady Julian* die Verbannung eher als Ausweg aus den unerträglichen Bedingungen ihres Heimatlandes denn als Strafe. »Vielen von ihnen bedeutete die Freiheit nicht viel … ›Wir haben gutes Essen und ein warmes Bett‹«, sagten sie zu John Nicol.

Wir werden nicht schlecht behandelt und sind nicht wie früher auf Gedeih und Verderb jedem beliebigen Säufer und Ganoven ausgeliefert. Wenn wir früher morgens aufstanden, wussten wir nicht, wohin wir am Abend unser Haupt betten oder ob wir an diesem Tag etwas zu beißen bekommen würden. Die Verbannung empfinden wir als

Segen. Sind wir nicht schon vor langer Zeit verbannt worden, und zwar in unserem eigenen Land? ... Wir wagten es nicht, uns an unsere Angehörigen zu wenden, denen wir Schande gemacht hatten. Andere Menschen schlugen uns die Tür vor der Nase zu. Sie taten, als hätten wir die Pest, hassten uns und gingen uns aus dem Weg.

Allerdings sollte man nicht all diese aus der Erinnerung wiedergegebenen Gespräche für bare Münze nehmen, denn es vergingen viele Jahre, bis Nicol seine Memoiren verfasste. Gewiss waren viele Frauen froh, einen sicheren Unterschlupf gefunden zu haben und nicht Tag für Tag den Hungertod oder Gewalt fürchten zu müssen. Bestimmt drückten einige Frauen, mit denen sich John Nicol unterhielt, Erleichterung aus oder hatten sich zumindest mit ihrem Los abgefunden. Diejenigen, die nach vielen Jahren unerträglicher Armut und Prügel völlig erschöpft und entkräftet waren, mochten durchaus so empfunden haben. Denn was hatte eine Frau wie Esther Curtis anderes vom Leben zu erwarten als auf Treppenstufen oder in Aborten verbrachte Nächte?

Einige sahen die Deportation als Chance, ein Dasein in bitterer Not hinter sich lassen zu können. Sie glaubten wirklich, irgendeine Zukunft – selbst Frondienst am anderen Ende der Welt – sei der Quälerei der vergangenen Jahre vorzuziehen. Andere hingegen setzten alle Hebel in Bewegung, um dem Schicksal zu entrinnen, das die Richter des Königs über sie verhängt hatten.

KAPITEL SECHS

Die Todesliste

Allerdings griff man noch zu anderen Mitteln und Wegen, um die Gefängnisse von verurteilten Verbrechern zu befreien, als sie zu deportieren oder sie auf die Gefängnisschiffe zu schicken. Nicht alle, die sich eines Schwerverbrechens schuldig gemacht hatten, trafen auf Richter und Geschworene, welche den Schaden begrenzen wollten und ihnen die Chance gaben, dem Galgen zu entrinnen. Und nicht alle Gnadengesuche wurden beantwortet. Zu den Häftlingen auf der Liste der zum Tode Verurteilten, die auf das Datum ihrer Hinrichtung warteten, gehörten die vierunddreißigjährige Catherine Heyland und die neunzehnjährige Christian Murphy. Sie waren in getrennten Prozessen schuldig gesprochen worden, und zwar weil sie »sich in betrügerischer, böswilliger und landesverräterischer Absicht verschworen [hatten], eine falsche, wertlose, nachgemachte Münze vom Aussehen eines Shillings herzustellen.«

Im März war ein Jahr vergangen, seit der Debattierclub Westminster Forum die folgende Frage erörtert hatte: »Ist das Gesetz nicht grausam und ungerecht, das eine Frau für dasselbe Vergehen mit Verbrennen bei lebendigem Leibe bestraft, für das ein Mann nur mit einer gewöhnlichen Hinrichtung rechnen muss?« Laut Gesetz endete eine Frau, die des Hochverrats für schuldig befunden wurde, auf dem Scheiterhaufen, während wegen der identischen Straftat verurteilte Männer gehängt wurden. Die Debatte kam also zur richtigen Zeit.

In der nämlichen Gemeinde Westminster, wo das Forum die Frage der unterschiedlichen Bestrafung von Männern und Frauen diskutierte, ertappten der Polizist Treadway und zwei seiner Kollegen im März 1788 zwei Personen in einer Mansarde. Die Polizisten hatten einen Hinweis bekommen, dass dort Falschmünzer am Werk seien. Nachdem sie die Treppe erklommen hatten, stellten sie fest, dass das Schlüsselloch verstopft war. Also legten sie die Ohren an die Tür, lauschten und stürmten dann den Raum.

»Der Gefangene James«, sagte Edward Treadway aus, »rieb etwas zwischen seinen Fingern.« Als Officer Meecham William James alias Levi packte, steckte dieser die Finger in den Mund. Sofort drückte Meecham dem Verdächtigen auf den Kiefer, doch der hatte die Beweise schon verschluckt, und nur schwarzer Schaum troff dem Polizisten auf den Ärmel. Auf dem Fensterbrett befanden sich eine Untertasse mit feuchtem Sand und ein Häufchen alter Sixpence-Stücke, zwei fertige gefälschte Sixpence-Münzen und ein irdenes Töpfchen. Daneben lagen eine Feile, ein wenig Schleifpapier, ein Stück Korken, etwas »schwarzes Zeug« und eine Pinzette. Vor dem Kamin entdeckten die Polizisten einen Schmelztiegel und »oberhalb der Dachluke, draußen zwischen Decke und Dach, ein eisernes Fläschchen«. Auf dem Kaminsims stellten sie eine Ampulle mit *aqua fortis* (Nitrat), ein Gefäß, um das Metall zur Gussform zu bringen, eine Messingwaage und weißes Arsen sicher. Eine voll ausgestattete Falschmünzerwerkstatt also. Als ob das nicht schon Beweise genug gewesen wären, betrat in diesem Moment ein Nachbar den Raum, der nichts von der Anwesenheit der Polizisten ahnte. Er brachte James frische Hemden. In der Tasche eines der Hemden fanden die Beamten Falschgeld. Im Mieder von Catherines Kleid waren zwei Beutel falscher Sixpence-Münzen versteckt.

John Nicholls, Leiter der Münze, wurde im April 1788 in den Old Bailey zitiert, um den Unterschied zwischen einem echten und einem gefälschten Sixpence-Stück zu erklären. Da die Geschworenen und vielleicht sogar der erfahrenere Richter nicht wussten, wie man die Ausrüstungsgegenstände benutzte, forderte man den Fachmann auf, dieses zu erläutern. Das Fläschchen, so sagte er, sei der Stempel, mit dem man in grobem, feuchtem Sand jeweils einen Abdruck von beiden Seiten der Münze anfertigte. Anschließend gleiche man die Poren im groben Sand mit feinerem aus, »ansonsten entstehen im gegossenen Werkstück kleine, unregelmäßige Löcher«. Das ganze werde über dem Feuer getrocknet. Anschließend würden die Gussformen mit vorher im Schmelztiegel verflüssigtem Messing oder Blech gefüllt und zusammengeschraubt. Das geschmolzene Metall werde zu guter Letzt veredelt, um Kupfer oder Silber zu ähneln. Kupfer mische man dazu mit weißem Arsen, damit es einen Ton heller aussehe, »das, was wir ostindisches Kupfer nennen«; für den Silbereffekt gebe man *aqua fortis* hinzu, das in jeder Legierung, die nur eine Spur von Silber enthielte, »das Silber an die Oberfläche bringt und es weiß werden lässt«. Wenn die falsche Münze abgekühlt sei, werde sie zuerst mit der Feile und dann mit Schleifpapier und Kork geglättet. Der Sachverständige bestätigte, William James und Catherine Heyland hätten eine »vollständige Ausrüstung für die Falschmünzerei« besessen.

Es bestand kein Zweifel daran, dass in der kleinen Mansarde in der Weston Street Münzen gefälscht worden waren – und auch nicht daran, dass man die Falschmünzer zum Tode verurteilen würde. Während der Verhandlung tat William James alles, um den Richter und die Geschworenen von seiner alleinigen Schuld zu überzeugen. Catherine sei nur unbeteiligte Zeugin, schlimmstenfalls Komplizin wider Willen gewesen. Beim Prozess fiel er dem Richter, den Anklägern und den Zeugen ins Wort, um ihre Aussagen, was Catherines Mittäterschaft betraf, zu entkräften. Das Gericht glaubte ihm nicht.

Catherine und William waren nicht das einzige Falschmünzerpärchen, gegen das während der Aprilsitzungen des Jahres 1788 verhandelt wurde. Auch die Falschmünzer Jeremiah Grace und Margaret Sullivan wurden schuldig gesprochen. Am Montag, dem 23. Juni 1788, wurden alle vier wieder in den

Gerichtssaal geführt, um das Datum ihrer Hinrichtung zu erfahren. William, Jeremiah und Margaret konnten nicht auf Gnade hoffen. Catherine hingegen hatte in Mr. Bloxham, dem Sheriff der Stadt London, einen Gönner gefunden. Er hielt sie für unschuldig – oder zumindest nicht für schuldig genug, um die Strafe zu verdienen, die man im Juni gewiss gegen sie verhängen würde. Als Sheriff der Stadt wurde Mr. Bloxham zu der Zeremonie eingeladen, die im Old Bailey für gewöhnlich mit Hinrichtungen einherging. Er hatte schon unzählige Erhängungen miterlebt und im Juni 1786 gesehen, wie man die Falschmünzerin Phebe Harris vor dem Newgate-Gefängnis auf einen Scheiterhaufen band und verbrannte. Es war ein Anblick, den er nicht vergessen konnte.

Richter Adair befasste sich zuerst mit den Männern. William James alias Levi und Jeremiah Grace sollten noch am Mittwoch vor dem Newgate-Gefängnis gehängt werden. Dann wandte er sich den Frauen zu. Catherines Hinrichtung wurde einen Monat aufgeschoben. Doch Margaret Sullivan, die sich als Frau des Hochverrats schuldig gemacht hatte, sollte auf dem Scheiterhaufen sterben. Man gab ihr zwei Tage Zeit, um sich darauf vorzubereiten.

Am nächsten Tag erhob die *Times* zum ersten Mal vehement Einspruch gegen die Grausamkeit der gegen Sullivan verhängten Strafe. »Muss die Menschheit nicht über unsere großen Reden über die Sklaverei in Afrika lachen ... solange ... wir einen Mitmenschen bei lebendigem Leibe rösten, weil er Quecksilber für einen Penny mit Messing des halben Wertes vermischt hat?«, fragte der Verfasser.

Margaret Sullivan verbrachte die Dienstagnacht im Gebet mit einem katholischen Priester. Sie wies die Erdbeeren zurück, die Sheriff Bloxhams Frau ihr schickte. Die Insassen des Newgate-Gefängnisses konnten schon am frühen Morgen die ersten Tumulte hören, als sich die Menschen auf dem Kirchplatz von St. Paul's und in den Gasthäusern am Old Bailey versammelten. Um sechs Uhr begannen die Glocken von St. Sepulchre zu läuten, und eine aufgeregte Menge drängte sich in der Straße, wo Sheriff Bloxhams Männer die Hinrichtungsstätte vorbereiteten. Von der Schuldnerpforte aus wurde ein geschlossener Gang gezimmert. Stufen führten zu einem mobilen Gerüst, das etwa sechs Meter über die Menge hinausragte. Die Leute kämpften um die besten Plätze; junge Männer erklommen die Balkone der Häuser, die auf das Gefängnis zeigten. Das King's Head und das Four Kings, die beiden Gasthäuser, die der Hinrichtungsstelle am nächsten lagen, machten reißenden Umsatz; im Magpie and Stump konnte man Miniaturgalgen als Souvenir erwerben.

Um sieben Uhr wurden William James und Jeremiah Grace durch die Schuldnerpforte geführt. Sie trugen Kapuzen, ihre Hände waren auf dem Rücken gefesselt. Man brachte sie zum Gerüst und legte ihnen die Schlinge um den Hals. »Mützen runter!«, brüllte die Menge. Dann predigte der Kaplan fünfundvierzig Minuten lang, was allerdings niemand verstehen konnte. Kurz vor acht hörte Catherine Heyland vom Gefängnis aus den Aufschrei der Menge, als die Luke sich öffnete und William, am Seil hängend, mit den Beinen ruderte. Die Zuschauer stärkten sich. Eine Viertelstunde später erschien Margaret Sullivan, in ein weißes Büßergewand gekleidet und in Begleitung eines Priesters. Sie wurde zum Scheiterhaufen geführt und auf einen Schemel gestellt. Dann schichtete man rings um sie die Scheiter auf. Langsam und feierlich schritten die Männer des Sheriffs mit brennenden Fackeln heran. Und dann wurde der Körper von Margaret Sullivan, die sich des Hochverrats schuldig gemacht hatte, in Asche verwandelt – vor den Augen der Menschenmenge auf der Straße und der Würdenträger der Stadt, unter ihnen Sheriff Bloxham, die auf einer eigens für sie errichteten Aussichtsplattform saßen.

London war schockiert. Seit zwei Jahren war keine Frau mehr auf dem Scheiterhaufen gestorben; seit zwei Jahren war der widerwärtige Geruch eines verbrannten Menschenkörpers nicht mehr durch die Newgate Street in die Stadt und den Strand hinunter zur Themse geweht. Man betrachtete Margaret Sullivans Hinrichtung als grausam, sinnlos, als unvereinbar mit dem aufgeklärten Denken und als Skandal, weil man ausschließlich mit Frauen so verfuhr. »Dieses Land war immer stolz darauf, dass unsere Verbrecher ohne jede Spur von Grausamkeit bestraft werden. Ist das Verbrennen einer Frau etwa keine Folter? Pfui zu einer solchen Barbarei. Sogar die Wilden in den unwirtlichsten Gegenden der Welt achten ihre Frauen, während Großbritannien einzig und allein ihre schwachen Körper den grausigsten Qualen unterwirft.« Diesmal konnte sich die *Times* selbst des Zuspruchs der unnachgiebigsten Anhänger der Todesstrafe gewiss sein.

Während sich in der kommenden Woche viele über diese Schande beklagten und lautstark protestierten, begann für Catherine Heyland, der dieselbe Strafe bevorstand, ein Monat des Grauens. Denn nun nahm das Katz-und-Maus-Spiel der Hinrichtungsaufschübe seinen Anfang. In vier Wochen, am 21. Juli, sollte Catherine eigentlich verbrannt werden. Doch das Parlament hatte Sommerpause, und die Männer, die sie retten konnten, die Minister und alle, die Zugang zu ihnen hatten, verbrachten die Sommerfrische auf dem Land. Dreieinhalb Wochen vergingen, ohne dass sie von ihnen hörte.

Am Sonntag, dem 20. Juli, machten sich Männer bei Abenddämmerung an die Arbeit, um vor den Gefängnismauern ihre Hinrichtungsstätte aufzubauen. Ein Pfahl wurde verankert und Holzscheite ringsherum aufgeschichtet. Im Gefängnis saß Catherine mit dem Kaplan zusammen. Unterstützer schickten ihr Geschenke, und immer wieder wurden ihr Briefe von draußen gebracht.

Sheriff Bloxham war nicht da. Es erschütterte ihn, dass eine Frau, die er für unschuldig hielt, auf diese entsetzliche Weise sterben sollte. Im Laufe des Tages war deutlich geworden, dass es den beantragten Aufschub nicht geben würde. Wenn er nicht sofort etwas unternahm, würde man wieder eine Frau verbrennen. Während Catherine betete, ritt der Sheriff in vollem Galopp zu dem Landhaus, wo der Innenminister das Wochenende verbrachte. Um drei Uhr morgens traf er ein und verlangte, sofort in das Schlafzimmer seiner Lordschaft geführt zu werden.

SIÂN REES

Eine Stunde später eilte er, das rettende Papier in der Hand, zurück nach London. Die Menschen versammelten sich schon vor St. Sepulchre. Zwei Stunden bevor die Fackeln die Scheite entzünden sollten, schenkte man Catherine Heyland weitere vier Tage Lebenszeit.

Der Scheiterhaufen wurde abgebaut, die Scheite wurden weggebracht. Am Montag befand sich der Innenminister wieder in London. Bevor er noch Zeit zum Luftholen hatte, wurde er schon von Sheriff Bloxham bestürmt, Catherines Aufschub zu verlängern. Am 24. Juli – man hatte bereits Befehl gegeben, den Scheiterhaufen erneut zu errichten – traf ein Schreiben ein, das Catherine diese schreckliche Strafe ersparte, solange es Seiner Majestät beliebte. Catherine lebte noch, doch ihre Zukunft blieb weiterhin ungewiss.

Im März 1789 stand Catherine Heyland schon fast ein Jahr lang auf der Todesliste. Sie war eine von fünfundzwanzig Frauen, die hingerichtet werden sollten (die Liste der Männer umfasste vierundsiebzig Namen). Sie alle warteten darauf, entweder ihr Hinrichtungsdatum zu erfahren oder begnadigt zu werden. Sechs Tage nachdem die einhundertacht Frauen von Newgate zur *Lady Julian* gebracht worden waren, wiederholte sich das gespenstische Schauspiel: Der Scheiterhaufen wurde errichtet. Diesmal war er für die neunzehnjährige Falschmünzerin Christian Murphy bestimmt; wieder wurde der männliche Komplize zuerst gehängt, und wieder hörte Catherine Heyland das Jubeln der Menge angesichts eines Spektakels, bei dem auch sie vielleicht eines Tages die Hauptrolle spielen würde.

Im folgenden Monat jedoch kam es zu einem Ereignis, dessen Auswirkungen in ganz England spürbar waren und das vor allem Einfluss auf das Schicksal von Catherine Heyland, Nelly Kerwin und zwanzig anderer Frauen auf der Todesliste hatte. Das Ergebnis war ein Sensationsprozess im Old Bailey. Im April wurde König Georg III. offiziell wieder für zurechnungsfähig erklärt, und man beging zum Dank einen landesweiten Feiertag. »Ein Tag der Freude, wie ihn noch kein Land gekannt oder empfunden hat«, schrieb die *Times* königstreu und schilderte die Feuerwerke, die Paradekutschen, die Lichter, die Straßenfeste, die Verkehrsstaus rund um St. James's und St. Paul's, die Gesänge, die Glocken und die Salutschüsse am anderen Flussufer. Höflinge, Damen der Gesellschaft, Kaufleute und Honoratioren wetteiferten um das prunkvollste Fest. Achthundert Menschen besuchten die Gala der Stadtversammlung in der Merchant Taylor's Hall, wo »ein kalter Imbiss und Suppen« von Zuckerkreationen gefolgt wurden, zu denen auch ein knapp anderthalb Meter hoher Triumphbogen mit eingravierten königstreuen Parolen gehörte. Man plante einen Dankgottesdienst in St. Paul's und eine Prozession bis zur Kathedrale. Die ganze Woche lang kamen Leute, die für ein Eintrittsgeld von zwei Pence den Aufbau des Podiums beobachten wollten. Zehntausende erschienen, um der königlichen Familie zuzujubeln.

Auch die Städte in der Provinz verliehen ihrer Freude Ausdruck, und der *Lincoln Mercury* berichtete wochenlang über die Festlichkeiten. In Gainsborough wurde eine Kanone abgefeuert, in Lincoln veranstaltete man ein Festmahl für den ganzen Landkreis, in Louth wurde ein Gedenkgottesdienst mit Glockengeläut abgehalten. In Swinhead marschierte eine Kirchenkapelle durch die Straßen, und man schenkte das Bier in Milchkannen aus. In Corby zogen die Bürger vom Roe Buck Inn zum Marktkreuz und »spielten ›God Save the King‹ mit gelegentlich falschen Tönen«. In Melton Mowbray gab es ein Feuerwerk. In Wymond wurde ein Freudenfeuer entzündet. In Falkingham briet man einige ganze Schafe, in Thurlby feierte man mit »einer großen Menge Alkohol, zu der jeder Bauer im Ort eine Spende beigetragen hatte«. In Houghton-on-the-Hill erhielt jedes Kind einen Brotlaib, und die Frauen wurden mit Tee bewirtet. Dieser »Freigiebigkeit und Toleranz gegenüber den unteren Schichten« wurde zugeschrieben, dass die Feierlichkeiten durchweg friedlich verliefen. Dr. Willis war Ehrengast auf Empfängen und Bällen im ganzen Land, bei denen er »einen unbeschreiblichen Jubel« empfand. In Wisbech schmückte eine anderthalb Meter große Darstellung der Britannia auf einem schlafenden Löwen das Ship Inn. In Stamford gab es einen »eleganten Ball mit kalten Erfrischungen«.

Und in London wurden im Rahmen der allgemeinen Dankesfeierlichkeiten einige der zum Tode Verurteilten begnadigt, was bei den Aprilsitzungen im Old Bailey zu einer Machtprobe führte, die beinahe fatale Folgen gehabt hätte. Während der fünftägigen Sitzungen hatten einige der gefallenen Frauen auf der Anklagebank bei Londons besserer Gesellschaft solche Berühmtheit erlangt, dass gegen Ende des Prozesses zwei erfolgreichere Geschlechtsgenossinnen den Gerichtssaal mit ihrer Anwesenheit beehrten. Es handelte sich um die Herzogin von Cumberland und Mrs. Fitzherbert, die im Zuschauerraum des Gerichtssaals eins saßen.

Wie immer wurden die üblichen Diebe und Räuber vorgeführt und zwischen dem 20. und dem 23. April nach einer kurzen Anhörung rasch abgeurteilt. Am 24. April brachte man die Frauen von der Todesliste aus ihren Zellen herein, »stellte sie vor den Richter und teilte ihnen mit, dass ihnen eine Begnadigung Seiner Majestät unter den folgenden Bedingungen gewährt werden würde: Lydia Jones, Elizabeth Shakespear, Esther Thornton, Catherine Heyland, Ann Steel, Elizabeth Smith, Mary Wade, Jane Whiting, Jane Tyler, Sarah Mills, Sarah Cowden, Sarah Storer, Martha Cutler, Eleanor Kirwin alias Karavan: *Deportation auf Lebenszeit.*

Margaret Wood, Sarah McCormick, Mary Kimes alias Potten, Sarah Chasey, Sarah Young, Mary Hook, Elizabeth Goldsmith, Elizabeth Hounsum [Catherine Hounsam wäre richtig gewesen]: *sieben Jahre Deportation*«.

»Nehmen Sie die Bedingungen der Begnadigung an?«, fragte der Ankläger.

»Ja«, erwiderten Catherine Heyland und fünfzehn andere Frauen.

»Nein«, sagten die übrigen sieben, und damit begann der Konflikt.

Catherine Heyland war dem Scheiterhaufen entkommen.

Sie und die anderen, die sich einverstanden erklärt hatten, wurden in ihre Zellen zurückgebracht und in die Liste »Deportation nach Syndey Cove« eingetragen. Die übrigen Frauen blieben im Gerichtssaal.

»Lieber sterbe ich nach den Gesetzen meiner Heimat, als für den Rest meines Lebens in die Fremde zu gehen«, verkündete Sarah Cowden. »Ich bin unschuldig, und Sarah Storer ist es auch.«

»Ehe ich den Rest meines Lebens im Ausland verbringe, sterbe ich lieber. Ich nehme die Bedingungen nicht an. Ich bin unschuldig«, sagten Martha Cutler und Sarah Storer.

Die anderen Frauen, die sich weigerten – die Fälscherin Nelly Kerwin, die Räuberin Sarah Mills und das Dienstmädchen Jane Tyler – waren geständige Verbrecherinnen. Doch Martha Cutler, Sarah Storer, Sarah Cowden – vielleicht sogar alle drei – hatten den Straßenraub, weswegen man sie im Dezember 1781 zum Tode durch den Strang verurteilt hatte, möglicherweise wirklich nicht begangen.

Henry Solomon, Einwohner des Judenviertels von Whitechapel, war diesen drei Frauen und ihrem nicht benannten männlichen Komplizen bereits bekannt gewesen. Als er auf dem Weg zum Barbier die Mündung der Gun Alley passierte, sprachen sie ihn mit Namen an, worauf er ihnen entgegenging. Am Ende der Straße angelangt, schlug Sarah Storer ihm den Hut vom Kopf und schlüpfte durch eine offene Tür. Im nächsten Moment war Solomon von drei oder vier anderen Personen umringt, die ihn verspotteten und verhöhnten und ihn aufforderten, sich den Hut doch zurückzuholen. Schließlich stießen sie ihn hinter Sarah ins Haus. Drinnen »warfen mich alle drei aufs Bett«. Cowden »legte sich auf mich«, Storer »hielt mir den Mund zu«, und Martha lehnte sich »mit dem Rücken an die Tür«. Anschließend durchwühlte Storer Solomons Taschen und gab die darin befindlichen vierzehn Guineen und zehn Shilling an Martha weiter, die sich damit aus dem Staub machte. Die anderen beiden« bugsierten Solomon aus dem Haus, warfen ihm seinen Hut hinterher und sagten, »ich solle jetzt

verschwinden«. Draußen auf der Gun Alley hatte ein vorbei-
gehendes Paar den Lärm gehört und durchs Fenster gespäht,
um zu sehen, was sich dort tat. Sie waren gerade im Begriff, die
Polizei zu rufen, als Solomon aus dem Haus getaumelt kam.
Die drei Frauen wurden hauptsächlich auf die Aussage dieser
beiden Passanten hin verurteilt.

Vor Gericht brachten sie abgedroschene und wenig überzeu-
gende Erklärungen vor. Cowden sei nur zu Besuch und zum
Zeitpunkt des Überfalls gar nicht im Haus gewesen. Storer
habe gehört, wie Solomon eintrat und »sagte, er sei beraubt
worden, und er werde den Ersten, dem er begegne, dafür zur
Rechenschaft ziehen«. Cutler behauptete, Solomon wolle sich
für ein nicht näher bezeichnetes erlittenes Unrecht rächen.
Derartige Ausflüchte bekam man bei Gericht tagein, tagaus zu
hören, und Richter Rose ließ sich davon nicht beeindrucken.

Aller Wahrscheinlichkeit waren diese Frauen schuldig – einige jedoch mehr als andere. Die gestohlene Summe wurde allein
auf Solomons Beteuerungen hin auf vierzehn Guineen und
zehn Shilling festgesetzt, sodass aus der Tat ein Kapitalverbre-
chen wurde. Der Wachmann, der Martha eine halbe Stunde
nach dem Zwischenfall festnahm, fand nur drei Shilling bei ihr.
Allerdings genügte diese Zeit, um sich illegal beschaffter Geld-
summen oder Güter zu entledigen. Doch die Leidenschaft, mit
der die drei noch vierzehn Monate später ihre Unschuld beschworen, ließ Zweifel an dem Urteil aufkommen.

Der oberste Richter, entsetzt davon, dass die Angeklagten
die königliche Gnade mit steinernen Mienen zurückwiesen,
warnte die übrigen Frauen im Saal: »... wenn Sie die Gnade des
Königs jetzt nicht annehmen, gibt es keine zweite Chance
mehr; Sie können sich darauf verlassen, dass jede Frau, welche
die königliche Gnade von nun an zurückweist, auf der Stelle
hingerichtet werden wird.« Erst vor einem Monat waren elf
Männer und Christian Murphy auf offener Straße exekutiert
worden. Dennoch weigerten sich auch die anderen Frauen,
ohne zu zögern, sich auf die angebotenen Bedingungen
einzulassen. »Ich bestehe auf das frühere Urteil«, verkündete

Sarah Mills. »Lieber will ich sterben, als mein Land zu verlassen und von Wilden gefressen zu werden«. Auch Jane Tyler zog es vor »zu sterben. Ich glaube, ich habe genug gelitten, da ich wegen meiner Tat schon drei Jahre im Gefängnis sitze«.

Die kluge Nelly Kerwin verlieh, wenn auch diplomatischer, derselben Meinung Ausdruck. »Ich hoffe, das ehrenwerte Gericht und die übrigen anwesenden Herren werden meine Auffassung teilen ... Ich beabsichtige nicht, gegen mein Urteil Einspruch zu erheben, doch ich bin nicht in der Lage, ins Ausland zu gehen; wenn ich es könnte, würde ich es tun ... Ich habe zwei kleine Kinder ... Gegen eine lebenslange Haft habe ich nichts einzuwenden ... Sicher werde ich nicht mehr lange leben ...«

«Wenn Sie jetzt ablehnen«, erwiderte der oberste Richter, »entzieht es sich meinem Einfluss, Ihre Strafe zu mindern. Nehmen Sie jedoch an, können Sie weitere Gnadengesuche einreichen ... aber falls Sie diese Bedingungen verweigern ... werden Sie ... gewiss hingerichtet, und dann ist es zu spät, Ihre Meinung zu ändern.« Es war ein unverhohlener Versuch, mit Zuckerbrot und Peitsche ihre Zustimmung zu erzwingen. Die Regierung war fest dazu entschlossen, die Zellen zu räumen, die nach der schlecht organisierten Verschickung mit der ersten Flotte immer noch überfüllt waren. 1786 war es einigen Sträflingen gelungen, sich auf verschiedene Weisen einer Deportation zu entziehen. Seitdem saßen sie im Gefängnis und sorgten dort für drangvolle Enge. So etwas durfte nicht wieder vorkommen.

Ein letztes Mal versuchte Nell, die Richter zu erweichen: »Wenn es Ihnen möglich erscheint, geben Sie mir Zeit, bis Mr. Simpson mich für reisefertig erklärt ... und schicken Sie mich nicht in ein oder zwei Tagen fort ...«

Dass die sieben auf »ihrem früheren Urteil« beharrten, lag nicht nur an der Angst vor dem Exil inmitten von Wilden. Es handelte sich auch um ein wohl kalkuliertes Risiko. Und aus diesem Grund beharrte das Gericht auch so gnadenlos auf einer sofortigen Hinrichtung.

Nelly Kerwin saß seit Juli 1786 in Newgate ein. Sie hätte bereits exekutiert oder mit der ersten Flotte im Mai 1787 nach Botany Bay transportiert werden sollen. Doch Ende Oktober 1786 hatte ein Ausschuss von Aufseherinnen ihre Schwangerschaft festgestellt. Ihre Zellengenossin Esther Abrahams war ebenfalls schwanger und hatte im März 1787 eine Tochter geboren. Nellys Kind wurde im Juni 1787 erwartet, doch im April erlitt sie eine Fehlgeburt. Als Esther und ihr ein Monat altes Baby an Bord der *Lady Penrhyn* gebracht wurden, um mit der ersten Flotte nach Botany Bay zu segeln, lag Nelly noch in der Krankenstation von Newgate. Drei Wochen nach der Fehlgeburt wurde das Urteil gegen sie bestätigt, doch man schob die Hinrichtung auf, »bis es Seiner Majestät gefiel«. Die Wünsche seiner Majestät wurden erst im Rahmen der nächsten Sitzung im Old Bailey bekannt gegeben – zwei Wochen nachdem die Flotte in See gestochen war. Am 23. April 1787 notierte ein Gefängnisschreiber, ohne nachzudenken, wie jede Woche in den letzten sieben Monaten »schwanger« neben Nellys Namen, bemerkte dann seinen Irrtum und strich es wieder aus. Nun, zwei Jahre später, hoffte Nelly darauf, ihre schlechte Gesundheit, ihre kleinen Kinder und drei Jahre verbüßter Haft würden ihr zu einer bedingungslosen Begnadigung verhelfen.

Doch das Gericht war im April 1789 nicht bereit, Sträflinge wie sie in den Gefängnissen zu belassen, denn der Platz war so knapp, dass jede Person mehr oder weniger zählte. Also musste Nelly entweder sterben oder sich deportieren lassen. Am 24. April brachte man Nelly und die anderen störrischen Frauen in ihre Zellen zurück, damit sie ihre Entscheidung noch einmal überschliefen. Am 25. April führte man sie erneut vor und fragte sie noch einmal, ob sie bereit seien, die Bedingungen der Begnadigung anzunehmen. Wieder ließ der oberste Richter keinen Zweifel am Standpunkt der Regierung:

Sie weigern sich, ihre Begnadigung zu akzeptieren, da Sie offenbar hoffen, auf diese Weise nicht so bald wie die anderen Gefangenen deportiert zu werden ... Dieses Verhalten wird als strafverschärfend gewertet, und wenn Sie eine Änderung Ihres Urteils anstreben, sollten Sie die Bedingungen des Königs besser annehmen, um sich anschließend um eine Herabsetzung der Strafe zu bemühen. Verlassen Sie jedoch den Gerichtssaal, bleibt das Todesurteil gegen Sie bestehen, und Sie können damit rechnen, dass Sie zu den ersten Übeltätern gehören, die beim nächsten Exekutionstermin hingerichtet werden.

Doch die Meinung der Frauen hatte sich in den zwölf Stunden Bedenkzeit nicht geändert. Als sie sich geschlossen weigerten, riss dem obersten Richter der Geduldsfaden, und im Gerichtssaal brach Tumult aus.

»Sperrt diese Frauen in Einzelzellen, und gebt ihnen nur Brot und Wasser!«, brüllte er. Sie sollten in Einzelhaft und bei karger Kost bis zu den Junisitzungen weiter darüber nachdenken.

Verschiedene Abfahrtsdaten für die zweite Flotte nach Neusüdwales waren festgesetzt worden und wieder verstrichen. Die Deportationslisten mussten endlich fertig gestellt und die Frauen an Bord gebracht werden. Doch bald waren die Gefängnisschreiber mit den Gnadenerlassen, Anträgen, Krankheiten, Schwangerschaften und dem Kommen und Gehen an Bord der Schiffe überfordert, sodass in der Buchführung heilloses Durcheinander herrschte. Frauen, die zu krank waren, um zu reisen, und deshalb zurückgestellt wurden, wurden nie von den Deportationslisten gestrichen. Andere, die in letzter Minute eintrafen, wurden nie eingetragen. Der Arzt Simpson hatte im März wieder einen Brief an Lord Sydney geschrieben, in dem er die Lebenssituation von Ann Wheeler und anderer Unglücklicher in drastischen Worten schilderte. Er bat um die sofortige Entlassung von zehn Frauen, für die »eine weitere Fortsetzung der ... Haft eine Lebensgefahr bedeutet«. Lord Sydney entsprach der Bitte und ließ Sheriff Bloxham einen Gnadenerlass zukommen. Zu den Frauen, die man wieder auf freien Fuß setzte, gehörten zwei, deren Namen später dennoch auf die Deportationsliste der *Lady Julian* übertragen wurden. Es handelte sich dabei um das Dienstmädchen Elizabeth Metcalfe, das ihrem Brotherrn, einem Schuster, Schuhe gestohlen hatte und schon seit sechs Monaten im Gefängnis saß. Die Zweite war Jane Williams, die bei ihrem Hauswirt mit einer traurigen Geschichte über einen verwundeten Ehemann die Überlassung eines Zimmers erschlich und dann die Möbel entwendet hatte.

In den Zellen herrschte jetzt zwar eine höhere Fluktuation, doch die Anzahl der Gefängnisinsassen war noch immer gefährlich hoch. In der Woche, in der Christian Murphy verbrannt und ihr Geliebter gehängt wurde, bestahl Ann Thomas ihre Dienstherrin. Ann Rock hielt sich an ihrem Arbeitgeber schadlos, und die Prostituierte Elizabeth Jones entwendete die Schnallen von der Hose eines Seemanns, während dieser in ihrem Bett im Strand schlief. Maria Israel unterschlug in der Prince's Street zwei Stücke Musselin, und Mary Jones ließ in einem Haus in der Turnmill Street Kleidung mitgehen. Alle diese Übeltäterinnen wurden in den Aprilsitzungen vorgeführt, bei denen Nelly Kerwin und fünf andere zu Wasser und Brot verdonnert worden waren. Zwei Tage später wurde Sarah Roberts in der Krankenstation von Newgate von einem Jungen entbunden. Sie blieb dort bis zu ihrer Begnadigung im Oktober – allerdings versäumten es die Schreiber, sie von der Deportationsliste zu streichen.

Das Dienstmädchen Ann Aborough befand sich bereits an Bord der *Lady Julian*, als Lord Sydney endlich ihren Antrag auf Begnadigung erhielt. Während Ann hilflos auf dem Schiff wartete, hatte ihre Mutter alle Hebel in Bewegung gesetzt, um die Tochter zurück nach Hause zu holen. Zuerst hatte sie sich an Lord Loughborough gewandt und um Gnade für Ann gefleht. Dann verschaffte sie sich eine »Bestätigung« von »den Kirchenvorständen und anderen angesehenen Einwohnern« der Gemeinde, um ihren Antrag zu unterstützen, und schickte diese, zusammen mit einer Empfehlung von Lord Loughborough, an Lord Sydney. Darin hieß es, Ann sei das einzige Kind anständiger Eltern, die seit zwanzig Jahren in der Gemeinde ansässig und »bereit [seien], sie bei sich aufzunehmen und für sie zu sorgen«. »Unter diesen sehr günstigen Umständen«, schrieb Sydney, »kann ich nicht anders, als sie der königlichen Gnade Seiner Majestät als geeignet für eine Entlassung zu empfehlen.« Am 26. Mai, einige Wochen vor Ablegen des Schiffes, wurde dem Gesuch entsprochen, und die freudigen Eltern konnten Ann Aborough in Empfang nehmen. Doch ihr Name verblieb auf der Liste der Deportierten.

Am Ende des Monats wurden die Frauen, die die Gnade des Königs abgelehnt hatten, erneut im Old Bailey dem Gericht vorgeführt. Offenbar hatten die Hungerrationen in einigen Fällen die gewünschte Wirkung gehabt. Jane Tyler (»Ja, ich werde es tun.«) und Martha Cutler (»Wenn es sein muss.«) antworteten tonlos auf die Fragen des obersten Richters. Doch als er sich an die einundzwanzigjährige Sarah Cowden wandte, blieb diese starrsinnig, denn sie war von ihrer Unschuld und der ihrer Freundin überzeugt.

»Ich bin bereit, jede Strafe auf mich zu nehmen, die der König über mich verhängt, doch Sarah Storer ist unschuldig ... Ich nehme an, wenn ihre Strafe herabgesetzt wird.«

»Andere gehen Sie nichts an, kümmern Sie sich um Ihren eigenen Fall.«

»Ich nehme meine Strafe bereitwillig an, wenn ihre herabgesetzt wird.«

Wieder bekam der oberste Richter einen Wutanfall. »Entfernt alle Frauen bis auf Sarah Cowden aus dem Gerichtssaal!«

Als Sarah allein vor der Richterbank stand, tobte er: »Hören Sie gut zu. Die Regierung dieses Landes duldet nicht, dass mit der Gnade des Königs Schindluder getrieben wird ... Wenn Sie sich weigern ... werden Sie morgen sterben. Morgen werden Sie hingerichtet.«

»Ich hoffe, dass ich dann mehr Gnade erfahren werde, als mir vor diesem Gericht zuteil wurde«, erwiderte Sarah erbittert.

»Wenn Sie tatsächlich bereit sind, am nächsten Donnerstag zu sterben, wird das Gericht dahingehend Anweisung erteilen.«

»Das bin ich.«

»Dann bringt sie zurück in die Zelle, und lasst die Sheriffs für den nächsten Donnerstagmorgen die Hinrichtung vorbereiten. Abführen.«

Gefolgt von Protestrufen aus den Zuschauerbänken und dem Flehen von Rechtsanwalt Garrow und Mr. Villette, dem Ordinarius (Gefängnispfarrer), die baten, noch einmal mit ihr sprechen zu dürfen, wurde Sarah Cowden wieder ins Gefängnis gebracht. Widerstrebend gestattete der weiterhin erboste Richter den beiden Männern, sie dort aufzusuchen. In der Zwischenzeit mussten Sarah Storer, für die Cowden sich so eingesetzt hatte, und Sarah Mills noch einmal den Zorn des Richters über sich ergehen lassen, während die Zuschauer gebannt lauschten.

»Falls der König irgendwann in der Zukunft noch einmal geneigt sein sollte, Ihre Strafe weiter zu mindern, wird sicher auch dazu beitragen, dass Sie sich seinem Willen gebeugt haben ... Sie haben klug gehandelt.«

Schließlich nahmen sie an, beabsichtigten aber offenbar nicht, den Gerichtssaal wortlos zu verlassen. Der Richter, der fest entschlossen war, einen weiteren Aufruhr zu verhindern, befahl, die Frauen sofort abzuführen. Sarah Storer ging unter lauten Rufen hinaus: »Aber nicht lebenslang, ich will nicht, ich will nicht...«

Inzwischen war Garrow zurückgekehrt und bat den Richter, Sarah Cowden noch einmal vorführen zu lassen, denn sie wolle die Begnadigung nun annehmen. In einer knappen Viertelstunde war es ihm und Mr. Villette gelungen, ihre trotzige Weigerung in Resignation zu verwandeln. Vielleicht hatte sie ja auch in ihrer Zelle erfahren, dass Sarah Storer sich mit der lebenslangen Deportation abgefunden hatte, sodass keine Notwendigkeit mehr bestand, sich für sie zu opfern. Möglicherweise hatte Garrow ihr auch erneut und eindringlich vor Augen gehalten, was der Richter zuvor zu den anderen Frauen gesagt hatte, nämlich dass eine Strafminderung immer noch vorstellbar sei – vorausgesetzt, man war noch am Leben. Es kann auch sein, dass der Pfarrer ihr Schauergeschichten von verpatzten Hinrichtungen erzählt hatte.

Als Sarah sich zu guter Letzt mit den Bedingungen ihrer Begnadigung einverstanden erklärte, eilte Mr. Garrow zurück in den Gerichtssaal, während die anderen gerade hinausgeführt wurden. Doch der Richter fühlte sich so sehr in seiner Würde gekränkt, dass er Sarah Cowden nicht mehr im Gerichtssaal sehen wollte. »Meiner Ansicht nach sollte man mit der Gnade des Königs nicht hausieren gehen müssen ... Ich kann nicht dulden, dass jemand die Gnade des Königs mit Füßen tritt.«

»Ich bitte das Gericht doch nur zu bedenken, ob man die Anordnung nicht zurücknehmen könnte.«

»Meine Entscheidung steht fest. Ich werde die Hinrichtung verfügen.«

Ohne auf Mr. Garrow zu achten, der vor ihm stehen blieb, setzte der Richter dann die traditionelle schwarze Kappe auf und verlas die Todesurteile gegen die zehn Männer, die ihm während der Sitzungen vorgeführt worden waren. Als er am Ende der Liste angelangt war, versuchte es Garrow noch einmal. Er flehte um Nachsicht mit einem »äußerst elenden Geschöpf, das es nun, nachdem es die Narrheit seines Tuns erkannt hat, verdient, Sie bescheiden um die Erlaubnis zu bitten, die Gnade Seiner Majestät anzunehmen«.

Endlich wurde seiner Bitte entsprochen, und man verlegte Sarah Cowden zu den anderen, die deportiert werden sollten.

Erst zwei Wochen später, Mitte Juni, fand der Minister die Zeit, die Gnadengesuche von Charlotte Marsh zu lesen, die sich bereits an Bord der *Lady Julian* befand. Am 30. Juni, als sich das Schiff schon zum Ablegen bereitmachte, entschied er schließlich, dass sie unter dem schlechten Einfluss ihrer Mutter gehandelt hatte. Und da ihr Ehemann willens war, für zwei Jahre eine Kaution zu stellen, durfte er sie mit nach Hause nehmen. Charlotte war nach sechs Monaten aus ihrer misslichen Lage befreit. Sie verließ das Schiff, zwei Wochen bevor es in See stach.

An Bord gab es nicht nur solche, die mit allen ihnen zur

Verfügung stehenden Mitteln ihre Begnadigung betrieben. Einige Mutige, die die Bemühungen um eine offizielle Entlassung aufgegeben hatten, entschlossen sich in der Nacht, ehe die Segel gesetzt werden sollten, zur Flucht. Allerdings glückte nur einer der verschiedenen Versuche, die während des Aufenthalts der *Lady Julian* auf dem Fluss unternommen wurden. Dennoch glaubten manche, dass sie dabei nur wenig zu verlieren und viel zu gewinnen hatten, und entschieden deshalb, diese letzte Gelegenheit zu nützen. Es handelte sich um Frauen, die an Land von Freunden oder Liebhabern erwartet wurden – von Männern, welche über einige Erfahrung bei Überfällen, dem Aufbrechen von Luken und Türen, dem Planen von Fluchtwegen, dem Ablenken von Wachen, dem Anheuern bestechlicher Seeleute und sonstigen kriminellen Machenschaften verfügten.

Die vier Frauen, die entkamen, kletterten am Heck des Schiffes über die Reling und wurden von ihren Freunden mit einem Boot abgeholt. Es hatte gewiss einige Kaltblütigkeit dazu gehört, bis zur Nacht vor der Abfahrt auszuharren und den Plan so lange geheim zu halten, doch diese zahlte sich aus. Wie immer wurde am Vorabend der Abreise ausgelassen gefeiert. Die Mannschaft zechte ausgiebig, und aus den Gasthäusern am Ufer wurde der Gin fässerweise herbeigeschafft. Die Seeleute und ihre Freundinnen amüsierten sich schon in den frühen Abendstunden in den Kajüten. Und so hatte man mit dem Wachmann auf dem Achterdeck, der sich benachteiligt fühlte, weil er von dem fröhlichen Treiben ausgeschlossen war, leichtes Spiel. Die Frauen flößten ihm Gin ein, machten ihm schöne Augen, füllten immer wieder seinen Becher nach und warfen ihn, als er sturzbetrunken war, unauffällig über Bord. Ihr Fehlen wurde erst am Morgen bemerkt, zu spät, um darauf zu warten, dass sie ergriffen und auf das Schiff zurückgebracht wurden.

Da die Listen der Insassinnen hoffnungslos veraltet waren, ist die genaue Anzahl der Frauen unbekannt, die London auf der *Lady Julian* verließen. John Nicol, der Steward, erinnert sich an zweihundertfünfundvierzig. Die Deportationslisten verzeichnen hingegen nur einhundertzweiundsiebzig, da keine der Frauen, die von außerhalb Londons stammten, eingetragen worden waren. Sarah Whitelam, Mary Rose und die übrigen Gefangenen aus Lincolnshire wurden als Passagiere der *Neptune* geführt – eines Schiffes, das vier Monate später ablegte –, obwohl sie sich auf der *Lady Julian* befanden. Ann Wheeler, Elizabeth Barnsleys an Fieber erkrankte Freundin, stand auf der Passagierliste der *Lady Julian*, reiste allerdings auf der *Neptune*. Derartige Fehler kamen gehäuft vor. Ann Clapton und Charlotte Marsh wurden weiterhin aufgelistet – obwohl die eine tot, die andere begnadigt worden war. Eine weitere begnadigte Ladendiebin namens Alice Haynes war ebenfalls noch auf der Liste; dasselbe galt für Sarah Roberts, die im Gefängnis von Newgate ihre bald bevorstehende Niederkunft erwartete, als die *Lady Julian* in See stach. Eine Folge dieses Durcheinanders ist, dass wir die Identität dreier der vier Frauen, die von Bord flohen, nicht kennen.

Nur einer der Namen ist überliefert. Es handelte sich um die vierundzwanzigjährige Ladendiebin Mary Talbot, die mit ihrem kleinen Sohn William entkam. Später wurde sie erneut gefangen genommen und zum Tode verurteilt, später jedoch, im Dezember 1790, zu lebenslanger Deportation begnadigt. Sie wurde im Jahr 1791 an Bord der *Mary Ann* nach Neusüdwales gebracht und starb kurz nach ihrer Ankunft in der Kolonie. Doch ganz gleich, wer ihre Begleiterinnen gewesen waren, die *Lady Julian* legte jedenfalls ohne sie ab.

KAPITEL SIEBEN

Abschied von London

In der ersten Juliwoche 1789 verließ die *Lady Julian* ihren Liegeplatz in Galleons Reach und segelte mit der Flut die Themse hinunter zur Küste von Kent. Ihr Ziel war Portsmouth, wo sie an der Mother Bank, vor dem Hafen von Portsmouth, vor Anker gehen sollte. Genauso wie auf der Themse bei Woolwich drängten sich auch im Hafen von Portsmouth die Gefängnisschiffe. Auf einigen von ihnen befanden sich Männer, die schon im vergangenen Sommer nach Quebec hätten deportiert werden sollen. Andere transportierten Männer aus den Gefängnissen von Lincoln und Oakham, die man im vergangenen Jahr nach Süden geschafft hatte. Die *Ceres* und die *Dunkirk*, ehemalige Kriegsschiffe, hatten an den Amerikakriegen teilgenommen. Inzwischen waren sie arg heruntergekommen und beherbergten sechshundert männliche Gefangene, von denen einige enge Beziehungen zu Frauen an Bord der *Lady Julian* hatten. Thomas Higgins, Partner oder Komplize der Londoner Hehlerin Grace Maddox, wurde hier gefangen gehalten. James Saney, der aus Bristol stammte, saß auf der *Dunkirk* ein und war mit vier der Frauen bekannt, die bereits auf der Themse an Bord der *Lady Julian* gebracht worden waren oder sich in Plymouth Sound einschiffen sollten. Es handelte sich dabei um seine achtzehnjährige Schwester Elizabeth und drei Mitglieder der Familie Fidoe, Mutter und Töchter, von denen eine ihn offenbar angezeigt hatte. George Simpson war schon seit zwei Jahren auf der *Ceres*. Er war entweder der

Bruder, der Cousin oder der Ehemann von Charlotte Simpson alias Hall, mit der er 1787 wegen des Diebstahls einer Säge und eines Hobels verurteilt worden war. Ebenfalls auf der *Ceres* befand sich William Pimlott, Partner von Sarah Carter; man hatte ihm gemeinsam mit ihr wegen des Diebstahls von sechs Stoffmänteln, einer Zuckerzange und siebenundvierzig Shilling in bar vor zwei Jahren den Prozess gemacht. Die Frau und das Kind von Thomas Gregory aus Hertfordshire, Sarah und die kleine Elizabeth, waren beide an Bord der *Lady Julian*. Der Dieb William Bramsden, Ehemann von Sarah Young, war im Juli 1788, sechs Wochen nachdem seine Frau in der Swallow Street verhaftet und wegen des Diebstahls von neun Metern Musselin zum Tode verurteilt worden war, hierher gebracht worden. Bramsden selbst war zur Deportation verurteilt und erfuhr nun an Bord der *Ceres*, man habe Sarah anlässlich der Freude über die Gesundung des Königs zur Deportation begnadigt. Am 25. August, einen Monat nachdem die *Lady Julian* den Hafen von Portsmouth verlassen hatte, fand Minister Nepean ein Gesuch von Bramsden auf seinem Schreibtisch vor, in dem der Gefangene bat, mit dem ersten Schiff nach Sydney Cove transportiert zu werden, um seine geliebte achtzehnjährige Frau wieder zu sehen.

Thomas Barnsley, ebenfalls an Bord der *Ceres*, wartete schon seit 1785 auf den Vollzug des gegen ihn verhängten Deportationsurteils. 1786 war er auf eines der Gefängnisschiffe verlegt worden, zuerst auf der Themse, später in Portsmouth. Elizabeth war mit den kleinen Kindern zunächst von Reading nach London gezogen, um in seiner Nähe zu sein. Von der *Ceres* waren bereits zwei Gnadengesuche an die Magistrate ergangen – vermutlich überbracht von Elizabeth. Thomas war wie seine Frau selbstbewusst und einfallsreich. Seine Petitionen (oder die von Elizabeth in seinem Namen) schildern ihn als aufrechten, gebildeten Mann, einen Berufsmusiker, der durch widrige Umstände in Not geraten sei. Er habe stehlen müssen, um seiner Frau und seinen Kindern Entbehrungen zu ersparen. Außerdem verwahrte er sich ausdrücklich dagegen, dass Männer aus guter Familie, wie er selbst, »Tieren gleich« mit Angehörigen der untersten Schichten zusammengesperrt würden. Die Barnsleys verfügten über Beziehungen und eine Menge Durchhaltevermögen. Thomas war es gelungen, seinen Abtransport mit der ersten Flotte zu verhindern, während Elizabeth es geschafft hatte, seine Gnadengesuche von einem Stadtrat und zwei Londoner Kaufleuten unterzeichnen zu lassen. Doch die Magistrate blieben hart. Ein Mann, der eine ganze Kiste Tee von der Ladefläche einer Kutsche nach Bristol gestohlen hatte, passte nicht in ihr Bild von einem treu sorgenden, aus Verzweiflung zum Verbrecher gewordenen Familienvater. Die Barnsleys waren ein kluges, phantasievolles Paar. Ihre Ehe überstand die Trennung von vier Jahren und auch die Tatsache, dass Elizabeth ihren Mann seit ihrer eigenen Verhaftung im Februar 1788 nicht mehr an Bord der *Ceres* besuchen konnte.

Leutnant Edgar hatte in Galleons Reach Besuche auf dem Schiff zugelassen, und er duldete sie – ja, ermutigte sie vielleicht sogar – auch in jedem Hafen, wo das Schiff auf der Fahrt zum offenen Meer anlegte. Das Mitgefühl mit seinen Schützlingen, das John Nicol an ihm bemerkte, war sicher der Grund dafür, dass er den Frauen ein letztes Treffen mit ihren Männern erlaubte oder ihnen wenigstens die Gelegenheit gab, ihnen eine Botschaft zukommen zu lassen. Andererseits hatte die *Lady Julian* dieser Großzügigkeit vier auf der Themse geflohene Gefangene zu verdanken; deshalb wäre es möglicherweise ratsam gewesen, die Frauen von der Außenwelt abzuschotten, bis man die britischen Gewässer hinter sich hatte, damit sie keinen Kontakt zu Fluchthelfern aufnehmen konnten. Außerdem hing es nicht allein von Edgar ab, ob die Frauen auf der *Lady Julian* und die Männer auf den Gefängnisschiffen einander sehen durften. Die nicht gerade für ihre Menschenfreundlichkeit bekannten Aufseher dieser Gefängnisschiffe hatten nämlich ebenfalls ein Wörtchen mitzureden. Aber wenigstens ließen sie zu, dass Seeleute schriftliche Abschiedsbotschaften auf Ruderbooten zwischen den Schiffen hin und her transportierten. Mrs. Barnsley zum Beispiel hatte sicher genug Geld, um jemanden – mit oder ohne Edgars Erlaubnis – für das Erledigen von Botengängen zu bezahlen.

Portsmouth war Nelly Kerwins Heimatstadt, auch wenn sie seit 1786 nicht mehr dort gewesen war. Nichts in den Aufzeichnungen weist darauf hin, dass ihre Kinder bei ihr im Newgate-Gefängnis untergebracht gewesen waren; vielleicht hatte sie sie ja während der letzten drei Jahre in Gosport in fremde Obhut gegeben. Nun hatte sie Gelegenheit, sich von ihnen zu verabschieden.

Der Aufenthalt der *Lady Julian* in Portsmouth dauerte nicht lang. Die Mother Bank, gleich vor dem Hafen, war ein traditioneller Sammelplatz für Verbände von Handels- oder Kriegsschiffen. Am Anfang des Jahres hatte man eigentlich geplant, dass die *Lady Julian* hier auf eine Flotte von Transportschiffen treffen und anschließend im Verband nach Sydney Cove segeln sollte – bewacht von der *HMS Guardian* und einem Marinekorps. Verwirrung, widersprüchliche Befehle, ein Wechsel vom Agenten William Richards zu der Sklavenhandelsfirma Camden, Calvert & King und die Amtsübergabe von Lord Sydney an Evan Nepean hatten die Abreise hinausgezögert. Die *Guardian* hatte einige Tage vor der *Lady Julian* die Themse in Richtung Portsmouth verlassen. Doch da das Verladen des Proviants und das Anheuern der Mannschaft weitere Zeit in Anspruch nahm, brachen die beiden Schiffe nicht gemeinsam aus Portsmouth auf. Die anderen drei Sträflingsschiffe, die in diesem Jahr in See stechen sollten, die *Neptune*, die *Scarborough* und die *Surprize* waren erst kürzlich in Dienst gestellt worden. Also stach die *Lady Julian* spät im Jahr und allein in See, ohne sich in Portsmouth einem Verband anzuschließen.

Kurz vor dem Ablegen der *Lady Julian* drehte ein Boot der Hafenverwaltung neben ihr bei und überbrachte ein Dokument für Regierungsvertreter Edgar. Es enthielt den Befehl für die sofortige Entlassung einer der Frauen an Bord. Über das Gnadengesuch, das im Mai für Susannah Bray alias Gay, eine zweiundzwanzigjährige Ladendiebin aus London, eingereicht worden war, war noch nicht entschieden worden. Weil das Verfahren noch lief, wurde sie vom Schiff geholt und nach London zurückgebracht. Man schaffte Susannahs Kiste aus dem Lagerraum herauf, sie verabschiedete sich rasch und ging von Bord.

Also brach die *Lady Julian* mit einer Insassin weniger aus Portsmouth auf, umfuhr die Ausläufer der Insel Wight und hielt nach Westen auf den Ärmelkanal zu. Doch die *Lady Julian* sollte noch eine Insassin verlieren, ehe das Schiff britische Gewässer verließ. Dreißig Jahre später schrieb John Nicol:

> Das arme Mädchen aus Schottland habe ich nie vergessen. Sie war jung und selbst im Sträflingsgewand eine Schönheit, doch bleich wie der Tod und mit vom Weinen geröteten Augen. Nie sprach sie mit einer der anderen Frauen oder kam an Deck. Die ganze Zeit, von morgens bis abends, saß sie in derselben Ecke … Mir blutete das Herz bei ihrem Anblick – sie war ein Mädchen vom Lande und Opfer widriger Umstände. Ich bot ihr Trost an, aber sie hörte mir nicht zu und antwortete nur mit Seufzern und Tränen. Wenn ich Schottland erwähnte, rang sie die Hände und schluchzte, bis ich glaubte, das Herz würde ihr brechen … Ich lieh ihr meine Bibel, um ihr Kraft zu geben, doch sie las nicht darin; nachdem sie sie geküsst hatte, legte sie sie auf ihren Schoß und benetzte sie mit Tränen. Nach einer Weile verstarb sie, nicht an einer Krankheit, sondern an gebrochenem Herzen.

Da die Deportationslisten die Frauen aus den Provinzgefängnissen nicht aufführen und die in Sydney erstellten Verzeichnisse nur die Gefangenen erwähnen, die dort von Bord gingen, wissen wir nicht, wie »das arme Mädchen aus Schottland« hieß. Sie war tot, noch ehe das Schiff die britischen Gewässer verließ, gestorben an Unterernährung, Erschöpfung, latentem Gefängnisfieber und mangelndem Lebenswillen. Das Schiff hielt an, und die Tote wurde in einem derben, vom Schiffszimmermann gebauten Sarg beigesetzt. Jemand, vielleicht Kapitän Aiken, sprach Gebete, und die Gefangenen senkten die Köpfe. Dann kehrten die Seeleute an ihre Arbeit zurück, das Schiff wandte sich nach Westen, und man machte sich wieder auf den Weg.

In der letzten Juliwoche hatte sich die *Lady Julian* unter die

Schiffe im Plymouth Sound eingereiht. Es handelte sich um einen der geschäftigsten Häfen des Landes. Plymouth Sound selbst, Cawsand Bay, Cattewater, der Tamar River bis hinauf nach Calstock und die Docks von Devonport wimmelten von Schiffen – Angehörigen der Ostindienflotte, private Handelsschiffe, Lotsenschiffe, Lieferkähne, Fischerboote und die königliche Kriegsmarine. Am Ufer drängten sich Docks, Werften und Gärtnereien, deren Erzeugnisse den Schiffen Dutzender Nationalitäten als Proviant dienten. Am Rande des Gutes Mount Edgecumbe wies eine Geschützbatterie aufs Meer hinaus in Richtung Frankreich. Im Juli konnte man das eiskalte, dunkelblaue Wasser von Cawsand kaum sehen, so viele Schiffe drängten sich in der Bucht. Es war die letzte Möglichkeit für die Schiffe nach Afrika, Westindien, den Azoren oder Amerika, um vor den Kanarischen Inseln Proviant zu kaufen.

Gleich nach der Ankunft im Hafen bestand die erste Aufgabe der Mannschaft darin, Wasser an Bord zu nehmen. Die Vorgehensweise war von Hafen zu Hafen und von Land zu Land unterschiedlich kompliziert und teuer. Das Wasser in Plymouth stammte aus dem Drake's Leat, dem Aquädukt, den man für Sir Francis, den Besieger der Spanier im Krieg eines anderen Jahrhunderts, gebaut hatte. Er führte Süßwasser aus Dartmoor hinunter zur Küste, wo man es in Fässer abfüllte, um es auf die Schiffe zu verladen. Die Männer waren mehr als einen Tag lang damit beschäftigt, die Fässer an Land zu rudern, sie zu befüllen, sie zurück an Bord zu schaffen und sie sicher zu verstauen.

Währenddessen klapperte Leutnant Edgar die regierungseigenen Schlachthäuser in Stonehouse Creek nach Rindfleisch ab, verglich die Kosten für Lebendvieh in Plymouth Hoe und besuchte die Agenten der Gärtnereien von Tamar Valley, um über den Preis von Gemüse zu verhandeln. Die meisten Vorräte und Ausrüstungsgegenstände für die Reise waren direkt von der Admiralität beschafft und in London und Plymouth verladen worden. Doch Frischware musste in jedem Hafen erneut besorgt werden, und zwar gegen eine in London gegengezeichnete

Bargeldanweisung. Offenbar gab es auf der *Lady Julian* keinen Zahlmeister, sodass die Buchführung – vermutlich mit Unterstützung von John Nicol – zu Leutnant Edgars Aufgaben gehörte. Nicol war als Böttcher dafür verantwortlich, dass die Lebensmittel richtig eingelagert und gerecht verteilt wurden, während Edgar der Regierung gegenüber Rechenschaft ablegen musste, dass die Beschaffung, einschließlich der Rationen für die Frauen, das Budget nicht überschritt. Edgar oder einer der Offiziere oder Schiffsbediensteten, dem er vertraute – Nicol gehörte sicher dazu –, fuhr an Land, gab die Bestellungen auf und bezahlte. Nicol war ein ehrlicher und erfahrener Mann, und es war ihm sehr daran gelegen, dass die an Bord gelieferten Lebensmittel richtig eingelagert wurden – denn falls die Vorräte verderben sollten, würde man ihm die Schuld geben. Also lag das Schiff in Cawsand Bay vor Anker, während Nicol, einen Bleistift hinter dem Ohr und mit einem Stück Papier zum Addieren bewaffnet, täglich mit Leutnant Edgar hinüber nach Hoe ruderte. Wenn alles erledigt war, kehrten sie zurück; John hatte meistens ein kleines Mitbringsel in der Hosentasche, denn Sarah Whitelam war inzwischen im dritten Monat schwanger.

Wegen der Überfüllung im Hafen und da ein großes, aufgetakeltes Schiff verhältnismäßig schwerfällig war, konnte die *Lady Julian* die Vorräte nicht direkt abholen. Eine Möglichkeit war, zum Beladen längsseits an die regierungseigenen Lagerhäuser in Stonehouse Creek zu manövrieren, doch wahrscheinlicher ist, dass Edgar Leichter nach Cawsand Bay schickte. Während er und Nicol an Land Lebendvieh bestellten, bauten der Schiffszimmermann und sein Geselle Pferche auf dem Vorderdeck und Geflügelkäfige hinter dem Steuer. Wahrscheinlich hatte man in London kein Vieh für die kurze Fahrt die Südküste entlang an Bord genommen, doch nun war es Zeit, es für die Reise zu den Kanaren und nach Kapstadt zu verladen. Die Tiere – eine kleine Kuhherde, ein paar Ziegen, Geflügel und einige Schweine und Schafe – wurden auf Leichter verfrachtet und zum Schiff transportiert. Nachdem die Leichter neben der *Lady Julian* angelegt hatten, wurden die kleineren Tiere an Bord gehievt; den Kühen legte man eine Leinenschlinge um und zog sie an Deck, wo man ihnen ein Seil um den Hals streifte und sie weiterzerrte. Die Seeleute schwitzten, und auf Deck dampfte der frische Dung.

Als die *Lady Julian* ein Jahr später in Sydney Cove eintraf, hatte sie auch achtzehn Frauen an Bord, die aus Gefängnissen in Westengland stammten, und zwar aus Städten, die viel näher an Plymouth als an London lagen. Vermutlich schifften sich diese Insassinnen der Gefängnisse von Exeter, Bristol, Gloucester und Taunton erst in Plymouth ein. Leutnant Edgar war nicht vorab informiert worden und stellte erst bei seiner Ankunft in Plymouth fest, dass man ihre Verschickung über seinen Kopf hinweg beschlossen hatte. Es war nicht ungewöhnlich, dass die Admiralität derartige Entscheidungen traf, ohne Kapitäne oder Regierungsvertreter davon in Kenntnis zu setzen. Die hohen Herren verließen sich auf den Einfallsreichtum der Männer vor Ort, wenn es darum ging, die zusätzlichen Passagiere unterzubringen. Auch die Schiffsbauer in Plymouth Sound waren es gewöhnt, in letzter Minute die Veränderungswünsche der Admiralität zu erfüllen.

Wieder einmal stellte John Nicol seinen Amboss an Deck auf, um den Neuankömmlingen die Eisen abzunehmen. Wie erwartet handelte es sich um kleine Diebinnen und gescheiterte Einbrecherinnen. Und wie schon auf der Themse kamen Verwandte und Freunde, um sich von ihren Töchtern, Schwestern, Ehefrauen, Müttern und vielleicht sogar Großmüttern zu verabschieden, denn eine der Frauen aus Taunton war bereits dreiundsechzig Jahre alt. Sie gaben den Gefangenen ein paar Münzen mit auf den Weg und schworen ihnen – übertönt von Hammerschlägen und dem Gebrüll der Lieferanten, die sie beiseite drängten – ewige Treue. Unter Deck wurden Kisten und Kästen umgestellt, um Platz für die Neuen zu machen. Die Frauen rückten enger in ihren Kojen zusammen. Mittlerweile waren zwischen zweihundertfünfundzwanzig und zweihundertvierzig Frauen an Bord. Etwa zweihundert von ihnen und fünf Kinder schliefen im Unterdeck, die restlichen – gelegentlich oder auf Dauer – in den Offiziers- und Mannschaftsquartieren.

Das »Recht« eines Seemanns auf eine Gefährtin – also auf sexuelle Übergriffe gegen die Gefangenen – war von alters her im »Honest Jack«, dem ungeschriebenen Gesetz auf See, festgehalten. Häufig kam es in diesen Beziehungen zu Gewaltanwendung, vor der die Offiziere jedoch die Augen verschlossen – womit sie sich nicht einmal eines Versäumnisses schuldig machten. Jeder Seemann und jeder Offizier an Bord der *Lady Julian* durfte »nach dem Gesetz«, so meldete die *Times* im August, die Frau seiner Wahl zwingen, ihm als »Gefährtin« für die Dauer der Reise zur Verfügung zu stehen. Wie die Zeitung in jenem Monat spöttisch anmerkte, »liegt nun ein Schiff [in Plymouth], das zweihundertsechzig [die *Times* ging von dieser Anzahl aus] Frauen an Bord hat. Die jüngste ist elf, die älteste achtundsechzig Jahre alt ... die Besatzung des Schiffes besteht aus dreißig Seeleuten und fünf oder sechs Offizieren, von denen sich jeder eine Gefährtin für die Reise aussuchen darf. Die Regierung hat sechzig Garnituren Babywäsche geliefert – in der Annahme, dass dank der gesunden Seeluft jede richtige Frau auf dieser langen Reise ein Kind empfangen wird«.

Nicht nur die einfachen Seeleute machten vom Angebot im Unterdeck Gebrauch. Auch die Offiziere hielten sich an die Sitte, sich eine der Frauen auszuwählen. Die achtzehnjährige Ann Marsh, die wegen des Diebstahls von Weizen seit dem März 1788 im Gefängnis saß, stammte aus Exeter und kam vermutlich in Plymouth an Bord. Sie blieb nicht lange in ihrer Koje im Unterdeck, denn der Schiffsarzt Alley hatte ein Auge auf sie geworfen, sodass sie bald in seine Kabine hinter der Krankenstation übersiedelte. Die übrigen Männer folgten dem Beispiel des Arztes. »Sobald sie auf See waren«, erinnerte sich John Nicol schmunzelnd, »nahm sich jeder Mann an Bord eine der Gefangenen zur Frau, die sich nicht dagegen sträubten.« Die mangelnde Gegenwehr mag modernen Lesern merkwürdig anmuten, denn was die Haltung der Frauen zu den Männern an Bord – oder zu Männern im Allgemeinen – angeht, kann man nur spekulieren. Vielleicht war eine Beziehung zu einem Mann, die nicht von Zwang geprägt war, für viele von ihnen überhaupt nicht mehr denkbar. Allerdings existieren keine Aufzeichnungen der gefangenen Frauen, die uns diese Frage beantworten könnten. Möglicherweise hatte Sarah Whitelam ihren »Mann« wirklich gern – obwohl man nicht einmal das mit Sicherheit annehmen kann –, doch dass sie bereits so empfand, als er sie »zur Frau« nahm, ist kaum zu sagen.

Abgesehen davon, dass die Frauen keine Möglichkeit hatten, sich zu weigern, gab es vielleicht sogar Gründe, sich nicht nur mit einem Leben als Seemannsbraut abzufinden, sondern diesen Status sogar anzustreben. Vermutlich war das Bedürfnis nach einem Beschützer groß, denn jede der Frauen an Bord hatte irgendwann im Leben die Erfahrung gemacht, wie es war, um das Allernotwendigste kämpfen und sich buchstäblich um ein Stück Schweinebraten oder ein Glas Gin prügeln zu müssen. Da die meisten bitterstes Elend kennen gelernt hatten, waren sie aufgrund der Bedingungen egoistisch und gerissen geworden. Viele von ihnen hatten nie die Sicherheit erlebt, die bedeutete, dass jemand täglich für ihre Kleidung und Ernährung aufkam. Also rechneten einige der Frauen sicher kühl ihre Chancen aus und betrachteten die Seeleute als Quelle für zusätzliche Verpflegung, Alkohol, Vergünstigungen und ein wenig Schutz vor den Diebstählen, Betrügereien und Gewaltandrohungen, die das Leben unter Deck prägten. Im Gefängnis hatten die Frauen gelernt, dass man die Wärter bestechen musste, wenn man nicht verhungern wollte. Wer sein Geld nicht mit den Stärkeren teilte, hatte mit Prügeln zu rechnen, und wer die zur Aufsicht eingeteilten Mithäftlinge nicht bezahlte, riskierte eine Vergewaltigung. Deshalb setzten viele der Gefangenen eine sexuelle Beziehung mit einem Seemann vermutlich skrupellos als Mittel ein, sich ein Mindestmaß an Versorgung auf Kosten der anderen zu sichern.

Der Großteil der Frauen auf der *Lady Julian* war zwischen achtzehn und neunundzwanzig Jahre alt. Die Seeleute waren gleichaltrig, die Offiziere ein wenig älter – John Nicol zum Beispiel war Mitte dreißig, Thomas Edgar über vierzig. Auf anderen Schiffen, wo man die weiblichen Sträflinge aus grundsätzli-

SIÂN REES

chen Erwägungen von den Männern – Gefangenen und Seeleuten – getrennt hatte (wie auf der ersten Flotte), war es zu Tumulten gekommen, wenn das Schiff in einem Hafen anlegte, die Männer sich betranken und anschließend versuchten, in die Frauenunterkünfte einzudringen. Ralph Clark, einer der Leutnants der ersten Flotte, schilderte, am Ende seiner Geduld angelangt, die Schwierigkeiten bei dem Versuch, eine Kontaktaufnahme zu verhindern. Auf seinem Schiff hatten die Seeleute »den Schott durchbrochen und geschlechtliche Beziehungen zu ... diesen verdammten Huren aufgenommen«, noch ehe man Land's End erreicht hatte. Allerdings ging der Anstoß nicht nur von der einen Seite aus. »Der Wunsch der Frauen nach Zusammensein mit den Männern ließ sich nicht mehr in Schranken halten«, schrieb der Stabsarzt White über die erste Flotte, »sodass weder Scham ... noch die Furcht vor Strafe sie abschrecken konnten, durch die Schotten in die den Seeleuten vorbehaltenen Kajüten zu schleichen.« Seeleute und männliche Gefangene riskierten schwere Strafen, wenn die Frauen nachts aus ihren Quartieren schlüpften und sich zu den Männern pirschten, um einen von ihnen zu besuchen, auf den sie an Deck ein Auge geworfen hatten. Doch es ließ sich nicht verhindern. Ralph Clarks Matrosen schafften südlich von Cabo Verde einen erneuten »Durchbruch«. Die Männer wurden ausgepeitscht, die Frauen in Eisen gelegt. Doch wenn die Entscheidung bei Clark gelegen hätte, »hätte ich die Huren ebenfalls ausgepeitscht«. So menschenverachtend die sexuelle Freizügigkeit an Bord der *Lady Julian* heute auch wirken mag, handelte es sich dabei um einen gangbaren Weg, die Folgen nicht erfüllter sexueller Erwartungen abzuwenden, wie sie bei auf engstem Raum zusammengesperrten jungen Männern und Frauen nun einmal entstanden. Die Probleme, mit denen die Offiziere der ersten Flotte zu kämpfen gehabt hatten, ähnelten den Erfahrungen ihrer Vorgänger, die vor vielen Generationen die Routen nach Indien und Amerika besegelt hatten. Und deshalb nahmen Kapitäne, Offiziere, Mannschaften und Passagiere auf Sträflingsschiffen sexuelle Beziehungen während der Reise als gottgegeben hin.

Die Seeleute stammten aus derselben Gesellschaftsschicht, in der die Frauen an Bord früher ohnehin verkehrt hatten. Sie hatten mit Männern wie diesen Matrosen Tür an Tür gewohnt, mit ihnen gefeiert, getrunken, Freundschaften geschlossen und sie geliebt. Seeleute, Hafenarbeiter und die Böttcher von Schiffen waren die Männer, mit denen Frauen aus Limehouse und Shoreditch auch im Alltag Umgang hatten. In den wenigen Aufzeichnungen über die Reise der *Lady Julian* ist nichts über gewalttätige Übergriffe gegen die Frauen vermerkt. Anders als in den Legenden, die sich um die Gefangenenschiffe nach Neusüdwales ranken, verlief die Überfahrt der *Lady Julian* friedlich. Für Frauen, die die Grausamkeiten des Gefängnisses kannten, Misshandlungen auf den Straßen erlebt hatten und in Sydney Cove Zwangsarbeit verrichten sollten, bedeutete die Reise eine Ruhepause, in der für sie gesorgt wurde. Die sexuellen Beziehungen und der lockere Umgang zwischen den Frauen und den Seeleuten war einer der Gründe, warum die Gefangenen auf der *Lady Julian* besser behandelt wurden als auf einigen anderen Gefangenenschiffen.

Als am 29. Juli 1789 die Ebbe einsetzte und der Wasserspiegel im Plymouth Sound allmählich sank, verließ die *Lady Julian* mit gehissten Marssegeln Cawsand Bay. Auf dem Mitteldeck drängten sich provisorische Aufbauten wie zum Beispiel Viehpferche, Geflügelkäfige und Schuppen für Lager- und Übernachtungszwecke. Die Kanonen der riesigen Batterie am Gut Mount Edgecumbe glitten langsam vorbei, und das Geräusch der Hämmer, welche die Arbeiter an der darunter liegenden Anlegestelle schwangen, hallte über das Wasser. Da der König und die Königin in Kürze erwartet wurden, gab es noch viel zu tun. Die gesamte Anlegestelle wurde mit weichem, rotem Fries überzogen, damit die königlichen Füße beim Aussteigen aus der Barke darüber hinwegschreiten konnten. Man musste noch den Triumphbogen errichten, unter dem das königliche Paar hindurchgehen sollte. Und eine Gruppe von vierundzwanzig kleinen Blumenmädchen in weißen Kleidchen und mit blauen Schärpen übte fleißig den Hofknicks. Die Frauen erhielten eine letzte Gelegenheit, einen Blick auf England zu erhaschen. Nur knapp dreißig von ihnen sollten die Heimat je wieder sehen. In derselben Woche trafen die ersten Flüchtlinge der französischen Revolution ein, unter ihnen Lord Mazarin, der am Strand von Kent auf die Knie sank und ausrief: »Gott segne dieses Land der Freiheit!«

Ein paar Stunden später passierte die *Lady Julian* Rame Head und steuerte nach Westen auf die offenen Gewässer des Atlantiks zu. In einem sicheren Abstand zur felsigen Küste von Cornwall ließ sich das Schiff von den Ostwinden nach Ushant tragen, wo es Kurs auf das nordwestlichste Ende von Spanien nahm. Wenn man die spanische Küste sichtete, würde man nach Süden zu den Kanarischen Inseln segeln.

In den ersten Tagen der Fahrt hatte Nicol alle Hände voll zu tun. Schließlich war er, was die Lagerung und die Verteilung der Lebensmittel anging, Leutnant Edgar gegenüber rechenschaftspflichtig. Sein Lagerraum befand sich vor den Frauenunterkünften im Unterdeck und war ein wahrer Irrgarten aus Kisten, Koffern, Fässern mit Schiffszwieback und Schießpulver und Säcken voller Mehl, Haferflocken und Malz. Vor dem Schott, der das Lager von den Schlafkojen der Frauen trennte, waren Holzkisten mit Schnapsflaschen gestapelt. Den Großteil der beiden Tage, die es dauerte, die Küste von Cornwall hinter sich zu lassen, verbrachte John Nicol unter Deck mit dem Erfassen des Bestandes.

In den ersten Stunden wurden die Frauen unter Deck gesperrt, damit sie den Seeleuten nicht im Weg herumstanden. Beim Anlegen und beim Ablegen herrschte bei den Besatzungen nämlich geschäftiges Treiben. In den Tagen und Wochen dazwischen verlief eine Überfahrt auf einem gut geführten Schiff zur richtigen Jahreszeit zumeist ereignislos, solange es nicht zu unvorhergesehenen Zwischenfällen kam. Man musste nur die Segel stellen, putzen, desinfizieren, kochen und Reparaturen vornehmen. Die ersten Momente nach dem Ablegen hingegen, wenn ein Schiff den Hafen verlässt, Kurs nimmt und die Segel setzt, sind für Uneingeweihte ein Ehrfurcht gebietendes Schauspiel. Der Lärm allein ist Angst einflößend, falls man nicht weiß, woher er kommt. Die Segel knattern ohrenbetäubend, bis der Wind sich darin fängt. Taue knirschen, unverständliche Befehle werden gebrüllt, und die Männer eilen auf dem Schiff hin und her. Nachdem das Schiff seeklar war, kehrte an Bord wieder mehr oder weniger Ruhe ein. Die Luken wurden entriegelt. Einige der Frauen, die an Seekrankheit litten, beugten sich über die Reling, um sich ins bleigraue Wasser zu erbrechen, oder blickten zur Küste von Cornwall hinüber. Bald war diese nicht mehr zu erkennen, und sie befanden sich auf offenem Meer.

Einige Seeleute blieben der Frau treu, für die sie sich am Anfang der Reise entschieden hatten; manche wiederum änderten ihre Meinung. Vermutlich kam es in der ersten Zeit zu einem regen Wechsel, bis etwa dreißig der Frauen einen Partner gefunden hatten, während die übrigen im Unterdeck verblieben. Eine weiter reichende Freizügigkeit hätte nur zu Streitigkeiten unter den Frauen und auch unter den Männern geführt. Außerdem verringerte das Eingehen fester Paarbindungen die Ansteckungsgefahr; hätte man Seeleuten und Gefangenen ungeregelten Umgang miteinander gestattet, hätten sich die Pocken gewiss auf Vorderdeck und Unterdeck ausgebreitet wie ein Buschfeuer. Und da Schiffe im achtzehnten Jahrhundert fast immer personell unterbesetzt waren, führte es zu argen Engpässen, wenn nur ein Mann außer Gefecht gesetzt auf der Krankenstation lag.

Gewiss gab es auch für die *Lady Julian* eine Musterrolle, in der Einzelheiten über jedes Besatzungsmitglied vermerkt waren. Allerdings ist diese verschollen, weshalb wir nur die Namen derjenigen Seeleute kennen, welche auch in anderen Verzeichnissen stehen. Insbesondere hilfreich ist das Taufregister von Sydney Cove, wo die während der Überfahrt gezeugten Kinder eingetragen wurden. Doch nicht alle Frauen, die im Vorderdeck schliefen, brachten ein Kind zur Welt, und darum kennen wir die Namen der Seeleute nicht, die nicht Vater wurden.

Mit Sicherheit wissen wir nur die der sieben Gefangenen, die schon zu Anfang der Reise von Seeleuten »zur Frau genommen« wurden. Eine von ihnen war Sarah Whitelam, die bereits beim Abschied von der Themse John Nicols Kind unter dem Herzen trug. Eine andere war Sarah Dorset, die junge Frau, die von ihrem Geliebten im Stich gelassen und später von dem Diener William Powell – einem Namensvetter ihres »Mannes« William Edward Powell auf der *Lady Julian* – ertappt worden war, wie sie in einem Londoner Gasthaus einen Mantel stahl.

Die uns bekannten Frauen waren typische Beispiele für Seemannsbräute und scheinen hauptsächlich wegen ihrer Jugend ausgewählt worden zu sein, wobei es weniger auf ihre Schönheit als darauf ankam, dass sie mit größerer Wahrscheinlichkeit gesund waren. Sarah Whitelam und Sarah Dorset waren neunzehn oder zwanzig Jahre alt. Margaret Wood, Berufseinbrecherin aus London, war ebenfalls neunzehn. Sie war im Alter von siebzehn Jahren zum Tode verurteilt worden und hatte zwei Jahre im Gefängnis verbracht. Im April hatte man sie begnadigt, und nun teilte sie eine Hängematte mit Edward Burgis. Die übrigen »Ehefrauen« waren sogar noch jünger. Zwei Mädchen aus Warwickshire, Mary Warren und Mary Barlow, waren achtzehn Jahre alt, als sie von Sam Braiden und Edward Scott geschwängert wurden. Ann Bryant aus Maidstone wurde mit nur sechzehn Jahren im April 1789 verurteilt, sofort nach dem Prozess an Bord der *Lady Julian* gebracht und vom Matrosen William Hughes zur Gefährtin erwählt. Offenbar hatte eine freundliche Prostituierte vom Ratcliffe Highway, Sophia Sarah Ann Brown, sie unter ihre Fittiche genommen. Brown, die mit ihren siebenundzwanzig Jahren nach den Maßstäben des achtzehnten Jahrhunderts fast alt genug war, um ihre Mutter zu sein, fungierte während der Reise als eine Art ältere Schwester. Die jüngste der »Ehefrauen«, sogar noch jünger als Ann Bryant, war Jane Forbes. Im Alter von zwölf Jahren hatte man sie für einen Taschendiebstahl vor Gericht gestellt und wegen einer Beute von acht Shilling verurteilt. Sie war vierzehn, als der Seemann William Carlo sie mit in seine Hängematte nahm, was fast wie Kindesmissbrauch anmutet. Allerdings wissen wir über William Carlo nur, dass er alt genug war, um zur See zu fahren und ein Kind zu zeugen. Vielleicht war er – wie so viele Seeleute – ein Altersgenosse von Jane Forbes.

Nur eine ältere Frau aus Exeter wurde während der Überfahrt Mutter, und zwar die fünfunddreißigjährige Elizabeth Griffin, die am Weihnachtstag 1789 einem Kind das Leben schenkte. Doch da sie Ende März empfangen hatte und die meisten Frauen aus der Provinz erst zwischen April und Juli an Bord gebracht worden waren, war sie vermutlich schon vor ihrer Einschiffung schwanger gewesen.

Vielleicht kennen wir die Namen der jüngeren Frauen auch nur deshalb, weil sie anders als ihre älteren Geschlechtsgenossinnen nichts über Empfängnisverhütung wussten und deshalb ziemlich rasch schwanger wurden. Gelegentlich untersuchte der Arzt die Auserwählte eines Seemanns, um sicherzugehen, dass sie nicht an Pocken litt, doch was die Empfängnisverhütung betraf, bekam sie wahrscheinlich nicht mehr als ein paar Ratschläge zu hören. Die massenhafte Verteilung von Kondomen an Seeleute war noch Zukunftsmusik, und natürlich galt eine Schwangerschaft – so wie alle übrigen unerwünschten Nebenwirkungen des Geschlechtsverkehrs – als reine Frauenangelegenheit. Präservative waren zwar schon erfunden, wurden aber eher zur Verhinderung von Geschlechtskrankheiten als zum Schutz vor Schwangerschaft benutzt. Als »englische Überzieher« bekannt, waren sie eher für wohlhabende Herren gedacht und so teuer, dass höchstens ein penibel reinlicher Seemann bereit war, das Geld dafür auszugeben. Sie bestanden aus Tierhäuten und waren in drei Größen bei Londoner Händlern zu haben, zu denen auch Mrs. Phillips gehörte. Sie hatte im Jahr 1776 »kürzlich einige Bestellungen aus Frankreich, Spanien, Portugal, Italien und anderen fremden Ländern« erhalten und erbot sich, »Schiffskapitänen und Herren, die ins Ausland reisten«, »kurzfristig jede beliebige Menge der besten Qualität« zu beschaffen. Ganz offensichtlich war England im achtzehnten Jahrhundert Vorreiter vieler Neuerungen auf dem Gebiet der Seefahrt.

Allerdings kannten die Frauen einige Methoden, Schwangerschaften zu verhüten, weshalb die Tipps aus dem Unterdeck den jungen Mädchen im Vorderdeck vermutlich dienlicher waren als die Ermahnungen von Schiffsarzt Alley. Inzwischen wusste man in der Medizin, dass Sperma bei der Empfängnis eine gewisse Rolle spielte, und versuchte darum, dessen Eindringen in den Muttermund auf verschiedene Weise zu verhindern. Jedoch sollte es noch fünfzig Jahre dauern, bis sich bei Fachleuten und Laien die Erkenntnis durchsetzte, dass dabei die Eier aus den Eierstöcken befruchtet wurden. Aber obwohl die Frauen in den Schlafkojen der *Lady Julian* nichts von der genauen Natur der Prozesse in ihren Körpern ahnten und diese auch nicht benennen konnten, hatten sie durch ihre sexuellen Erfahrungen oder das Leben auf der Straße sicher etwas über ihren Menstruationszyklus gelernt und schlossen daraus, dass manche Tage gefährlicher waren als andere.

Die einfachste Verhütungsmethode war eine Vaginalspülung nach dem Geschlechtsverkehr, wozu man Wasser, Essig, Alkohol, Salz, Soda oder ein anderes Desinfektions- oder Reinigungsmittel benutzte. Einige Frauen verwendeten eine Spritze, andere kauerten sich über einen Topf mit kochendem Wasser, um die Dämpfe in sich aufzunehmen, oder tränkten einen Schwamm mit der Mixtur und führten ihn wie einen Tampon ein, damit er das Sperma aufsaugte. Auch provisorische Muttermundkappen – ausgepresste Zitronenhälften oder geschmolzenes, sorgfältig geformtes Bienenwachs – waren in Gebrauch. Und falls diese Zutaten an Bord eines Schiffes nicht vorhanden waren, erinnerten sich die Matrosen, die die Südsee befahren hatten, vielleicht an eine von den Inselbewohnern eingesetzte Technik, bei der man Seetang als Barriere einführte. Möglicherweise war auch eine Sitte von den Marquesa-Inseln bekannt, wo Gruppensex – eine Frau mit mehreren Männern – gang und gäbe war und wo der letzte Mann sein eigenes Sperma und das der anderen aus dem Schoß der Frau saugte. Etwa zwölf Frauen wurden an Bord der *Lady Julian* schwanger. Da aber eine viel größere Anzahl von ihnen Geschlechtsverkehr hatte und die meisten Gefangenen im empfängnisbereiten Alter waren, wurde ganz sicher Verhütung betrieben. Scheidenspülungen mit Meerwasser und Essig waren üblich, wenn auch nicht sehr wirksam; wahrscheinlich ist die niedrige Schwangerschaftsrate eher auf Praktiken wie Coitus interruptus, Analverkehr oder Abstinenz an den fruchtbaren Tagen zurückzuführen.

Kapitel acht

Der Aufstand
wird geprobt

Als die *Lady Julian* den Plymouth Sound verließ, kannten sich die meisten Frauen bereits gut an Bord aus. Schließlich war das Schiff für die meisten von ihnen schon seit einigen Monaten ihr Zuhause. Sie fanden den Weg vom Unterdeck zum Zwischendeck oder zum Vorderdeck. Sie wussten, wo die Kombüse war und wo Handwerker und Seeleute aßen und schliefen. Sie hatten die Arbeiten an Rumpf und Masten beobachtet und gesehen, wie man riesige Leinwandbahnen auf dem Dock auslegte und später an Masten und Spieren befestigte. Sie hatten miterlebt, wie Taue und Wanten festgemacht und geprüft worden waren, als man das Schiff in Deptford aufgetakelt hatte. Die Holzbohlen unter ihren nackten Füßen und der Geruch der Bilge des Schiffes waren ihnen vertraut, und sie kannten Begriffe wie achtern und vorn, Luv und Lee, Kreuzmast und Großmast, Fall und Schot. Allerdings sind ein Schiff auf Fahrt und ein Schiff am Hafen zwei völlig verschiedene Dinge. Auf See herrschen andere Gesetze, und man spricht eine Sprache, die für Außenstehende unverständlich ist.

An Bord ging es stets geschäftig zu. Die kleine Welt der *Lady Julian* wurde von drei achtstündigen Wachen geprägt; die Arbeit der Seeleute wurde von der Richtung und Stärke des Windes und von der Strömung bestimmt, die sich tagtäglich und jederzeit ändern konnten. Diese Wechsel ständig vorherzusagen und richtig darauf zu reagieren, war die Aufgabe der Offiziere, die während der Wachen das Kommando führten. Bei jeder Wache beobachtete ein erfahrener Offizier unablässig die Segel und das Vorderdeck. Befehle wurden vom Maat an den Leutnant zur See und von diesem an den Bootsmann weitergegeben. Die Pfeife des Bootsmanns rief dann die barfüßigen Seeleute herbei, die in alle Richtungen liefen und kletterten, um die Segel zu trimmen. Die Anzahl und die Position der Segel hatten mehr Auswirkungen auf den Kurs als das Steuerruder. Man konnte bis zu zwanzig verschiedene Segel setzen und abhängig von Stärke und Richtung des Windes einrichten. Für die Geschwindigkeit und Manövrierfähigkeit des Schiffes war es unbedingt notwendig, dass alle an Bord Hand in Hand zusammenarbeiteten. Ein zur Wache eingeteilter Matrose stand am Masttop Posten; zwei weitere bemannten unten das Ruder, während eine andere Gruppe ständig in Bewegung war, um alles auf dem Schiff zu überprüfen, Taue zu spleißen und aufzurollen, Segel zu flicken, Reparaturen vorzunehmen, zu schmieren und zu streichen. Ein Schiff in Ordnung zu halten bedeutete unablässige Arbeit.

Auch die Seeleute selbst waren auf dem Meer anders als an Land. Die Frauen hatten sie als durchschnittliche Männer mit nicht weiter außergewöhnlichen Fähigkeiten kennen gelernt; nun verwandelten sie sich plötzlich in Akrobaten, die fünfzehn Meter über dem Deck an einem Seil schwangen und viele Stunden, nur mithilfe ihres Gleichgewichtssinns, in schwindelerregenden Höhen verbrachten. Die jungen Offiziere und Schiffsjungen waren keine pickligen Buben mehr, die unter den Neckereien der Gefangenen erröteten. Der Zimmermann, den die Frauen auf der Themse und am Sound bei Arbeiten gesehen hatten, die sich kaum von denen seiner Kollegen an Land unterschieden, entpuppte sich nun als Hüter von Geheimwissen, was den Rumpf des Schiffes betraf. Er war der Arzt der *Lady Julian*, dessen Aufgabe darin bestand, ihre Verletzungen aufzuspüren, den Heilungsprozess zu begleiten, ihre Schwachpunkte zu kennen, ihre Belastbarkeit einzuschätzen, ihrem Alter und ihrer Hautbeschaffenheit Rechnung zu tragen, die Dellen und Falten in ihren Bohlen und Planken zu pflegen und das Wasser zu beobachten, das sie umspülte. Doch die drastischste Veränderung ging mit Leutnant Edgar vor sich, der von einem freundlichen alten Trunkenbold mit dem Flachmann am Gürtel zum Navigator des Schiffs wurde. Monatelang zog er die *Lady Julian* an einem unsichtbaren Faden, geknüpft aus Berechnungen und Beobachtungen, dem endlosen Horizont entgegen, und steuerte sie zwanzigtausend Kilometer weit zur Mündung eines Flusses, den er noch nie zuvor gesehen hatte.

Auch die *Lady Julian* hatte sich auf See verwandelt. Die Schiffsteile bewegten sich, abhängig voneinander, völlig anders als an Land. Wände und Böden, ja selbst die verschiedenen Bohlen, entwickelten ein Eigenleben. Die Menschen an Bord mussten sich an das Schwanken des Decks anpassen, die Knie beugen und sich daran gewöhnen, keinen festen Boden mehr unter den Füßen zu haben. Die Frauen lernten, die Leitern zwischen den Decks hinaufzusteigen, indem sie sich eine Aufwärtsbewegung des Schiffes zunutze machten und dann abwarteten, damit sie nicht vom nächsten Schwanken wieder nach unten gerissen wurden. Sie entdeckten Griffe zum Festhalten, die sie zuvor nie wahrgenommen hatten, um nicht zu stürzen, wenn das Deck sich abwärts neigte. Sie fanden Stellen, wo sie vor Gischt und Sonnenstrahlen geschützt waren, wo sie Luft schnappen und wo sie sich übergeben konnten.

Viele, die zum ersten Mal auf See waren, erbrachen sich häufig, entweder über den Rand ihrer Koje oder – wenn sie es rechtzeitig schafften – an Deck. Sarah Whitelam in der Kabine des Stewards und noch ein weiteres halbes Dutzend Frauen im Vorderdeck begannen an Seekrankheit zu leiden, sobald die erste Schwangerschaftsübelkeit nachgelassen hatte. Mindestens ein Viertel der Frauen, die in den Mannschaftsunterkünften schliefen, hatten auf der Fahrt von der Themse nach Portsmouth auf dem Ärmelkanal den für die frühe Schwangerschaft typischen Brechreiz und Schwindel durchgemacht. Gegen die

Seekrankheit ließ sich nur wenig ausrichten; auch viele Offiziere hatten während der ersten Tage Beschwerden. Selbst viele
Jahre auf See waren keine Garantie, dass es einen nicht wieder
erwischen konnte – Nelson war für seine Brechattacken berüchtigt. Er begegnete dem Problem, indem er statt in einer
Koje im Offiziersquartier in einer Hängematte schlief, die rela-
tiv ruhig blieb, wenn das Schiff schwankte, während die Koje
jede Bewegung des Rumpfes mitmachte. Die meisten Seeleute
schützten sich mit solchen Hängematten gegen Seekrankheit;
in den mit Kojen ausgestatteten Unterkünften achtern griff das
Erbrechen viel heftiger um sich – und am schlimmsten war es
in den Kojen im untersten Deck.

Obwohl die Frauen auf dem schwankenden Schiff an Übelkeit litten, waren die allgemeinen Bedingungen auf hoher See
viel angenehmer als in Cawsand Bay. Das Meer um sie herum
war sauber, während das Schiff in Cawsand (und in noch viel
größerem Maße auf der Themse) in von den Ausscheidungen
der Besatzungen und Passagiere verschmutztem Wasser gelegen hatte, bis die Gezeiten die Bucht wieder reinigten. In der
Julihitze hatte es im Plymouth Sound gestunken wie in einer
gewaltigen Kloake. Als sie nun in Richtung Spanien segelten,
ließen sie ihre Abfälle im Kielwasser zurück. Und auch die
Luft war frisch – zumindest einigermaßen. Denn eine Geruchs-
quelle, die sie begleitete, war der Ballast.

Schiffe von der Bauart der *Lady Julian* wurden mit einer übel
riechenden Mischung aus Sand und Kies belastet. Bretter teilten den Rumpf wie die einzelnen Flicken einer Steppdecke;
diese Abteilungen wurden mit losem Ballast gefüllt. Da er un-
verpackt verladen wurde, ließ er sich nur schwierig entfernen
oder austauschen, geschweige denn säubern. Jahrelang klapperte und rutschte er so in der Bilge herum und begann zunehmend zu stinken, wenn sich die Abfälle des Lebens an Bord
darin sammelten. Rattenkadaver, tote Katzen, faulende Gemü-
seschalen, Fäkalien, Urin, zerfallende Stoffe und Erbrochenes
ruhten unter den Bohlen. Der Gestank einer alten Bilge war
berüchtigt. Die herausdringenden Gase schwärzten nicht nur

die Holztäfelungen der Kabinen im untersten Deck, sondern
ließen sogar die Goldknöpfe der Offiziere dunkel anlaufen.
Selbst bei geschlossener Bilge waberte der Gestank des Ballasts
durch das gesamte Schiff, und am stärksten war der Geruch
dort, wo die Frauen schliefen. Nur auf dem dem Wind zuge-
wandten Teil des Achterdecks konnte man dem Geruch entrinnen, und dieser winzige Platz war durch ein ungeschriebenes
Gesetz dem Kapitän vorbehalten.

Abgesehen von der nicht zu säubernden Bilge war das Schiff
so blitzblank geschrubbt, wie das mit Salzwassser, Schießpulver, weichem Sandstein, Kalk, Essig und dank der Arbeitskraft
von Dutzenden von Frauen, die – auf Händen und Knien lie-
gend – ständig das Deck scheuerten, zu bewerkstelligen war.
Schmutzige Luft galt damals als Ursache für Typhus und Skorbut, die beiden Krankheiten, die in überfüllten Gefängnissen
und auf Schiffen am häufigsten auftraten. Man glaubte, der Gefahr durch saubere Luft und Durchzug am besten beikommen
zu können. »Ich würde empfehlen«, schrieb der angesehene
Arzt Dr. Lind, »ein rot glühendes Schüreisen in einen Eimer
mit Teer zu stecken, den man immer wieder umstellen sollte,
sodass sich das ganze Schiff mit gesundem, Keime abtötendem
Dampf füllt.« Wenn immer die Umstände es zuließen, wurde –
auf See oder im Hafen – die Luft zwischen den Decks auf diese
oder eine andere Methode rigoros gereinigt. Falls verfügbar,
verbrannte man in Kohlebecken aromatische Kräuter. Gelegentlich brachten die Männer unter Deck Kessel mit Pech zum
Kochen. Eine weitere Methode der Luftreinigung war, kleine
Mengen von Schießpulver zwischen den Decks explodieren zu
lassen. Den beißenden Qualm hielt man – ebenso wie den
Dampf von Teer – für ein Mittel gegen die Gesundheitsgefähr-
dung durch verseuchten Atem und Schweiß.

Tagsüber war das Verrichten der Notdurft auf See eine saubere und unkomplizierte Sache. Die Aborte am Bug bestanden
aus einer offenen Plattform mit hineingeschnittenen Löchern
und befanden sich am hintersten Ende des Bugspriets. Von
dort aus fielen die Ausscheidungen der Seeleute und Frauen

direkt ins Meer. Nachgespült wurde mit Seewasser aus Eimern, eine Methode, die um einiges hygienischer und weniger aufwendig war als die moderne Pumpspülung. Außerdem hatten die Frauen auf der *Lady Julian* den Vorteil, keine Unterhosen zu tragen. Sie rafften einfach ihren Rock, kauerten sich hin, spülten nach und kehrten schwankend auf ihren Platz im Vorderdeck zurück.

Nachts jedoch, wenn die zweihundert Frauen ins Unterdeck eingeschlossen wurden, waren die Zustände weitaus weniger reinlich. Das Unterdeck war mit »Nachtstühlen« oder Toiletten ausgestattet. Die begehrtesten Kojen befanden sich so weit wie möglich entfernt davon und nah bei den Luken, durch die ein wenig frische Luft hereinkam. Da der Großteil der Frauen seit Monaten oder sogar Jahren in einer rein weiblichen Gemeinschaft zusammenlebte, hatten sich ihre Menstruationszyklen vermutlich aneinander angeglichen. So mischte sich allmonatlich eine Woche lang der unverkennbare Geruch von Menstruationsblut mit dem der Nachtstühle. Gefaltete Stoffstreifen, die man an den unteren Rand des Mieders heftete oder sich mit einem Stück Schnur um die Taille band, dienten als Monatsbinden. Da sie nicht nur Blut, sondern auch das Salzwasser der Gischt aufsaugten, scheuerten sie schmerzhaft an den Schenkeln und im Genitalbereich. Wenn die Blutungen zu stark waren, versickerten sie in den Kleidern der Frauen, wo die Flecken bis zum nächsten Waschtag erhalten blieben. Die Fahrt vom Plymouth Sound nach Santa Cruz de Tenerife auf den Kanarischen Inseln dauerte in etwa einen Menstruationszyklus lang. Da Süßwasser auf See eine Kostbarkeit war, blieb den Frauen nur die Wahl, ihre Binden mit der übrigen Wäsche in Meerwasser auszukochen, was zu schweren Hautreizungen führte – oder sie wegzupacken, um sie nach der Ankunft in Santa Cruz mit Süßwasser zu waschen. Falls sie sich für Letzteres entschieden, verschlug einem der Gestank von zweihundert schmutzigen, unter Matratzen verstauten Binden im Unterdeck vermutlich noch mehr den Atem als der des Ballasts.

Trotz des Geruchs nach verrottetem Sand, Urin und

Menstruationsblut herrschten im Unterdeck der *Lady Julian* um einiges hygienischere und angenehmere Bedingungen als dort, wo viele der Frauen vor ihrer Einschiffung die Nächte verbracht hatten. Natürlich gab es auch hier Kakerlaken, Läuse, Flöhe und Ratten, doch die kamen in jedem Mietshaus – ganz zu schweigen von Gefängnissen – ebenfalls vor. Im Gegensatz zu Mietshäusern und Gefängniszellen sorgten hingegen auf See tüchtige Offiziere für Disziplin und strenge Reinlichkeit. Deshalb waren die Quartiere sauber und die Betten trocken, sofern die Wetterbedingungen es gestatteten. Das Waschen und Lüften von Kleidung und Hängematten, das die Seeleute auf langen Überfahrten vor Rheuma und Fieber schützte, wurde von den Vorgesetzten streng überwacht, was bei der Mannschaft zu einigem Gemurre führte. Wenn der Befehl gebrüllt wurde, die Hängematten seien zum Lüften an Deck zu bringen, beschwerten sich die Matrosen, das hätten sie doch erst gestern getan; doch ihre Vorgesetzten kannten keine Gnade. Besonders ordnungsliebende Kapitäne ließen Mannschaften und Offiziere zum Appell antreten und ihr Bettzeug vorzeigen. Edgars alter Offizierskollege William Blight, ein erfahrener Seemann und Schüler von Cook, der es mit der Bevormundung ein wenig zu weit trieb, schrieb verärgert, dass »es ziemlich sinnlos ist, [die Mannschaft] einfach nur anzuweisen, sich sauber und trocken zu halten. Man muss sie bewachen wie die Kleinkinder«. Die Frauen im Unterdeck wurden mit derselben väterlichen Strenge behandelt. Edgar und Schiffsarzt Alley waren dafür verantwortlich, dass die unteren Bretter der Kojen mindestens zweimal wöchentlich an Deck gebracht und mit Salzwasser geschrubbt wurden. Außerdem wurden die Wände im Unterdeck abgekratzt und die Fußböden gefegt. Das unmittelbare Ergebnis war, dass die Frauen während der ersten Etappe ihrer Reise nach Sydney Cove unter besseren Bedingungen lebten als in den Mietskasernen und Gefängniszellen, die sie hinter sich gelassen hatten.

Außerdem erfüllte das dauernde Scheuern, Schrubben, Ausräuchern und Lüften den Zweck, den Frauen eine Beschäftigung zu geben. Schließlich war die *Lady Julian* nicht nur ein Schiff auf hoher See, sondern auch ein Gefängnis. Und in den Sträflingsunterkünften galten wie oben an Deck ungeschriebene Gesetze. Die Mehrheit der Frauen war unauffällig und harmlos, eine gesichtslose Masse, die sich nachts in ihre Kojen kuschelte und tagsüber grüppchenweise an Deck herumsaß. Doch es gehörten auch einige Querulantinnen dazu, und die Streitereien zwischen den Frauen waren ebenso erbittert und häufig wie bei den Männern. »Falls es eine schwimmende Hölle gibt, dann tritt sie in Form eines Schiffes für weibliche Gefangene auf – Streit, Prügeleien, Diebstähle, das heimliche Zerstören von Privateigentum aus reiner Gehässigkeit«, berichtete der Arzt eines späteren Schiffs. Kaum ein Offizier, der auf einem Gefangenentransport für Frauen segelte, schrieb nicht irgendwann, wie Leutnant Clark am Ende seiner Geduld angelangt, dass »die verdammten Huren, sobald sie unter Deck kamen, übereinander herfielen«.

Die Verhaltensnormen aus Newgate galten unter Deck weiter, nachdem die Lichter gelöscht wurden. »Man kann sich kaum vorstellen, wie diejenigen, die wegen verschiedener Verstöße gegen die Gesellschaft verurteilt wurden, einander berauben, wenn sie in bitterster Not leben«, merkte ein entsetzter Zeitgenosse, ein Angehöriger der Mittelschicht, an. Doch genau so verhielten sich die Sträflinge auf Gefangenentransporten. Jede der Frauen bewahrte einige wenige persönliche Besitztümer in ihrer Koje auf, da die Koffer gleich nach der Ankunft an Bord verstaut worden waren. Allerdings war dieses bescheidene Privateigentum – eine Decke, ein Becher, ein Löffel, Schmuck, einige Münzen oder eine Schnapsflasche – auf der *Lady Julian* nicht sicherer vor diebischen Schlafgenossinnen als in den Pensionen von St. Giles oder den Zellen von Newgate. Wie immer, wenn man Menschen auf engem Raum zusammensperrt, bildeten sich auch unter den Gefangenen im Unterdeck bald Regeln und Hierarchien heraus. Wer in Seven Dials oder der Cable Street für ein paar Pence Beute Gewalttaten begangen hatte, hörte auch an Bord des Schiffes nicht

Ein Gerichtssaal im Sitzungsgebäude des Old Bailey. Links sitzt der Richter, rechts der Angeklagte, dazwischen befinden sich die Plätze der Geschworenen und dahinter die Zuschauerbänke.

Links das Newgate-Gefängnis, das auf den Old Bailey Alleyway zeigt. Rechts schließt sich das Sitzungsgebäude an.

Das Magistratsgericht in der Bow Street, unweit von Covent Garden, wo Ann Garland und Francis Bunting im November 1788 vorgeführt wurden.

Die Liebeslauben im St. James's Park, wo Rachel Hoddy im Juni 1788 Nimrod Blampin ansprach.

Alice Haynes
Free Pardon.

George R

Whereas Alice Haynes was at the Sessions holden at the Old Bailey in December 1787, tried & convicted of stealing a Card of black Lace, and was sentenced to be Transported for seven Years for the same; And whereas some favourable Circumstances have been humbly represented unto Us in her behalf inducing Us to extend Our Grace and Mercy unto her and to grant her Our free Pardon for her said Crime. Our Will and Pleasure therefore is, that You cause her the said Alice Haynes to be forthwith discharged out of Custody and that she be inserted for her said Crime in Our first and next general Pardon that shall come out for the poor Convicts in Newgate, without any Condition whatsoever. And for so doing this shall be your Warrant. Given at Our Court at St. James's the 8th day of June 1789, In the Twenty Ninth Year of Our Reign.

To Our Trusty & Welbeloved
James Adair Esq. Recorder
of Our City of London, The
Sheriffs of Our said City
and County of Middlesex,
and all others whom it
may concern

By His Majesty's Command.

W. W. Grenville

Die Begnadigung der Ladendiebin Alice Haynes, die eintraf, kurz bevor sie an Bord der *Lady Julian* gebracht werden sollte.

Die Kapelle im Newgate-Gefängnis, wo Paare sich während des Gottesdienstes zuriefen.

Sträflinge werden vom Newgate-Gefängnis nach Blackfriars geschafft, um dort auf die Transport- und Gefängnisschiffe auf der Themse gebracht zu werden.

São Sebastião, Rio de Janeiro, im Jahr 1789, wo zwei Jahre später John Nicol Junior geboren wurde.

Kapstadt, Südafrika, im Jahr 1789, gemalt von einem Offizier der ersten Flotte.

Eine romantische Darstellung des in Seenot geratenen Handelsschiffs *Grosvenor* vor der südafrikanischen Küste im Jahr 1782.

Das Lager in Sydney Cove (heute Circular Bay), wenige Monate nach Ankunft der ersten Flotte im Jahr 1788.

Eine britische Darstellung von Aborigine-Frauen in Port Jackson.

Das Haus des Gouverneurs in Sydney Cove, wie es bei der Ankunft der *Lady Julian* im Jahr 1790 aussah.

Die Insel
Norfolk, 1788;
Bergung von
Proviant aus
dem Wrack
der *Sirius*.

Ein Porträt
von John Nic‹
im Alter von
siebenund-
sechzig Jahre‹
das 1822 in d‹
Erstausgabe
seiner Memoi‹
abgedruckt
wurde.

damit auf. Einige Frauen terrorisierten ihre Mitgefangenen, andere wurden zu Opfern.

Nicht nur die Diebstähle wurden zur Belastung für die weniger Wehrhaften auf diesen Transporten, sondern auch die Einschüchterungen, die der Tat vorangingen und dazu dienten, sie zu vertuschen. Wenn abends die Luken geschlossen wurden, waren die Schwächeren den Stärkeren auf Gedeih und Verderb ausgeliefert. In der abgeschlossenen Welt eines Schiffes auf hoher See war es zwar kaum möglich, den gestohlenen Gegenstand lange vor der eigentlichen Besitzerin zu verstecken, aber ein Opfer, das sich bei den Offizieren beschwerte, musste nachts mit empfindlicher Rache rechnen. Ein Tagebuch aus der Feder eines Gefangenen, der im Jahr 1798 deportiert wurde, schildert, was ein Informant von den Anführern der Banden unter Deck zu erwarten hatte. Man spielte mit dem Gedanken, ihm die Zunge abzuschneiden. Doch schließlich gaben sich die Peiniger damit zufrieden, diese nur mit Nadeln zu durchbohren und ihr Opfer bewusstlos zu prügeln.

Nach der ersten Eingewöhnungszeit auf See kehrten die ohnehin Gewaltbereiten oder Aufsässigen unter den Frauen zu ihren alten Verhaltensweisen zurück. Die Seeleute wurden mit anzüglichen Bemerkungen über ihre Mütter, ihr Aussehen und ihre sexuellen Vorlieben überhäuft; es waren immer dieselben wenigen Querulantinnen, die morgens als Letzte an Deck kamen und sich abends als Letzte hinunterkomplimentieren ließen, die sich beim Putzen durch besondere Arbeitsunlust hervortaten und die ständigen Streitereien anzettelten. Die Gruppe wurde von einer Frau angeführt, die laut John Nicol Nance Ferrel hieß. Vielleicht handelte es sich in Wirklichkeit um die vierunddreißigjährige Ann Flavel aus Gloucester, deren Name auch in anderen Dokumenten auftaucht. Die Anklageschrift gegen sie und das Urteil sind jedoch verschollen. Es kann möglicherweise auch Bett Farrell gewesen sein, die in ein Haus in Smithfield eingebrochen war, um Wäsche zu stehlen. Die Männer stellten fest, dass dem Ungehorsam und den Schmähungen von Nance und ihren Freundinnen am besten beizukommen war, indem man die Frauen unter Deck schickte, wo das Schaukeln und die stickige Luft bald zu Erbrechen führten. Dann bettelten die Übeltäterinnen für gewöhnlich, wieder nach oben gelassen zu werden, und gelobten Besserung. Deshalb war die Mannschaft ziemlich verdattert, als erst Nance selbst und dann ein Mitglied ihrer kleinen Gruppe nach dem anderen »abwechselnd und mit Absicht über die Stränge schlug, um eingesperrt zu werden«.

Während einer routinemäßigen Überprüfung der Kisten am Schott, der die Frauenunterkünfte vom Lagerraum trennte, entdeckte Nicol, dass zwei davon geöffnet worden waren. Eine gesamte Kiste mit Portweinflaschen war ausgetrunken worden; die leeren Flaschen hatte man ordentlich zurückgestellt. Eine weitere Kiste hatte man angebrochen, die leeren Flaschen hinten versteckt und die vollen nach vorne geschoben. Eine weitere Untersuchung ergab, dass eine Schachtel mit Kerzen fehlte und dass der Schott ein Loch aufwies. Die Damen hatten offenbar feuchtfröhliche Feste gefeiert. Nicol räumte alles wieder an seinen Platz, um keinen Verdacht zu erregen, und stieg nach oben, wo er sich mit Edgar besprach. Der Leutnant hatte schon eine Bestrafung parat. Nicol zog kichernd ab, um ein Fass zu präparieren, und Edgar erteilte Befehl, nicht auf Nance und ihre Freundinnen zu achten, wenn sie das nächste Mal die Mannschaft beschimpften. Kurz darauf erschien Nance mit ein paar Anhängerinnen. Sie suchte sich ein Opfer, ließ eine Salve von Schmähungen los und wartete auf eine Reaktion. Der Seemann blinzelte nur und machte sich wieder an die Arbeit. Die Frauen gingen weiter. Nance griff zu härterem Vokabular und überschüttete den nächsten Matrosen mit übelsten Beschimpfungen. Auch er wickelte seelenruhig weiter sein Tau auf. Dann wandten sich die Frauen den niederen Offizieren zu, doch die lächelten einfach und ließen sie stehen. Nachdem Nance auch die Leutnants zur See abgeklappert und sich alle Ränge hinaufgearbeitet hatte, stieg sie die Leiter zum Achterdeck empor – eine Anmaßung, für die ein Seemann ausgepeitscht worden wäre –, um Kapitän Aitken persönlich zu beleidigen.

Nun gab Leutnant Edgar John Nicol, der hinter dem Steuer

kauerte, ein Zeichen. Nance wurde ergriffen, und man stülpte ihr ein leeres Fass mit Löchern oben und an den Seiten über den Kopf. Die Matrosen und die Offiziere amüsierten sich königlich und kamen herbeigelaufen, um sich an dem Anblick zu ergötzen. Die Frauen ebenfalls, obwohl sie sich ein wenig zurückhielten, denn schließlich wollten sie nicht nachts von Nance mit einer Stopfnadel geweckt werden. Zuerst versuchte Nance, das Gesicht zu wahren. Sie stolzierte auf dem Achterdeck herum, präsentierte sich ihrem Publikum und spielte Gleichgültigkeit vor; jemand zündete ihr eine Zigarre an, und sie rauchte, während sie herumschlenderte, ein kleines Menuett tanzte, mit Füßen und Kopf die Bewegungen einer Schildkröte nachahmte und dabei Witze riss. Allerdings ist ein Holzfass ziemlich schwer; das ganze Gewicht ruhte auf Nances Schultern, und sie konnte sich nicht setzen. Wenn sie den unteren Rand des Fasses auf den Boden stützte, war nur eine schmerzhafte Kauerhaltung möglich. Nach einer Weile flehte sie, befreit zu werden, und schwor Besserung, worauf man den Panzer entfernte.

Allerdings war Nances Läuterung nicht von langer Dauer. »Es war unmöglich, sie auf die sanfte Art zu zähmen«, schrieb Nicol. Schon eine Woche später warf sie mit Beschimpfungen um sich wie zuvor. Diesmal jedoch ließen die Offiziere weniger Nachsicht walten. »Wir waren gezwungen, sie wie einen Mann festzubinden, ihr ein Dutzend Schläge mit der neunschwänzigen Katze zu verabreichen und ihr zu drohen, sie beim nächsten Vorfall in Eisen zu legen. Nur damit ließ sie sich einigermaßen zur Ordnung rufen.« Die Gewalt lauerte hinter jeder Ecke.

Die *Lady Julian* fuhr weiter in Richtung Kanaren. An Deck war wieder Ruhe eingekehrt. Zweieinhalb Wochen nach der Abfahrt vom Plymouth Sound passierte das Schiff Madeira und änderte den Kurs um ein paar Grad, um nach Süden auf Teneriffa zuzusteuern. Das Segeln durch den Archipel war eine neue Erfahrung für die Frauen, denn zum ersten Mal erlebten sie starken Wind auf hoher See. Es handelte sich zwar nur um kurze Sturmböen – nicht um die starken Stürme, denen sie in ein paar Monaten im südlichen Atlantik begegnen sollten –, war aber dennoch aufregend. In der Umgegend der afrikanischen Inselkette haben die nordöstlichen Winde die Eigenart, sich am nördlichen Ende zu teilen, um die Insel herum einen gewaltigen Wirbel zu erzeugen und sich im Süden wieder zu treffen. An jeder Küste frischen die Winde zur vollen Stärke auf, um dann am südlichen Ende fast völlig zum Erliegen zu kommen. Das Meer blieb ruhig. Die *Lady Julian* stand unter vollen Segeln und rauschte weiter, bis sie endlich die flache Nordküste der Insel Teneriffa sichteten.

Santa Cruz de Tenerife liegt an der Nordküste der Insel und wird durch eine lange Landzunge vor den heftigen Winden geschützt. Lange bevor man die Segel trimmte, schickte man die Frauen unter Deck, wo sie schwitzend in ihren Kojen saßen und den Geräuschen an Deck lauschten, als die *Lady Julian* sich der Küste näherte. Ein elfschüssiger Kanonensalut vom Castillo San Juan weckte die Babys. Ein lautstarkes Flattern und Rauschen von Leinwand und ein Kreischen der Taue erklang, als das Großsegel eingeholt wurde, um die Geschwindigkeit des Schiffes zu drosseln. Die Wellen, die sich am Rumpf brachen, wurden sanfter, als das Schiff geschütztere Gewässer erreichte. Eine scharfe Kehre um neunzig Grad brachte den Bug in den Wind, sodass die Frauen durcheinander purzelten. Das Geschrei der Babys übertönte die Befehle, die mit einem Megafon vom Achterdeck zum Mitteldeck gebrüllt und lautstark von dort aus zum Vorderdeck weitergegeben wurden. Das gewaltige Ankertau wurde mit einem Donnern herabgelassen, und das Schiff trieb langsam rückwärts, bis ein leichter Ruck es zum Stehen brachte. Nach einem leichten Zittern lag die *Lady Julian* ruhig da; es herrschte Stille, nur das Plätschern des Wassers und die Schritte der Seeleute an Deck waren zu hören. Als die Luken geöffnet wurden, stiegen die Frauen die Leitern hinauf, um zum ersten Mal einen Blick auf ein fremdes Land zu werfen. Sie sahen einen schmutzigen Strand, eine Burg an einer Seite der Bucht, einen Ring von Geschützbatterien und Befestigungsanlagen, weiße Häuser, die in der Augusthitze schimmerten, schartige Berge, die sich dahinter erhoben, und einen schneebedeckten Gipfel, der kaum sichtbar in der Ferne emporragte. Auf einer Seite des steinernen Piers standen Windmühlen, und im Hafen drängten sich Sklavenschiffe.

KAPITEL NEUN

Santa Cruz de Tenerife

Quietschend wurde die Bark des Kapitäns zu Wasser gelassen. Kapitän Aitken und Leutnant Edgar zwängten sich in ihre besten Hosen, rückten die Dreispitze zurecht und machten sich auf den Weg, um dem spanischen Gouverneur die Grüße Seiner Majestät zu übermitteln und ihn um Landeerlaubnis zu ersuchen. Wie die Frauen bald herausfanden, wiederholte sich dieses Ritual in jedem Hafen. Die Seeleute begannen, die leeren Wasserfässer heraufzuholen, schoben die Frauen aus dem Weg, rollten die Fässer über das Deck und ließen sie in Boote hinunter.

Von den Bergen im Hinterland aus erstreckte sich ein Fluss bis nach Santa Cruz, aus dem die Stadt und die anlegenden Schiffe ihr Wasser bezogen. Dieses wurde mit einem sanft abfallenden Aquädukt zu einem Pier in der Bucht geleitet. Die Pfosten, die den Aquädukt in seinem Verlauf durch die von Rinnen durchzogenen Hügel stützten, waren stabil genug, um auch den Fluten im Winter standzuhalten. Nachdem der Kapitän und Edgar von ihrem Besuch bei Gouverneur Branquefort zurückgekehrt waren, legte das erste Beiboot mit seiner Ladung aus leeren Fässern ab, um diese an den Tanks am Pier aufzufüllen. Das Wasser, das man vor drei Wochen im Plymouth Sound an Bord genommen hatte, war bereits brackig geworden, weshalb sich alle gierig auf das frische Nass stürzten. Manche Frauen hatten es offenbar mit dem Trinken übertrieben, denn viele von ihnen eilten mit »Durchfluss« zu den Aborten, bis sich ihre Körper wieder an die Flüssigkeitszufuhr gewöhnt hatten. Im Meer rings um das Schiff breitete sich Gestank aus.

In den nächsten Tagen wurde an Bord eine wahre Waschorgie veranstaltet. Auf See wusch man die Schmutzwäsche mit Salzwasser, wodurch sie klamm und steif wurde und Ausschläge unter dem Kragen, in den Achselhöhlen und bei den Offizieren auch im Genitalbereich auslöste. Letzteres blieb den Frauen und den Mannschaften wegen der bauschigen Röcke und der weiten, knielangen Hosen, wie sie die Seeleute trugen, erspart. Die Hosen der Offiziere hingegen lagen eng an, was zu einem heftig juckenden Nesselausschlag führte. Nun wurden an Deck Feuer entzündet, in Kesseln kochte das Wasser, und Haufen schmutziger Kleider wurden daneben geworfen. Die Frauen krempelten die Ärmel hoch und machten sich an den größten Waschtag seit Plymouth.

Da es kein Waschmittel gab, wurde der Schmutz durch Kochen und anschließendes Ausschlagen aus dem Stoff entfernt. Die Frauen, die so viel Kleidung abgelegt hatten, wie es der Anstand gerade noch gestattete, arbeiteten mit Feuereifer. Das Oberdeck erzitterte, als sie sich in Reihen aufstellten und die Hemden, Unterröcke, Laken, Hängematten, karierten Hosen und unzähligen Damenbinden gegen die Bohlen schlugen. Das schmutzige Wasser floss in Rinnsalen den Rumpf hinunter. Abends waren sämtliche Relings und Taue mit trocknenden Kleidungsstücken geschmückt, und das Waschen hatte sich zu einem ausgelassenen Getümmel entwickelt. Das Kreischen der Frauen hallte zu den anderen Schiffen hinüber, und herumhuschende schemenhafte Figuren bespritzten einander mit Wasser. Die Mannschaften der anderen Schiffe im Hafen von Santa Cruz, die noch nicht wussten, dass ein Schiff voller englischer Huren angelegt hatte, fragten sich, was dort wohl vor sich ging.

Nachdem das frische Wasser an Bord geschafft und die Wäsche gewaschen war, begab sich Leutnant Edgar an Land, um Proviant – vor allem Gemüse und frisches Fleisch – zu bestellen. Eine alt eingesessene Firma am Ufer kümmerte sich um die Vorräte an frischem und gepökeltem Fleisch; große Mengen an Obst und Gemüse konnte man in den Plantagen und Gärtnereien von Oratava bekommen, einer kleinen Stadt, ein paar Kilometer im Landesinneren.

Die Offiziere baten Kapitän Aitken um Erlaubnis, an Land schlafen und während ihres Aufenthalts in Santa Cruz Quartier beziehen zu dürfen. Natürlich konnten nicht alle gleichzeitig das Schiff verlassen. Wer hier einen Landurlaub einlegte, würde in Kapstadt darauf verzichten müssen und umgekehrt. Die Frauen, die Gefährtin eines Offiziers waren, kamen so ebenfalls in den Genuss dieser Vergünstigung und folgten ihren Männern aus den Kajüten in die Betten an Land. Auch den Matrosen war ein Landgang, in kleinen Gruppen und stets in Begleitung eines Offziers, gestattet. Britische Seeleute hatten im achtzehnten Jahrhundert in etwa denselben Ruf wie britische Fußballfans im zwanzigsten, und in den Nachtlokalen, die billigen Alkohol ausschenkten, kam es häufig zu Schlägereien. Die Offiziere tadelten streng »die Auswüchse, die sich englische Seeleute in fremden Häfen nur allzu gern zuschulden kommen ließen«, und den örtlichen Behörden war viel daran gelegen, dass die Kommandanten der Schiffe ihre Männer an der Kandarre hielten. In einigen Häfen durften gewöhnliche Matrosen nur unter Bewachung der örtlichen Miliz an Land, doch der Gouverneur von Teneriffa gab sich mit der Bewachung durch einen vorgesetzten Offizier zufrieden. Die Offiziere der *Lady Julian* waren sich der Schwere der Verantwortung bewusst. Die »Auswüchse« hätten nicht nur dem Ruf des Schiffes, des Kommandanten und der britischen Marine geschadet, sondern darüber hinaus finanzielle Folgen gehabt. Denn wenn ein Mitglied der Mannschaft festgenommen und eingesperrt wurde, war der Kapitän gezwungen, den Betreffenden mit einem Bußgeld von mehreren Dollar auszulösen. Einen Teil davon holte er sich später von dem Übeltäter zurück, den Rest musste der Offizier berappen, der nicht besser auf ihn aufgepasst hatte.

Welche Offiziere und Seeleute Landgang bekamen, wurde von Kapitän Aitken in Beratung mit dem ersten Maat entschieden, und zwar nach genauen Regeln und einer festgelegten Rangfolge. Leutnant Edgar hatte die schwierige Aufgabe zu bestimmen, welche der Frauen wann und mit wem das Schiff verlassen konnte. Man ist erstaunt, wenn man in John Nicols Memoiren und den Tagebüchern anderer Gefangener liest, dass einige Sträflinge die Zeit im Hafen nicht – wie es in den Legenden heißt – unter Deck verbrachten, sondern durch die Straßen schlenderten und Einkäufe erledigten. Ein Taschendieb aus besserer Gesellschaft, ein gewisser George Barrington, der 1792 deportiert wurde, wurde von den Offizieren fast als ihresgleichen behandelt, speiste an Bord mit ihnen an einem Tisch und begleitete sie auf Tagesausflüge, wenn sie in einem Hafen anlegten. Vermutlich taten einige Frauen von der *Lady Julian* dasselbe. Manche von ihnen stammten aus einer ähnlichen Schicht wie Barrington und waren belesen, amüsant und vorzeigbar.

Zweifellos war Mrs. Barnsley, Schwester eines Straßenräubers und berüchtigte Ladendiebin, die Primadonna des Schiffes. Sie hatte Leutnant Edgar auf der Themse sogar gebeten, ihre eigene Kleidung tragen zu dürfen. In England hatte er ihr den Wunsch noch abschlagen müssen, doch sobald die *Lady Julian* Plymouth verließ, erinnerte sie ihn an sein Versprechen, es zu gestatten, wenn sie auf hoher See seien. Seitdem hüllte sich Elizabeth Barnsley in Gewänder, die sie in der Bond Street erworben hatte, während ihre Leidensgenossinnen weiter mit braunem Serge vorlieb nehmen mussten. Wahrscheinlich schlief sie auch nicht in der Sträflingsunterkunft, sondern hatte sich – wie schon im Newgate-Gefängnis – ein Einzelquartier an Bord der *Lady Julian* erkauft, vielleicht in einer der Hütten, die auf dem Mitteldeck des Schiffes errichtet worden waren. Erstaunlicherweise war Mrs. Barnsley offenbar nicht unbeliebt; eher das Gegenteil traf zu, denn sie verfügte über Eigenschaften, die sie zur Anführerin unter den Sträflingen machten. Als das Schiff ablegte, war sie bereits neunundzwanzig – zu alt um, was die Aufmerksamkeit

der Seeleute betraf, eine Konkurrenz darzustellen. Vermutlich
fürchteten sich die Männer ohnehin vor ihr, weshalb sie über
die kleinlichen Streitereien um männliche Gunst erhaben war.
Mrs. Barnsley war klug und konnte lesen und schreiben, eine
Fähigkeit, welche allein schon zur Bewunderung Anlass gab.
Sicher war sie es, die den Anliegen und Beschwerden der anderen Frauen bei den Offizieren Gehör verschaffte. Und außerdem ging sie großzügig mit ihrem Geld um.

Auf Teneriffa beschloss Mrs. Barnsley, ihre Freundinnen auf
ein Fass kanarischen Wein einzuladen, das sie selbst in einer der
Bodegas am Ufer auswählen wollte. Sie setzte Leutnant Edgar
von ihrem Wunsch in Kenntnis, und dieser sah keinen Grund,
ihn ihr abzuschlagen; außerdem wäre es unklug von ihm gewesen, diese intelligente Frau gegen sich aufzubringen, die unter
Deck viele Anhängerinnen hatte. Also wurde Elizabeth Barnsley, vermutlich von einem Offizier, an Land gerudert und
durch die Weinkellereien von Santa Cruz geführt. Schließlich
war sie eine Dame. Doch da sie gleichzeitig auch eine Diebin
und Lügnerin war, wollte man durch die Anwesenheit eines
Offiziers peinliche Zwischenfälle vermeiden.

Watkin Tench, Leutnant der ersten Flotte nach Neusüdwales, kam erschöpft zu dem Ergebnis, dass »es in Teneriffa
nur wenig gibt, was einen Reisenden begeistern könnte«. Die
Stadt, die er als »weder unübersichtlich angelegt noch unschön
in der Architektur« schilderte, fand ein wenig Gnade vor seinen Augen. Allerdings nahm er Anstoß an der »Unverschämtheit der Bettler und der Dreistigkeit der Frauen von niederster
Art«. Santa Cruz besaß eindeutig nicht den Flair der südamerikanischen oder den Wohlstand der holländischen Städte.
Und Männer, die die ganze Welt bereist hatten, sahen hier
kaum etwas, das anderswo nicht größer, heller, höher oder auf-
regender gewesen wäre. Für die Frauen hingegen war Teneriffa
das Ausland schlechthin. George Barrington meinte zwar, der
Gouverneurssitz habe »ein Aussehen, das eher an ein Hotel als
an den Palast eines spanischen Adeligen erinnert«. Doch Seemannsbräute wie Sarah Whitelam, Marry Warren und Ann

Bryant, die ihr ganzes Leben in englischen Marktflecken verbracht hatten, wussten nicht, wie der Palast eines spanischen Adeligen auszusehen hatte oder dass das Anwesen des Gouverneurs diesem Anspruch nicht genügte. Für eine Neunzehnjährige aus Lincolnshire verkörperte Teneriffa den Gipfel des Exotischen. Zum ersten Mal machten die Frauen die Erfahrung, dass um sie herum eine fremde Sprache gesprochen wurde. Noch nie hatten sie einen Berg so hoch wie den Pico de Teide gesehen oder ein Klima erlebt, in dem Schnee den Gipfel bedeckte, während am Strand schwüle Hitze herrschte. Niemals waren sie Straßen entlanggeschlendert, über die bemalte Madonnenstatuen wachten. Sie kannten weder Bougainvilleen noch Palmen, Bananenstauden, Weinstöcke mit prallen Trauben oder frische Datteln. Die Straßenjungen hier waren braun gebrannt und nicht blässlich fahl wie in London. In der Provinz von Lincolnshire trugen die Frauen keine schwarzen Gewänder und Kopftücher, und in Maidstone bekreuzigte man sich nicht jedes Mal, wenn man an einer Kirche vorbeikam. Deshalb empfanden die »Ehefrauen« von der *Lady Julian* die Stadt anders als Leutnant Tench nicht als langweilig; sie sahen dunkle Haut, Früchte und Farben; und die Nonnen und Mönche auf der Straße, die Statuen in den Nischen, die Kniefälle, das Glockengeläut und der Weihrauch zeigten ihnen die Allgegenwart einer ihnen fremden Kirche.

Nicht alle Frauen hatten aus England Geld mitgebracht, um Mrs. Barnsley auf ihre Einkaufsausflüge zu begleiten. Doch einige an Bord waren bereit, sich unterwegs etwas zu verdienen. Inzwischen hatte es sich in der Stadt herumgesprochen, dass sich auf dem gedrungenen kleinen Schiff, das im Hafen die Handelsflagge gesetzt hatte, zweihundertdreißig gefallene Frauen befanden. Als diese sich in kleinen Gruppen, begleitet von prahlerischen britischen Seeleuten, auf den Straßen zeigten, bekreuzigten sich einige Inselbewohner und schlossen die Fensterläden. Andere spuckten aus und murmelten Beschimpfungen. Doch die Menschenfreundlicheren unter ihnen hatten Mitleid. Und Mitleid konnte Geld bedeuten. Eine von John

Nicols Anekdoten aus Santa Cruz berichtet von einer Gruppe jüdischer Gefangener, deren Anführerin eine Frau namens Sarah Sabolah war; vermutlich handelte es sich um ein Pseudonym oder den Familiennamen von Sarah Lyons, der jüdischen Diebin, die im Vorjahr verurteilt worden war, weil sie in einer Londoner Stoffhandlung sieben Meter Taschentuchseide unter ihrem Rock hatte verschwinden lassen.

Wahrscheinlich kannten die Offiziere Sarah Sabolahs Plan, denn sonst wäre sie weder ans Ufer gerudert worden noch hätte sie sich die nötige Ausrüstung beschaffen können – ein paar Stoffballen und einige Holzstücke. Nachdem Sarah und ihre Anhängerinnen am Ende des Kais abgesetzt worden waren, hüllten sie sich in den geborgten schwarzen Stoff und schüttelten das Meerwasser von den hastig im Unterdeck zusammengezimmerten Kreuzen. Dann setzten sie einen angemessenen Gesichtsausdruck auf und marschierten feierlich von einem Ende der Hauptstraße zum anderen. Selbst bei Menschen wie den kanarischen Katholiken, die an eindrucksvolle Zurschaustellungen von Frömmigkeit und Buße gewohnt waren, löste der Anblick der barfüßigen, gebeugt unter ihren Kreuzen dahinziehenden britischen Sträflinge Erbarmen aus. Die Einwohner von Santa Cruz drückten den Frauen Münzen in die Hand und segneten sie. Dieser schlaue Plan weist darauf hin, dass Sarah eine kluge Frau gewesen sein muss. Sicher nähte sie ihren Anteil in ihre Kleidersäume ein, um ihn für schlechtere Zeiten zu sparen. Die anderen vertranken ihren Verdienst vermutlich, noch ehe das Schiff Teneriffa verließ.

Die Bürger von Santa Cruz zu betrügen, war jedoch nicht unbedingt der einfachste Weg, um zu Geld zu kommen. »Wir ließen die Leute ungehindert an Bord, und die Matrosen und Kapitäne der anderen Schiffe statteten uns viele Besuche ab«, erinnerte sich John Nicol. Sex gegen Geld war an Bord eines Schiffes nichts Ungewöhnliches, auch wenn in den meisten Fällen die Prostituierten zu den Männern gebracht wurden und nicht umgekehrt. Eine Erklärung von bestechender Schlichtheit lieferte ein Historiker in den neunziger Jahren des zwanzigsten Jahrhunderts: »Die Frauen – hauptsächlich Londoner Prostituierte – verwandelten das Schiff in ein schwimmendes Bordell.« Allerdings kann man sich kaum vorstellen, dass die Frauen auf dem Achterdeck vorsprachen, dem Kapitän ankündigten, dass sie sein Schiff während des Aufenthalts als Freudenhaus nutzen wollten, und anschließend ihre Profite zählten. Weder an Land noch auf See wird in Bordellen so verfahren, denn wo eine Prostituierte ist, ist auch der Zuhälter nicht weit. Die Frage ist nur, wer diese Rolle in Santa Cruz übernahm. Wieder einmal setzten sich auf der *Lady Julian* die Regeln durch, die schon das Leben am Ratcliff Highway und in Newgate bestimmt hatten. Und der Anteil, den an Land ein Zuhälter kassiert hätte, wanderte vermutlich in die Truhen der Seeleute.

Wenn wir versuchen, uns die Beziehung zwischen einem Seemann und einer Seemannsbraut vorzustellen, betreten wir das Reich der Fantasie. Wer weiß, welche Abmachungen ein Matrose traf, der seine hübsche Hängematten-Gefährtin und ihre kleinen Freundinnen nicht nur als Zerstreuung, sondern auch als potenzielle Geldquellen betrachtete? Eine Flasche Wein, ein Stück Borte, ein Schmuckstück, ein Vierteldollar ...? Doch ganz gleich, wie diese Arrangements auch aussahen, sie wurden offenbar von den Vorgesetzten geduldet. Leutnant Edgar wusste besser als die meisten, welche Zukunft diese Frauen erwartete. Und ihm war klar, dass sie das Geld, das sie in Santa Cruz von ihren Freiern bekamen, in Sydney Cove gut würden gebrauchen können. Also wurde die Prostitution nicht nur aus Gleichgültigkeit, sondern auch aus Mitleid gestattet. Die Seeleute von den anderen Schiffen im Hafen und die amüsierwilligen Inselbewohner ruderten zu dem Hurenschiff hinüber. Während die *Lady Julian* in Santa Cruz vor Anker lag, wurden einige der Kojen in der Sträflingsunterkunft, die Hängematten im Vorderdeck und die Hütten auf Deck in Arbeitsplätze umgewandelt.

Wahrscheinlich waren es die Seeleute, die die auf dem Schiff verfügbaren Waren anpriesen, die Verabredungen trafen und dafür sorgten, dass die versprochene Anzahl pockenfreier Mädchen bereitstand, wenn die Matrosen von den Nachbarschiffen eintrafen. Vielleicht sammelten sie auch das Geld ein und verteilten es an die Frauen, nachdem die Freier wieder fort waren. Allerdings wurden die Geschäfte an Bord nicht allein von Männern betrieben. Nicht männlicher Zwang – und noch viel weniger die sexuelle Unersättlichkeit der Frauen –, sondern nüchterne wirtschaftliche Überlegungen waren der Grund, dass einige Gefangene in Santa Cruz ihren Körper verkauften. Die am meisten gefragten Mädchen waren häufig nicht in der Lage, ihre eigenen Interessen zu vertreten. Und deshalb spielten in dem Geflecht aus Nachfrage und Verhandlungsgeschick, das auf Teneriffa entstand, sicher auch weibliche Zuhälter eine Rolle. Vielleicht fungierten sie als Beschützerinnen und berieten ihre weniger erfahrenen Geschlechtsgenossinnen darin, wie sie das Beste aus der Situation herausholen konnten. Und bestimmt wurde auch in einigen Fällen Druck ausgeübt. Wahrscheinlich ist jedoch, dass im Unterdeck ebenso viele Geschäfte abgeschlossen wurden wie im Vorderdeck. Eine Puffmutter hatte sogar drei ihrer Mädchen bei sich an Bord. Es war Elizabeth Sully, die Poll Randall, Mary Butler und Mary Bateman in der Cable Street auf den Strich geschickt hatte. Sie und andere geschäftstüchtige Frauen trafen in Santa Cruz vermutlich selbst Abmachungen mit den Seeleuten.

Auch auf dem Achterdeck war man an diesen Transaktionen nicht unbeteiligt. Leutnant Edgar und Kapitän Aitken billigten eindeutig den gewerbsmäßigen Geschlechtsverkehr an Bord. Offiziere suchten ebenso häufig Prostituierte auf wie gewöhnliche Seeleute, und in Santa Cruz kamen viele von ihnen an Bord. Wenn die Offiziere der *Lady Julian* diskret Begleiterinnen für die Besucher anforderten, spielte vermutlich der Steward John Nicol den Mittelsmann zwischen der Kabine des Kapitäns und dem Unterdeck. Er überbrachte die Höhe der Geldforderungen und führte die Verhandlungen zwischen den beiden Parteien, bis eine Einigung erzielt worden war. Der Preis der ausgesuchten Frauen wurde danach berechnet, ob sie zuerst in der Kabine des

Kapitäns mit den Offizieren speisen oder sich nur an einem einsamen Ort mit ihnen treffen sollten. Wahrscheinlich erhielten Aitken oder Edgar – anders als die Männer im Vorderdeck oder die Zuhälterinnen im Unterdeck – kein Geld für ihre Dienste, auch wenn kein fremder Offizier ohne eine Kiste guter Zigarren oder eine Flasche erlesenen Portwein für die Tafel des Kapitäns an Bord erschien.

Die Offiziere beteiligten sich sowohl aus Vernunft als auch aus Eigennutz am Bordellbetrieb in Santa Cruz. Sie wollten verhindern, dass ihnen die Situation entglitt, und gleichzeitig davon profitieren. Für die Frauen gab es nämlich nur eine Möglichkeit, von der *Lady Julian* zu fliehen – sie konnten sich an einen Seemann von einem anderen Schiff verkaufen und ihn bitten, sie heimlich mitzunehmen. Vor zwei Jahren war ein Sträfling, der in Santa Cruz fliehen wollte, über Bord geklettert und hatte ein Schiff der Ostindienflotte angefleht, ihn an Bord zu lassen. Die Holländer weigerten sich, und der Mann wurde mit Unterstützung der Spanier wieder eingefangen. Zwei Frauen waren der Deportation nach Sydney Cove bereits auf französischen Schiffen entronnen, die einige Tage nach den Briten eingetroffen waren. Vier Frauen von der *Lady Julian* hatten sich schon während der letzten Nacht auf der Themse davongemacht, und es hätte Edgar in eine sehr peinliche Lage gebracht, wenn er auf Teneriffa weitere Häftlinge verloren hätte.

Wie John Nicol sich erinnerte, waren die Besatzungen von zwei Sklavenschiffen, die die Route nach Gambia befuhren, die treuesten Kunden. Wir wissen nicht, ob die Männer an Bord aus Großbritannien, Spanien, Amerika, Portugal, Frankreich, Dänemark oder Holland stammten, alles Länder, in denen rege Nachfrage nach Sklaven von der afrikanischen Küste herrschte. Die meisten Besucher in Santa Cruz waren an den auf den Märkten am Hafen verkauften Waren interessiert, um ihre Vorräte aufzustocken: Decken, Öl, Mais, Wein, Obst, Gemüse, »Milchziegen«, Kürbisse, Zwiebeln, reife Feigen und Weintrauben. Eine Begegnung mit den »verlassenen Hafenfrauen von Teneriffa« galt bei den jungen Seeleuten zwar als wichtige Zerstreuung, doch das wirkliche Geld, das man an den durchreisenden Schiffen verdiente, stammte aus dem Sklavenhandel. Die Silberdollar der Sklavenhändler, die sich auf dem Weg von Amerika nach Afrika in den Läden von Santa Cruz eindeckten, waren der Motor der kanarischen Wirtschaft.

Allerdings profitierte Santa Cruz nicht nur indirekt vom Sklavenhandel: Jeden Sonntag wurde vor dem Castillo de San Juan ein Sklavenmarkt veranstaltet, und vermutlich fanden sich auch die Offiziere auf Landgang zum Zuschauen ein. Ein Urteilsspruch des Hohen Gerichts hatte die Sklaverei in Großbritannien 1772 für ungesetzlich erklärt, was bedeutete, dass ein anderswo gekaufter Neger ein freier Mann war, sobald er einen Fuß auf englischen Boden setzte. (Allerdings hinderte dieser Gerichtsbeschluss englische Kaufleute nicht daran, sich am Sklavenhandel in Übersee zu beteiligen.) Die meisten der Städterinnen an Bord der *Lady Julian* hatten bereits Schwarze gesehen, weshalb die angeketteten Neger, die in Santa Cruz zum Verkauf standen, für sie kein fremdartiger Anblick waren. Die Londoner Ladendiebin Elizabeth Smith alias Cave hatte ihr Verbrechen mit einem farbigen Komplizen begangen, der in den Gerichtsunterlagen nur als »Thomas, schwarzer Mann« verzeichnet ist. In der Hafengegend der meisten Städte am Meer lebte eine Kolonie von durch den Gerichtsentscheid von 1772 befreiten Schwarzen Seite an Seite mit chinesischen Seeleuten, die auf einem Schiff nach Kanton anheuern wollten, indischen Matrosen, die eine Fahrgelegenheit nach Kalkutta suchten, und anderen entwurzelten Ausländern.

Zunehmend waren in England humanitäre, für gewöhnlich christliche Stimmen zu hören, die den Sklavenhandel verdammten. Der Großteil der öffentlichen Kritik an den Deportationen stützte sich auf Vokabular, das aus der Anti-Sklaverei-Bewegung stammte. Bevor Frankreich später in diesem Jahr zur Republik wurde, galt England weltweit und auch im eigenen Land als Vorreiter in der Menschenrechtsfrage. Die britischen Bürger waren berühmt dafür, dass sie für ihre Freiheiten auf die Barrikaden gingen, und betrachteten sich als den Leibeigenen auf der anderen Seite des Ärmelkanals überlegen. Selbstverständlich waren damit nur männliche britische Bürger gemeint. Trotz der ständigen Freiheitsreden war Großbritannien ein Land, wo, um mit den Worten von Lawrence Stone zu sprechen, »die Lage einer verheirateten Frau in einer freien Gesellschaft der eines Sklaven am ähnlichsten ist« – und den unverheirateten erging es nicht viel besser. Romantische Sträflingslegenden, Thema von Balladen und Liedern am Lagerfeuer, beschworen ein angebliches Gemeinschaftsgefühl zwischen den Benachteiligten – Gefangenen, Sklaven, Aborigines – herauf, eine, um es mit Robert Hughes drastischen Worten zu sagen, »kaum haltbare Sichtweise«. Es ist höchst unwahrscheinlich, dass eine der Frauen in Santa Cruz Vergleiche zwischen der Lage der zum Verkauf stehenden afrikanischen Sklaven und ihrer eigenen Situation an Bord der *Lady Julian* zog. Politische Überlegungen waren diesen Frauen fremd – ganz im Gegensatz zu der Angst vor Wilden. Sie sahen in diesen Menschen keine Brüder und Schwestern, die gefesselt vor dem Castillo de San Juan als Ware verhökert wurden, sondern »Wilde«, »Schwarze«, »Afrikaner«, halb nackte Kreaturen mit Wunden an den Lippen, verängstigt, nicht zu verstehen und mit fremdartig riechendem Schweiß bedeckt. Die Männer, die sie verkauften und einen Teil des Erlöses an Bord der *Lady Julian* ausgaben, erschienen den Gefangenen vermutlich nicht verabscheuungswürdiger als die Seeleute im Vorderdeck des Schiffes.

In der zweiten Septemberwoche hatte die *Lady Julian* Wasser und Proviant aufgenommen und sich mit Geld eingedeckt. Man verließ Santa Cruz mit Kurs auf die holländische Siedlung Kapstadt am Südzipfel von Afrika. Es handelte sich ebenfalls um eine wohl bekannte Handelsroute. Kapstadt war der wichtigste Halt vor und nach der Fahrt zu den holländischen Gewürzinseln und den britischen Handelsposten an der indischen Küste. Für die gut neuntausend Kilometer weite Reise, die Passatwinde im Rücken, hatte man zehn bis zwölf Wochen veranschlagt. In Cabo Verde wollte man einen kurzen Stopp ein-

legen, um Wasser aufzunehmen. Doch die Fahrt sollte fünfeinhalb Monate dauern.

Zuerst einmal wurde die *Lady Julian* durch die Sklavenschiffe aufgehalten, mit deren Besatzung man sich in Santa Cruz
angefreundet hatte. Als die Briten Segel setzten, beschlossen
die Sklavenhändler, im Verband nach Süden zu segeln. »Den
Damen zuliebe«, wie John Nicol schrieb. Die sexuellen Beziehungen einiger Frauen zu den Sklavenhändlern dauerte nun
schon so lange wie ein moderner Urlaubsflirt auf den Kanaren,
und man hatte sich aneinander gewöhnt. Also brachen die drei
Schiffe gemeinsam aus Santa Cruz auf.

Die Route nach São Tiago, Cabo Verde, führte sie auf west-
südwestlichem Kurs in etwa sechshundert Kilometer Abstand
die westafrikanische Küste entlang. Drei Tage lang blieb der
immer noch schneebedeckte Gipfel des Teide hinter ihnen in
Sicht. Und offenbar ruderten jeden Tag ausgelassene Sklavenhändler zur *Lady Julian* hinüber, um im Unterdeck Ablenkung
und Zerstreuung zu suchen. Das tägliche stundenlange Dahin-
treiben mit dem Bug zum Wind verlangsamte die Fahrt ziemlich. Doch nach einer Woche entdeckte der Mann auf dem Ausguck die Inseln São Nicolas und Boa Vista an Steuerbord. Am
folgenden Tag erreichte der kleine Verband São Tiago. Segel
flatterten, Taue kreischten, und der Anker grub sich acht Faden
unter ihnen in den Sand. Die Frauen traten in die brüllende
Hitze hinaus.

Sie hatten den spanischen Machtbereich hinter sich gelassen.
Porto Praya war ein viel kleinerer Hafen als Santa Cruz, eine
ärmere Stadt und hauptsächlich von Bauern anstatt von Kaufleuten bevölkert. Hier regierte das portugiesische Königreich,
und die Inseln wurden »zunehmend von der portugiesischen
Armee unterdrückt, die der Landbevölkerung, welche ihre Waren zum Markt bringt, astronomische Steuern abverlangt«. Ein
portugiesisches Kartell kontrollierte sowohl die Preise als auch
die Lieferung von Vorräten an die durchreisenden Schiffe. Doch
da die *Lady Julian* auf Proviant für die Fahrt nach Kapstadt angewiesen war, konnte man darauf keine Rücksicht nehmen.

Dank seiner kürzlichen Erfahrungen in Cabo Verde war Nicol misstrauisch geworden: »Die Portugiesen hier sind große Spitzbuben ... Ich habe einem von ihnen zwei fette Schafe abgekauft. Der Handel war komplett, und ich wollte die Tiere gerade wegführen, als der Mann einen Pfiff ausstieß, worauf meine Schafe in die Felder entflohen ...« Deshalb wurde neu erworbenes Vieh angebunden, sobald das Geld den Besitzer gewechselt hatte. Man fesselte störrische Bullen an die Fangleine eines Beiboots und ließ sie ihn unter viel Gebrüll zum Schiff hinausschwimmen. Wieder war das Deck der *Lady Julian* von dampfendem Dung bedeckt. Das Aufnehmen von Wasser war in Porto Praya unbequemer als im moderner ausgestatteten Santa Cruz. Die nächste Quelle befand sich etwa zwölfhundert Meter den Strand hinauf, wohin man eine Rollbahn für die Fässer errichtet hatte. Unten angelangt, wurden die Fässer zusammengebunden und zum Schiff gezogen. Die weniger begüterten Gefangenen, die in Santa Cruz keinen kanarischen Wein abbekommen hatten, stellten bald fest, dass sich in Cabo Verde etwas verdienen ließ, denn die Inselbewohner waren gerne bereit, Kleidung und Schmuck gegen Lebensmittel und Wein einzutauschen. Am Strand von Porto Praya wurden viele Geschäfte abgeschlossen, die die Frauen später im Süden bitterlich bereuten. Hier war »die Luft bemerkenswert heiß und für Europäer unbekömmlich«. Die *Lady Julian* blieb nur einen Tag, vermutlich um die Liegegebühr zu sparen, die der portugiesische Hafenmeister erhob. Sein schäbiger Palast stand außerhalb der Stadt, und es dauerte, insbesondere in der Sommerhitze, für gewöhnlich mehr als vierundzwanzig Stunden, bis ein schlampig gekleideter Soldat erschien, um die vier Dollar Gebühr zu kassieren. Porto Praya war der letzte, wenn auch kurze Stopp auf der nördlichen Erdhalbkugel.

Der Seeweg von den Kanaren nach Kapstadt verläuft weit in den Atlantik hinaus und folgt den Strömungen, die sich wie ein umgedrehtes »S« zwischen den Inseln und dem Kap drehen – im Uhrzeigersinn nördlich vom Äquator, südlich davon entgegengesetzt. Schiffe, die zum Kap wollten, segelten entlang der nördlichen Strömung vor den afrikanischen Inseln und mit dem Wind im Rücken bis zur brasilianischen Küste, machten dann kehrt und steuerten, den Wind an Backbord, nach Südosten. Der Herbst war die beste Jahreszeit für dieses Unterfangen, da die See noch ruhig war und die Passatwinde stetig bliesen. Bei gutem, anhaltendem Passat war es eine kurze, angenehme Reise. Gefährlich wurde es nur an der Äquatorlinie, einem dreihundert Kilometer langen unruhigen Gewässer, das als Kalmengürtel bekannt war. Und hier geriet die *Lady Julian* einige Wochen später wirklich in ernsthafte Schwierigkeiten.

In der ersten Woche nach dem Aufbruch aus Cabo Verde machten sie gute Fahrt. Die Winde hatten eine durchschnittliche Stärke von vier bis fünf und kamen aus nordöstlicher Richtung, und weil es nur selten nötig war, die Segel zu trimmen, gab es wenig zu tun. Die Seeleute nutzten das gute Wetter, nahmen ein paar Reparaturen vor und untersuchten die Hanftaue auf Abnutzungserscheinungen. Wie so häufig wurde bei gutem Wetter, das einer rauen Überfahrt voranging, ein neuer Satz Segel angefertigt, welche die *Lady Julian* wegen der Stürme im südlichen Atlantik nach der Abfahrt aus Kapstadt sicher gut gebrauchen konnte. Frauen, die das Nähen beherrschten, gingen den Männern vermutlich unter Deck dabei zur Hand. Vielleicht befahl man ihnen auch, Werg zu zupfen, eine traditionelle Sträflingsarbeit, die daraus bestand, ausgemusterte Taue zu zerkleinern. Das daraus entstandene wollige Material diente dazu, die Ritzen zwischen den Schiffsbohlen zu verstopfen. Es waren friedliche Tage. Die Frauen und die meisten Männer saßen an Deck, feilten, reparierten, knoteten, strichen, fetteten die Winden, bastelten die Kleinteile, die das Schiff benötigte, und waren somit beschäftigt. Denn da die Anwesenheit der vielen Frauen an Bord eine Ablenkung bedeutete, war es wichtig, den Seeleuten immer etwas zu tun zu geben.

Allerdings herrschte an unangenehmen Aufgaben kein Mangel, und es bestand keine Gefahr, dass die Männer sich auf die faule Haut legten. Dazu gehörte zum Beispiel das Pumpen. Wenn Leutnant Edgar sich bei den hohen Temperaturen am

Äquator, was die Gesundheitsfürsorge an Bord betraf, an dieselben Regeln hielt wie Kaptain Blight, befahl der erste Maat den Männern sicher, ein oder zwei Stunden täglich unter größter Anstrengung Wasser von einer Seite des Schiffs zur anderen zu pumpen, um die Luft unter Deck zu kühlen. Anschließend folgte der ausgesprochen unbeliebte Auftrag, den Mast einzufetten. Ein Pechvogel bekam einen Topf mit altem Schmalz aus der Kombüse in die Hand gedrückt und wurde in den Ausguck geschickt, von wo aus er sich herunterarbeitete und dabei das Fett mit den Händen verteilte. Auf diese Weise wurde das Holz geschützt, und die Takelung lief leichter. Außerdem eignete sich diese ausgesprochen unappetitliche Tätigkeit ausgezeichnet zur Bestrafung eines faulen Matrosen. Währenddessen saßen seine Kollegen unter den Sonnensegeln, die die Decks vor der sengenden Nachmittagshitze schützten, lehnten sich an die von der Sonne erwärmten Bohlen, spannen Garn, flochten Kordeln, drehten Tauenden zusammen und erklärten den Frauen, die rings um sie saßen, dass ihre Tätowierungen aus Tahiti und ihre Narben aus Amerika stammten.

Ebenso unklug wäre es gewesen, Müßiggang bei den Frauen zu dulden, denn die liebeskranken Sklavenhändler, deren Schiffe neben der *Lady Julian* herfuhren, bedeuteten eine Fluchtmöglichkeit zu jedem beliebigen Kontinent. Deshalb achtete man beim Transport von weiblichen Gefangenen auf einen festen Tagesablauf, so gut dies bei den wechselnden Witterungsbedingungen zwischen London und Sydney Cove möglich war. Um fünf Uhr bereiteten einige zum Kombüsendienst eingeteilte Gefangene an Deck das Frühstück vor. Bei Sonnenaufgang wurden die Luken geöffnet und Wannen mit Salzwasser daneben aufgestellt. Wenn die Frauen aus dem Unterdeck kamen, hängten sie zuerst ihr Bettzeug auf dem Schanzkleid und der Takelage zum Lüften auf. Dann erhielten sie einen Eimer Wasser aus den Wannen, um sich zu waschen, und anschließend wurde das Frühstück ausgegeben. Tagsüber wurden sie zu Arbeitskolonnen eingeteilt, solange dem Regierungsvertreter etwas einfiel, um sie zu beschäftigen.

Auf allen Gefangenenschiffen wurden Gruppen von jeweils sechs oder acht Messgenossen einem Aufseher aus den Reihen der Sträflinge unterstellt. Weibliche Aufseherinnen bezeichnete man als »matrons«. Sie nahmen die Lebensmittelrationen vom Koch oder von John Nicol entgegen, überwachten das Lüften der Bettwäsche und das Geschirrspülen nach jeder Mahlzeit, sorgten in ihrer Gruppe so gut wie möglich für Ordnung und meldeten alle Anliegen und Beschwerden an den Regierungsvertreter weiter. John Nicol erwähnt nicht, welchen Gefangenen auf der *Lady Julian* diese Aufgabe übertragen wurde. Vermutlich handelte es sich um ältere Frauen, die unter Deck einigen Einfluss genossen. Elizabeth Barnsley und Nelly Kerwin waren sich sicher zu fein dafür. Wahrscheinlich suchte Edgar bescheidenere, aber mütterliche Frauen zwischen Mitte dreißig und Mitte vierzig dafür aus, wie zum Beispiel Mary Anstey, die Ladendiebin aus Warwick, Catherine Heyland, die Falschmünzerin, die sechsundvierzigjährige Mutter aus Reading, die nur mitfuhr, um ihren Sohn wieder zu sehen, Mrs. Elizabeth Dell, Susannah Hunt und Mrs. Ann Peter Rock, die (abgesehen von ein bisschen Bigamie) in der Kolonie ein wohlanständiges Leben führten.

Edgar war ein wenig über die Vorgeschichte der meisten Frauen an Bord bekannt, insbesondere derer, die aus Newgate kamen, wo die Aufzeichnungen leicht zugänglich waren. Er wusste, wer zuvor in der Küche und wer auf einem Bauernhof gearbeitet hatte, wer über Kenntnisse in der Krankenpflege und Kindererziehung verfügte und wer lesen, schreiben, rechnen und Rationen abwiegen konnte. Elizabeth Parry, die Kuhhirtin aus Islington, Mary Rose, Bauerntochter aus Lincolnshire, und Mary Lammerman, die auf einem Bauernhof in Northumberland Milch gestohlen hatte, molken vermutlich die Kühe im Bug. Sarah Acton hatte zehn Ferkel entwendet und sie unter ihrem Bett in einer Pension in Smithgate versteckt; Sarah Gregory aus Herdfordshire hatte ein »lebendes Schwein, eine kastrierte Sau und zwei kastrierte Eber« gestohlen. Wahrscheinlich versorgten die beiden Frauen nun zusammen mit Sarahs kleiner Tochter die Schweine. Falls Edgar aus einem Schafdiebstahl in Dartmoor auf Kenntnisse in der Viehzucht schloss, kümmerte sich Susannah Mortimer, ihr Baby auf dem Rücken, sicher um die Schafe und molk die Ziegen. Frauen wie Sarah Whitelam, die aus Provinzgefängnissen stammten, wo die Gefangenen im Sommer für die Arbeit auf den Bauernhöfen freigestellt wurden, nahmen gewiss das Geflügel aus, sammelten die Eier ein und spülten den über Nacht entstandenen Mist mit Eimern voller Meerwasser weg. Catherine Hounsan, Küchenmagd am Grosvenor Square, schälte gemeinsam mit anderen früheren Dienstmädchen – Mary Hook, Rachel Turner, Mary Cowcher alias Christmas, Ann Kemp, Martha Daniels, Mary Lewis und wie sie sonst alle hießen – das Gemüse. Nell Kerwin half Leutnant Edgar vielleicht bei der Buchführung. Die Krankenpflegerin Ann Howard assistierte Schiffsarzt Alley möglicherweise in der Krankenstation beim Verbinden von Wunden und beim Anlegen von Blutegeln. Wer nicht über besondere Fähigkeiten verfügte oder bestraft werden sollte, wurde zum Putzdienst eingeteilt, um unter Deck alles zu wischen und zu desinfizieren und oben die Bohlen mit Sandstein abzureiben.

Allerdings nahmen Putzen, Waschen, Kochen, die Versorgung der Tiere, Wasserspiele, Raufereien, Herumtollen und Trinken nicht die gesamten Energien der Frauen in Anspruch. Kapitän Aitken hatte sich bereits die zwanzig besten Näherinnen gesichert, denn er witterte in Sydney Cove eine Verdienstmöglichkeit und hatte deshalb einige Meter Leinen gekauft. Da es in der Kolonie weder die Rohstoffe und die Gerätschaften zum Weben noch Seife zum Wäschewaschen, außer aus Gedärmen hergestellte Fäden kein Nähgarn und auch keine Nadeln gab, ging der Kapitän davon aus, dass saubere Leinenhemden sicher genauso gefragt sein würden wie Sex und Alkohol. Die Gefangenen standen als kostenlose Arbeitskräfte zur Verfügung. Leutnant Clark hatte sich von den Frauen auf der *Friendship* während der Fahrt Hosen, Handschuhe, Nachtmützen und sogar einen neuen Mantel anfertigen lassen. Auch wenn sie in seinen Augen Huren waren, konnten sie jedenfalls gut mit der Nadel umgehen. Ein Teil des Lagerraums im Unterdeck war in aller Stille für das kleine Unternehmen des Kapitäns reserviert worden. Nun wurden die Leinenballen herausgeholt, und man stattete seine Belegschaft mit Nadel und Faden aus.

In diesen Gewässern herrschte ziemlich starker Schiffsverkehr, denn die *Lady Julian* befand sich auf der Hauptroute, die von Europa aus nach Süden führte. Bald jedoch sollten sich die Wege der Schiffe trennen: Die Händler fuhren nach Osten zum Kap und anschließend zu den Gewürzinseln. Die Walfänger wandten sich nach Westen, wo South Georgia und die Falklands lagen. Die *Lady Julian* sollte die Südachse des Goldenen Dreiecks kreuzen, das Europa, Nordamerika und die Westküste von Afrika miteinander verband. Die nach Süden fahrenden Schiffe brachten billige Stoffe und Waffen von Europa nach Afrika. Schiffe mit Kurs auf Westen stopften ihre Lagerräume mit Sklaven für Nordamerika und die Karibik voll. Und wer von der Neuen Welt aus nach Osten segelte, transportierte Rohstoffe von Amerika nach Europa. Die verfallenden Festungen und heruntergekommenen Boulevards an der sechshundert Kilometer entfernten afrikanischen Westküste lieferten das Menschenmaterial, das nötig war, um diese gewaltige Produktions- und Handelsmaschinerie am Laufen zu halten. Gewürze für die Holländer in Batavia, Zucker für die Briten in der Karibik, Baumwolle für die Amerikaner im tiefen Süden. Schätzungen zufolgte hatten bereits sechs Millionen Neger als Sklaven Westafrika verlassen. In jüngster Zeit hatte man einen Teil von ihnen durch Sträflinge aus Großbritannien ersetzt, die jedoch inzwischen bei den Ex-Kolonisten in Amerika nicht mehr erwünscht waren.

Etwa einhundertfünfzig Kilometer nach Porto Praya verabschiedeten sich die Sklavenschiffe schließlich und nahmen Kurs nach Westen zu den verschiedenen europäischen Siedlungen an der Mündung des River Gambia, »um ihre Fracht menschlichen Elends abzuholen«. Der Satz stammt von Nicol, denn er hatte Sklaven bei der Arbeit in den Zuckerplantagen

Granadas gesehen, wo die Frauen sich für »einen Magen voller Lebensmittel« verkauften. Nicol machte sich keine Illusionen darüber, was die Insassen der Sklavenschiffe erwartete. Die *Lady Julian* setzte ihren Weg allein fort.

Im Jahr 1782 waren zweihundert britische Sträflinge an der Küste von Gambia gelandet. Sie gehörten zu der geplanten ersten Flotte nach Afrika, doch bis auf fünfzig waren sie alle zugrunde gegangen, ein Gedanke, der nicht gerade Mut machte. Viele an Bord fragten sich, ob die Kolonie, die sie ansteuerten, vielleicht ein ähnliches Schicksal erlitten hatte. Die *Prince of Wales* hatte berichtet, dass die Kolonisten lebten und sich mehr oder weniger erfolgreich durchschlugen. Doch dieses Schiff hatte Sydney Cove im Juli 1788 verlassen, also vor mehr als einem Jahr, einem Zeitraum, in dem tausend Menschen, allein in einem fremden Land, durchaus von Hunger, Trockenheit, Krankheit oder feindlichen Übergriffen der Eingeborenen hätten ausgelöscht werden können. Neunhundert Kilometer weiter südlich war ein weiteres Kolonialexperiment in Afrika kläglich gescheitert – auch wenn man in England noch nichts davon wusste.

Als die britisch-deutsche Armee, die in Amerika gekämpft hatte, im Jahr 1783 nach Europa zurückkehrte, waren gefallene Frauen und Kriegsversehrte nicht die einzigen Mittellosen, die damals das Straßenbild zunehmend prägten. Viele Loyalisten, die die britischen Streitkräfte unterstützt hatten, siedelten entweder in das noch britisch regierte Nova Scotia über oder schlossen sich der auf dem Rückzug nach Europa befindlichen geschlagenen Armee an. Zu ihnen gehörte auch der frühere amerikanische Plantagenbesitzer James Smith. Nun reiste er mit dem Auftrag, die neu zu gründenden Plantagen in Sydney Cove zu beaufsichtigen, an Bord der *HMS Guardian*. Unter den Loyalisten waren auch Neger, die die bereits schätzungsweise vierzehntausend Kopf starke schwarze Einwohnerschaft von Großbritannien verstärkten. Viele von ihnen waren ehemalige Sklaven, die durch das englische Gesetz befreit und daraufhin von ihren Herren entlassen worden waren. Sie waren in die

Städte gezogen, wo es ohnehin schon von verarmten und arbeitslosen Menschen wimmelte. Die schwarzen Loyalisten und befreiten Sklaven in einer Kolonie anzusiedeln, war ein Projekt, das in den achtziger Jahren des achtzehnten Jahrhunderts parallel zu der Suche nach einem Standort für verurteilte Straftäter verfolgt wurde.

Im selben Jahr, als die elf Schiffe der ersten Flotte nach Botany Bay segelten, machte sich eine kleinere, aus zwei Schiffen bestehende Flotte auf den Weg zu der geplanten Siedlung Freetown. Zwischen den verarmten Schwarzen, die in ihre angebliche Heimat zurückkehrten, drängten sich auch ein paar »Weiße ... hauptsächlich Männer und Frauen von verderbtem Charakter«. Wie schon bei der Expedition nach Neusüdwales hatte man keine Vorhut geschickt, um die Lage zu sondieren. Schwarze und Weiße warteten schwitzend an Bord, während der Kapitän an Land ging und mit König Jimi, dem örtlichen Häuptling, über den Kauf von dreißig Quadratkilometern Land rings um den Sierra Leone River verhandelte.

Als sich die *Lady Julian* im Jahr 1789 von der afrikanischen Küste entfernte, ging im Lager in Sydney Cove das Gerücht unter den »am wenigsten Gebildeten« um, sie »sollten von den Truppen und den Schiffen im Stich gelassen werden, um jämmerlich zugrunde zu gehen«. Vielleicht kannten sich die »am wenigsten Gebildeten« besser mit der jüngsten Geschichte der Strafkolonien aus als der Offizier, der von diesem Klatsch berichtete – denn genau das war nämlich drei Jahre zuvor in Freetown geschehen. Das Schiff, das nach Sierra Leone fuhr, hatte seine vierhundertelf Passagiere abgesetzt und war nach England zurückgekehrt. Gerber aus London, Sklaven der zweiten Generation aus Virginia, Einbrecher und gefallene Mädchen mussten sich allein auf einem dreißig Quadratkilometer großen Stück Land an der von Malaria verseuchten Küste Afrikas durchschlagen. Achtzehn Monate später waren einhundertdreißig von ihnen noch am Leben. Die Schwarzen aus dem Landesinneren hatten ständig Überfälle auf das Gebiet verübt, das sie dem englischen Kapitän verkauft hatten, und alles gestohlen, was nicht niet- und nagelfest war. Inzwischen herrschten in Freetown Zustände wie in *Herr der Fliegen*. Kurz nach dem Ablegen der *Lady Julian* von der Themse im Jahr 1789 schoss ein britisches Kriegsschiff eine Stadt, ein Stück die Küste entlang südlich von Freetown, in Brand, die von König Jimi beherrscht wurde. Um sich an den Briten zu rächen, beschloss dieser, die neue Siedlung am Fluss anzugreifen. Seine Abgesandten gaben Freetown drei Tage Zeit, die Einwohner zu evakuieren, bevor das Lager dem Erdboden gleichgemacht wurde. Die Bevölkerung floh, in Panik und halb wahnsinnig vor Angst und Fieber, auf die Inseln, wo sie nun auf Rettung wartete, während die *Lady Julian* Kurs auf den Atlantik nahm.

Zum Glück ahnten die Menschen an Bord nichts vom Schicksal der Schwarzen und der gefallenen Mädchen von Sierra Leone. Inzwischen hatte die *Lady Julian* sich von der afrikanischen Küste abgewandt und einen westlichen Kurs eingeschlagen. Unterwegs änderte sich die Tierwelt des Meeres. Sie trafen auf Haie, Schwarzwale, Pottwale und Delfine, die das Schiff umschwammen, was den Speisezettel der Reisenden etwas abwechslungsreicher gestaltete. Da das Schiff gut in Schuss war und es nur wenig zu tun gab, beschäftigten sich die Seeleute mit Fischen. Jede Messgemeinschaft hatte ihr eigenes Revier und ihre eigenen Angelruten, und das Schiff zog von Bug bis Heck meterweit Leinen aus Fischgedärm hinter sich her. Immer wenn ein silbriges Aufblitzen im Wasser gesichtet wurde, sprach es sich sofort an Deck herum, und die Männer stürmten los, um ihre Leinen an der viel versprechendsten Stelle neu auszuwerfen. Wie den Frauen bald klar wurde, galt auf See die Regel, dass der Fisch dem gehörte, der ihn gefangen hatte, und sie begannen ebenfalls, Leinen auszulegen. Die Seemannsbräute hatten es besser, denn sie erhielten einen Anteil am Fang der Männer. Die übrigen Sträflinge eigneten sich die nötigen Kenntnisse an und stahlen Ausrüstung, wo immer sich eine Möglichkeit ergab.

Hauptsächlich bissen Bonitos an, glänzende, riesige Fische, die sich so lange auf Deck herumwarfen, bis sie jemand gegen eine Winde schlug, um sie zu töten. Wenn sie starben, veränderte ihr Fleisch auf erstaunliche Weise die Farbe. Die vielen Delfine und Tümmler, die rings um das Schiff spielten, konnten sie jedoch nicht fangen, da sie dazu Harpunen gebraucht hätten. Auf einem Handelsschiff war der Einsatz der Harpune das Privileg des ersten Maats. An Bord der *Lady Julian* tat sich der Bootsmann dabei besonders hervor. Mit gezückter Harpune stand er, beobachtet von den Frauen und der Mannschaft, auf dem Achterdeck und wartete auf den Zuruf aus dem Leichter, der neben dem Schiff schwamm. Wenn er Erfolg hatte, gab es Tümmler zum Abendessen.

Als sich das Schiff Südamerika näherte, wimmelte es auf dem Wasser immer noch von Sklaven- und Handelsschiffen, hauptsächlich von portugiesischen *compradores*, die zwischen den Kontinenten pendelten und die Sklaven abholten, welche die Häuptlinge an der afrikanischen Küste zusammengetrieben hatten, um sie an brasilianische Plantagenbesitzer zu verkaufen. Häufig sichtete der Mann am Ausguck eine befreundete Flagge am Horizont. Man setzte einen Signalwimpel, und die beiden Schiffe steuerten aufeinander zu. Kapitän Aitken befahl, seine Bark klarzumachen, setzte seinen besten Hut auf und ließ sich dem Kapitän des anderen Schiffes entgegenrudern, sodass sich die beiden Männer auf halbem Wege trafen. Dann saßen sie, von den Wellen geschaukelt, da, während die Seeleute die Ruder senkten. Man tauschte die neuesten Nachrichten aus und erzählte sich, wen man auf welchem Breitengrad getroffen hatte und wie das Wetter in der unmittelbaren Umgebung war. So erfuhr man den neuesten Seemannsklatsch, hörte, wo schon wieder die Hafengebühren erhöht worden waren, und beauftragte einander mit dem Überbringen von Briefen und Botschaften.

Offenbar führte Kapitän Aitken ein ziemlich einsames Dasein. Obwohl John Nicol als Steward für die Offiziere viel häufiger mit ihm zu tun gehabt haben muss als der Durchschnittsmatrose, erwähnt er ihn kaum in seinem Bericht. Anscheinend war er weniger charismatisch als Leutnant Edgar. Ein Kapitän speiste mindestens einmal wöchentlich mit den Offizieren, wobei es sich allerdings um ziemlich gezwungene Zusammenkünfte handelte. Die jungen Herren waren in Gegenwart ihres Vorgesetzten viel zu befangen, um Witze zu reißen, und bildeten vermutlich ihre eigenen Grüppchen, während der Kapitän aus Angst, seine Autorität einzubüßen, nur wenig unternahm, um die Stimmung aufzulockern. Also waren die Kapitäne befreundeter Schiffe seine einzigen wirklichen Gesprächspartner, weshalb er jede Begegnung ausnützte.

Eines Tages wurde ein Walfänger aus dem Süden gesichtet, der von den Falklandinseln kam. Man tauschte Signale aus, und vielleicht hielten die beiden Schiffe aufeinander zu, damit die Kapitäne sich treffen konnten. Etwa eine Woche später bemerkte der Walfänger wieder eine britische Handelsflagge, diesmal von einem Ehrfurcht gebietenden Kriegsschiff, und drehte bei 2° 14′ Nord bei.

Das Kriegsschiff war die *HMS Guardian*. Bei Aufbruch der *Lady Julian* nach Plymouth hatte sie noch im Hafen von Portsmouth gelegen und Spithead erst – viel später als von der Admiralität geplant – in der zweiten Septemberwoche verlassen. Leutnant Riou hatte Anweisung, die Kolonie so schnell wie möglich zu erreichen. Er hatte kurz auf Teneriffa Station gemacht, um Wein an Bord zu nehmen, Cabo Verde passiert und es in gut drei Wochen bis zum Nordrand des Äquators geschafft. Nun erfuhr Leutnant Riou vom Kapitän des Walfängers, dass die *Lady Julian* nur ein paar Tage Vorsprung hatte und nach Süden segelte.

KAPITEL ZEHN

Die Überquerung
des Äquators

Bei gutem Wind dauert die Fahrt von Cabo Verde bis zur Äquatorlinie, dem nullten Breitengrad – einem seltsamen, sagenumwobenen Ort, wo laut Seemannslegenden kein Lüftchen weht –, etwa zwei Wochen. Die Zeremonien der Äquatorkreuzung waren der Höhepunkt einer Seereise, auch wenn die Feiern rasch zu einem bizarren Treiben ausarten konnten. Die gewöhnlichen Seeleute übernahmen das Kommando und setzten ihre jüngeren oder unbeliebten Kameraden mancherlei Demütigungen aus. Die Offiziere ließen es geschehen, auch wenn die ersten Maate und selbst die Kapitäne stets zum Eingreifen bereit waren, wenn die Ordnung bedroht war oder sich ein Scherz als zu gefährlich entpuppte. War die Mannschaft unzufrieden oder befand sich ein Seemann, Offizier oder Passagier an Bord, gegen den eine allgemeine Abneigung bestand, konnte es ziemlich unangenehm werden. Es war schon vorgekommen, dass Männer bei der Überquerung des Äquators kielgeholt oder kilometerweit an einem Tau mitgeschleppt worden waren – nicht als Strafe eines Vorgesetzten, sondern als erlaubter Spaß ihrer Kameraden. Auf einem Frachter, der im Jahr 1792 in See stach, wurde der Koch verdächtigt, einen Teil der Rationen zurückzuhalten, um sie später auf eigene Rechnung zu verkaufen. Bei der Überquerung des Äquators büßte er beinahe sein Leben ein. Die Matrosen fesselten ihm die Hände auf dem Rücken, banden ihn an eine Winde, zogen ihn zehn Meter hoch in den Mastbaum hinauf und ließen ihn unter lautem Gejohle aus dieser Höhe ins Meer fallen. Erst nach der dritten Wiederholung mischte sich der erste Maat ein, und der Mann wurde befreit und an Deck geholt, wo er prustend und nach Luft schnappend liegen blieb. Zwischen Achterdeck und Vorderdeck konnte es zu seltsamen Komplizenschaften kommen, wenn der Kapitän vom Zeremonienmeister aufgefordert wurde, die Immunität eines verhassten Zahlmeisters oder eines unbeliebten jungen Offiziers aufzuheben und den Betreffenden der Horde am Bug auszuliefern.

Allerdings ging es nicht bei allen dieser Zeremonien so derb zu. An Bord der *Lady Julian* scharten sich die Seeleute kichernd auf dem Vorderdeck. Die Frauen waren von den Vorbereitungen ausgeschlossen, denn schließlich handelte es sich hier um eine Männersache – und außerdem bestand ein Teil des Spaßes darin, die Damen zum Kreischen zu bringen. Endlich hatte man einen Plan geschmiedet, und man trug das Anliegen dem Bootsmann vor. Dieser holte seine Harpune und erhielt von Kapitän Aitken die Erlaubnis, das Achterdeck zu erklimmen, wo er sich heldenhaft mühte, bis er einen dicken Tümmler aufgespießt hatte. Jemand brachte ein großes Messer aus der Kombüse, und man bat John Nicol um einen eisernen Fassreifen.

Mit einem verschlagenen Grinsen verschwanden die Seeleute im Vorderdeck und weigerten sich, ihr Vorhaben preiszugeben. Wie in den Tropen üblich, brach rasch die Dunkelheit herein, und man schickte die Frauen unter Deck, wo es ihnen überlassen blieb, die durch die Luken und den Schott zum Vorderdeck hereindringenden Geräusche zu deuten. Ein gedämpftes Poltern und Plätschern war über ihren Köpfen zu hören, als man leere Fässer zum Vorderdeck rollte und sie mit Meerwasser füllte. Das Knirschen von Holz und weiteres Geplätscher sagten ihnen, dass die Seeleute die Bohlen angehoben hatten, um Wasser aus den Bilgen zu entnehmen, das sie anschließend ebenfalls in die Fässer gaben. Dazu wurde leise gelacht. Abhängig davon, wer in welchem Fass landen sollte und was man im Vorderdeck von dem Betreffenden hielt, spuckten, urinierten und koteten die Seeleute zu guter Letzt in die Fässer.

Die Vorbereitungen dauerten einige Stunden, dann erklangen Schritte an Deck. Offiziere brüllten Befehle, und die Frauen wurden unten herumgeschleudert, als sich das Schiff ruckartig zum Wind drehte, zum Stillstand kam und sich mit schlaffen Segeln erneut in Bewegung setzte. Die Männer riefen die Luken zum Unterdeck hinunter und forderten die Frauen auf, hinaufzukommen. Inzwischen war es stockfinstere Nacht, und nach der Dunkelheit unter Deck verloren die Frauen im Licht der Sterne und im Schein der gelben Laternen kurz die Orientierung. Sie standen grüppchenweise beisammen und warteten ängstlich ab. Plötzlich ertönte ein Gong, und eine Horde wahnwitziger Gestalten kletterte an Bord und aufs Vorderdeck. König Neptun und seine Nereiden waren eingetroffen, das Fest konnte beginnen.

Die Laternen, die hinter den herumtanzenden, aus allen Luken herausgesprungenen Betrunkenen brannten, warfen geisterhafte Schatten auf das Deck. König Neptun war in die Haut eines Tümmlers gehüllt, dessen Schnauze mannshoch über seinem Kopf aufragte. Seine Gefolgschaft hatte sich die Gesichter mit roter Farbe bemalt und trug lange Perücken aus Seetang. Unter großem Lärm und Tumult bahnte sich die Prozession einen Weg durch die Menge und näherte sich dem Achterdeck. Die Frauen schrien auf und stießen einander um, in dem Versuch, dem wild geschwungenen Dreizack Neptuns und den Fäusten seiner betrunkenen Nymphen zu entkommen. Als das königliche Gefolge schließlich vor den Offizieren stand, die sich auf dem Achterdeck aufgebaut hatten, holte ein Gehilfe Neptuns großes Buch hervor und hielt es dem König hin. Dieser warf sich in Positur, kniff die Augen zusammen, leckte sich die Finger ab und blätterte – seine des Lesens kundigen Vorgesetzten parodierend – die Seiten um, um festzustellen, ob es an Bord einen Offizier gab, der noch nie den Äquator überquert hatte. Neulinge mussten auf eine zweite

Schnapsration verzichten und sich außerdem Initiationsriten unterziehen.

Weil alle Blicke auf dem Achterdeck ruhten, bemerkte niemand, dass in einer dicht gedrängt dastehenden Frauengruppe Unruhe ausbrach. Offenbar war eine der Gefangenen während der panischen Flucht bei Neptuns Erscheinen gestürzt und in den Bauch getreten worden. Doch im Unterschied zu anderen, denen das ebenfalls passiert war, war diese Frau schwanger. Als Neptun von Kapitän Aitken forderte, den Rum herauszugeben, wurde die Frau von ihren Freundinnen durch das Vorderdeck oder die Leitern hinab in die Krankenstation getragen. Man legte sie in eine Hängematte oder eine Koje, wo sie sich unter Bauchschmerzen seitlich zusammenkrümmte. Zwei Frauen, die sich mit Geburten auskannten, wussten sofort, was hier geschah. Jemand machte sich auf die Suche nach Schiffsarzt Alley; vielleicht drängte sich ja eine andere durch die Menschenmenge an Deck, um den Kindsvater zu finden. Geschrei und Gejohle drang durch die Luke, und es wurde laut gejubelt, als Kapitän Aitken als Bezahlung dafür, dass er Neptuns Grenze überqueren durfte, seine Flaschen mit Flip, einer Mischung aus Rum und Zucker, herausrückte. Die Laternen schwankten, denn nun stürmten Hunderte von Füßen zum Vorderdeck, um Neptuns Barbier zu sehen.

Den Seeleuten, die noch nie den Äquator überquert hatten, fesselte man die Hände auf dem Rücken und ließ sie auf über die Fässer gelegten Brettern Platz nehmen. Die Nereiden seiften ihnen die Gesichter mit einer Mischung aus Teer, Talg, zwischen den Bohlen hervorgekratztem Schmutz und Mist ein. Dann schwenkte Neptuns Barbier den stumpfen Fassreifen, der ihm als Rasiermesser diente, und machte sich an die Arbeit. Als die Opfer sich wehrten, verloren sie das Gleichgewicht und landeten in der Dreckbrühe. Die Seeleute kletterten auf die Reling, und die Frauen drängelten, um besser sehen zu können. Die jungen Männer in den Fässern ruderten mit den Armen, fanden auf dem schleimigen Boden keinen Halt mit den Füßen und schluckten immer wieder Schmutzwasser. Nach einer Weile zog man sie heraus, und als sie wieder Atem geschöpft hatten, kam es zur zweiten Runde: Man warf sie über die Reling, um sie – am Ende eines Taus hängend – im Meer zu reinigen.

Falls Schiffsarzt Alley inzwischen ausfindig gemacht worden und der Frau zur Hilfe geeilt war, konnte er nur wenig tun, um die Fehlgeburt zu verhindern. Vermutlich schröpfte er sie mit Blutegeln oder einem Schnitt in den Arm – die für gewöhnlich erste Maßnahme bei Überhitzung oder anderen körperlichen Beschwerden. Doch alles war vergebens. Die älteren Frauen wussten ohnehin besser als ein Schiffsarzt, was man für eine Frau tun konnte, die im Begriff war, ihr Baby zu verlieren. Man alarmierte die Aufseherinnen und Mütter, vermutlich auch Elizabeth Barnsley, die selbst zwei oder drei Kinder hatte und Hebamme war. Vielleicht wandte man sich an Nelly Kerwin, ebenfalls Mutter – die im April 1787 im siebten Schwangerschaftsmonat eine Fehlgeburt erlitten hatte –, oder an Susannah Hunt, die vierzigjährige Lehrerin aus Ipswich. Mehr Laternen wurden gebracht und an den Balken aufgehängt. Jemand holte heißes Wasser. Junge Mädchen und Männer wurden hinausgeschickt. Als es klar wurde, dass man das Baby nicht retten konnte, musste man unbedingt durch Spülungen dafür sorgen, dass kein Teil des toten Kindes in der Mutter zurückblieb. An Land hätte man wahrscheinlich Hirschhornsalz oder Kamille verwendet, doch an Bord benützte man chinesischen Tee, vermutlich angereichert mit ein paar Tropfen Opium. Nach einer Weile gelang es, den Fötus aus dem Mutterleib zu ziehen und in ein Becken zu legen, das die Hebammen hielten. Anschließend massierte man der Frau den Bauch, um die Nachgeburt auszutreiben. Nachdem der letzte Blutklumpen heraus war, verabreichte man ihr Laudanum zum Schlafen und um die Schmerzen zu lindern. Oben an Deck wurde immer noch wild gefeiert.

Es war Zeit, dass die Männer dem König »ihre Amouren gestanden«, und die Anzahl der gebeichteten Liebschaften war laut John Nicol »erstaunlich«. Es ist sehr unwahrscheinlich, dass sich auch nur ein Matrose an Bord an die vorgeschriebene

Quote von einer »Ehefrau« pro Mann gehalten hatte. Jetzt wurde einer nach dem anderen Neptun vorgeführt und verhört, während die benannten Frauen sich hinter ihren Freundinnen versteckten oder alles abstritten. Flaschen von Kapitän Aitkens Rum machten die Runde, und es wurde laut nach Nachschub gerufen. Als die letzte pikante Anekdote abgehandelt war, begannen Musik und Tanz, und schließlich kam es – im Vorderdeck für die, die noch so weit laufen konnten, und an Deck für die, die dazu nicht mehr in der Lage waren – zu einer betrunkenen Sexorgie inmitten leerer Flaschen. Nach einer Weile wurden die Seeleute vom Gebrüll und den Stiefeln der Offiziere hochgeschreckt, die Fallen quietschten, und das Schiff wandte sich nach Süden. Und während einige noch ihren Kater pflegten und die Grünschnäbel sich Teerklumpen aus den Haaren pflückten, geriet die *Lady Julian* in den Kalmengürtel.

Etwa hundertsechzig Kilometer zu beiden Seiten des Äquators ersterben die Winde, und die Strömungen prallen aufeinander. Die Region war – und ist immer noch – dafür berüchtigt, dass Schiffe hier in eine Flaute gerieten. Zum Glück schafften die meisten von ihnen die rund dreihundert Kilometer in knapp drei Tagen. Wer Pech hatte, brauchte Wochen dafür. Als die *Lady Julian* nach Neptuns Fest wendete, um Kurs nach Süden zu nehmen, stellte die Mannschaft fest, dass sich die gestern noch schaumgekrönten Wellen in eine glatte, ölige Masse verwandelt hatten. Der frische Wind, der sie von Cabo Verde hierher gebracht hatte, war verschwunden. Die Segel hingen wie nasse Säcke herab, und das Schiff trieb gemächlich auf dem Wasser. Es war eine unangenehme Schaukelei; der ziellose Sog der widerstreitenden Strömungen erzeugt mehr Übelkeit als das rhythmische Schwanken bei voller Fahrt. Die müßigen Tage der Passatwinde waren vorbei, bis es der Mannschaft gelang, das Schiff auf die andere Seite des Kalmengürtels zu bringen, wo der Wind wieder auffrischen würde.

Bei Flaute hatte die Mannschaft mehr an den Segeln zu tun als bei kräftigem Wind. Während einer Fahrt über den Kalmengürtel müssen die Segel alle paar Minuten neu getrimmt werden, damit sie auch das leiseste Lüftlein einfangen, das jedes Mal aus einer anderen Richtung kommt. Nach jeder Wache waren die Männer müde und von der Anzeige des Logs enttäuscht – sie hatten nur eine Geschwindigkeit von anderthalb Stundenkilometern oder sogar noch weniger geschafft. Auch Leutnant Clark hatte vor zwei Jahren an derselben Stelle schlechte Erfahrungen gemacht und eines Abends verärgert niedergeschrieben, sie befänden sich »fünfzehn Kilometer hinter dem Punkt, an dem wir gestern gewesen sind«.

Auch die Frauen auf und unter Deck hatten es nicht leicht. Die Hitze war unerträglich, die Luftfeuchtigkeit eine Qual. Sir Joseph Banks war eines Oktobers vor vielen Jahren ebenfalls im Kalmengürtel stecken geblieben:

> Je näher wir der Flaute kamen, desto feuchter wurde es überall. Man konnte dies kräftig am eigenen Leibe spüren, doch noch beeindruckender waren die Auswirkungen auf die verschiedensten Gegenstände: Alles, was aus Eisen bestand, rostete so rasch, dass die Messer in den Taschen der Leute fast nutzlos und die Rasierer in den Schatullen stumpf wurden. Sämtliches Leder setzte Schimmel an. Mappen und Koffer, die mit schwarzem Leder bezogen waren, wurden fast weiß ... Schimmel klebte nahezu überall ...

Jede Bewegung der Frauen, die sich nachts im Unterdeck drängten und tagsüber unter Sonnensegeln an Deck lagen, löste unerträgliche Schweißausbrüche aus. Wegen des starken Flüssigkeitsverlustes musste man allmählich das Wasser rationieren. Bei der ersten Flotte war die Zuteilung auf anderthalb Liter pro Tag und Person beschränkt worden, laut Schiffsarzt »eine Menge, die kaum genügt, die körperlichen Ausscheidungen zu gewährleisten, ohne die der Mensch bei glühender Hitze, heftigem Schwitzen und einer Ernährung mit gepökelten Lebensmitteln nicht bestehen kann«. Allerdings kam es an Bord der *Lady Julian* nicht zu dem dramatischen Wassermangel, wie er auf anderen, schlechter geführten Schiffen auftrat. Auf einem Gefängnisschiff, das im Jahr 1789 auf Fahrt ging, waren die Männer dreiundzwanzig Stunden am Tag unter Deck eingesperrt worden. Bestechlichkeit und Gewalt waren unter den Gefangenen so groß, dass diejenigen, die für die Verteilung des Wassers zuständig waren, die Rationen stattdessen horteten und verkauften. Wasser aus den Fässern kostete zwei Shilling der halbe Liter, für das aus den tropischen Regenfällen gewonnene Nass, das durch die Luken hereintropfte, musste man neun Pence pro Liter bezahlen. An Bord der *Lady Julian* hingegen durften sich die Frauen untertags frei an Deck bewegen. Außerdem taten ein aufmerksamer Regierungsvertreter und ein pflichtbewusster Arzt alles, um derartige Missstände zu verhindern.

Der Gestank, der die Passagiere im Hafen geplagt hatte, erhob sich nun wieder. Da das Schiff sich nicht weiter bewegte, sammelten sich der Inhalt der Latrinen und die Küchenabfälle rings herum auf dem Meer. Bald siedelten sich dort die verschiedensten Algensorten an, zwischen deren Verästelungen Fäkalien und Essensreste hängen blieben. Die Männer ließen die Rettungsboote hinunter, um so viel der grünen Masse wie möglich zu entfernen, doch das meiste konnte man nicht erreichen. Kurz sorgten tropische Gewitterregen für ein wenig Erleichterung an Deck, aber das kühlende Nass war schon wenige Minuten später wieder verdampft.

Es gab verschiedene Theorien, wie man sich aus einer Flaute befreien konnte. Einige Seeleute glaubten, dass es etwas nützte, die Segel zu wässern, da der dadurch schwerere Stoff den Wind besser auffangen könne. Andere fanden, man müsse einen Keil in den Fuß der Masten treiben, damit sie sich nicht mehr in ihrer Verankerung bewegten. Aber die einzige Methode, ein Schiff durch windlose Gewässer – und damit weg von seiner eigenen Kloake – zu bringen, war, es zu schleppen. Deshalb wurden Wache um Wache die Boote hinuntergelassen, und die Männer zogen das Schiff rudernd über das reglose Wasser. Der Kalmengürtel bedeutete harte Arbeit für die Männer und endlose, qualvolle Nächte.

Außerdem entdeckte Schiffsarzt Alley hier den ersten Fall von Skorbut, und die *Lady Julian* bekam das erste ernsthafte Leck.

Alley war seit 1783 im Dienst und kannte deshalb alle typischen Seemannskrankheiten: Skorbut, Pocken und Rheuma. Außerdem waren ihm die weniger ernsten, jedoch ebenso häufigen Beschwerden auf See bekannt: Brechreiz und durch die salzige Ernährung und den Mangel an frischem Gemüse erzeugte Verstopfung. Es war die Aufgabe des Arztes auf einem Transportschiff, die Sträflinge im Unterdeck aufzusuchen, wenn sie seekrank waren. Darüber hinaus musste er für die notwendige Hygiene in den Schlafbereichen sorgen und auf ausreichende Bewegung und Ernährung achten. Bis jetzt hatte er nur alltägliche Verletzungen behandeln, Seekrankheit lindern und die Gefangenen auf Symptome von Pocken und Gefängnisfieber untersuchen müssen, die eine Quarantäne erforderlich machten. Er war nicht sehr beschäftigt gewesen, doch Mitte Oktober hatte er plötzlich alle Hände voll zu tun.

»Der Skorbut«, schrieb Leutnant Edgars alter Kollege William Blight, »ist wirklich eine Schande für ein Schiff, wenn dieser häufiger vorkommt. Denn schließlich ist es möglich, Trockenmalz, Sauerkraut und kleine Presskuchen aus Suppenpulver an Bord zu nehmen.« Dass seine Schützlinge Skorbut bekamen, war Edgar, einem Schüler von Kapitän Cook, deshalb ausgesprochen peinlich. Während der drei Entdeckungsreisen von Cook hatten der Kapitän und seine Ärzte den Auftrag gehabt, verschiedene, unter anderem die Verpflegung betreffende Versuche mit den Seeleuten durchzuführen und die Ergebnisse festzuhalten, da man diverse Theorien zur Verhütung und Behandlung von Skorbut überprüfen wollte. Bei der ersten und der zweiten Fahrt, die jeweils drei Jahre gedauert hatte, hatte Cook erstaunliche Resultate bei der Verhinderung von Skorbut erzielt. Allerdings waren zu viele unterschiedliche Gemüsesorten, Essenzen, Konserven und Trockenlebensmittel erprobt worden, um daraus eindeutige Schlussfolgerungen ziehen zu können, welchem Stoff der Erfolg nun genau zu verdanken war. Zu den getesteten Substanzen gehörten Sauerkraut, Senf, Essig, Malzauszug, konzen-

trierter Orangen- und Zitronensaft, Presskuchen aus Suppenpulver, Zucker, Sirup, Karottenmarmelade und Sodawasser. Kapitän Cook hatte darauf bestanden, dass jeder Mann die ihm zugeteilte Ration dieser Lebensmittel verzehrte, ganz gleich, ob es
dem Betreffenden nun passte oder nicht – wobei Letzteres häufig der Fall war. Außerdem sorgte er in jedem angesteuerten Hafen durch vor Ort gekaufte frische Früchte und Gemüse für
möglichst viel Abwechslung auf dem Speiseplan. Der Kapitän
wusste, dass irgendwo in dieser Mischung der Schlüssel zur Gesundheit lag. Allerdings war er persönlich der Ansicht, dass die
Verpflegung nicht den entscheidenden Faktor im Kampf gegen
den Skorbut darstellte. Seiner Überzeugung nach waren die Lebensbedingungen von größerer Bedeutung für die Gesundheit
an Bord. Mit »genug frischem Wasser und einem scharfen Auge
auf die Sauberkeit«, schloss er, »wird die Besatzung eines Schiffes nur selten an Skorbut leiden, auch wenn sie nicht über eines
der zuvor erwähnten Gegenmittel verfügt«. Weitere wichtige
Punkte waren in seinen Augen die Einteilung des Dienstes in
drei anstatt in zwei Wachen und regelmäßiges Durchlüften des
Unterdecks. Für Kapitän Cook hatten Körperhygiene, trockene
Kleidung und saubere Luft Vorrang vor dem Verabreichen von
Limonensaft.

Wir können davon ausgehen, dass Leutnant Edgar viele Methoden des von ihm verehrten Kapitäns übernahm, um die
Mannschaft bei Gesundheit und Laune zu halten – ebenso wie
Kapitän Blight, obwohl es bei ihm eher fatale Folgen hatte. Allerdings wissen wir nichts über Schiffsarzt Alleys Haltung zum
Thema Skorbut, da es in den siebziger und achtziger Jahren des
achtzehnten Jahrhunderts dazu eine ganze Reihe unterschiedlicher Theorien gab. Vielleicht vertrat er ja eine andere Auffassung als der Leutnant, doch wir können annehmen, dass an den
Frauen an Bord der *Lady Julian* verschiedene Behandlungs-
techniken ausprobiert wurden, in der Hoffnung, dass eine von
ihnen wirksam sein würde.

Die beiden bekanntesten Autoren zum Thema Skorbut, Dr.
Mead und Dr. Lind, glaubten, die Krankheit werde durch den

Einschluss unreiner Stoffe unter der Haut ausgelöst, was sich im Aufbrechen der schwarzen Pusteln zeige, die den Körper der Erkrankten verunstalteten. Diese Schlacken, so schrieben sie, würden für gewöhnlich in Form von Fäkalien und Schweiß ausgeschieden. Doch wenn diese natürlichen Reinigungswege durch feuchtes Klima, Untätigkeit oder Melancholie verstopft seien, müsse man eine künstliche Erleichterung herbeiführen. Die Schlackeablagerungen zu reduzieren könne durch Schröpfen, den Verzehr roher Zwiebeln, um einen Schweißausbruch auszulösen, durch einen Einlauf mit Salzwasser oder durch das Essen von Früchten erreicht werden, deren Säure nach Dr. Linds Auffassung dazu beitrug, die stockende Materie zu zersetzen, damit sie abgehen konnte. Einige Ärzte glaubten, eine Anreicherung des Salzwassereinlaufs mit anderen Säuren, insbesondere »elixir vitriol«, eine Lösung aus Schwefelsäure und Chlorwasserstoff, fördere die Beseitigung von Schlacke aus den Gedärmen.

Die Admiralität hatte Kohl angeliefert, der zwischen Salzschichten eingelegt worden war. Nun wurde Essig darüber gegossen, und man servierte das Ganze als Sauerkraut. Es war keine sehr schmackhafte Mahlzeit. Cook hatte festgestellt, dass die Seeleute diese Kost verweigerten, bis er sie hübsch anrichten und den Offizieren vorsetzen ließ, und zwar mit dem Befehl, Begeisterung zu heucheln. Später schrieb er spöttisch: »... sobald sie bemerken, dass ihre Vorgesetzten es schätzen, wird es für sie die köstlichste Speise der Welt.« Die lagerfähige Suppe wurde getrunken. Sie wurde unweit der Schlachthäuser von Deptford aus Fleischabfällen hergestellt, mit Salz und Gemüse gewürzt, anschließend getrocknet und zu harten Kuchen gepresst, damit man sie an Bord lagern konnte. Für gewöhnlich servierte man sie als eine Art improvisierte Minestrone, in der getrocknete Erbsen und wenn möglich frisches Gemüse mitgekocht wurden. Sofern die Wasservorräte es gestatteten, bekamen die Kranken täglich bis zu zwei Liter Malztee – »zweifellos die beste bis jetzt bekannte, auf See verfügbare Medizin gegen Skorbut«. Es handelte sich um einen Tee, den man herstellte,

SiÂN REES

indem man getrocknetes, pulverisiertes Malz mit kochendem Wasser übergoss, das Ganze vier oder fünf Stunden lang in riesigen Wannen in der Kombüse ziehen ließ und die Spelzen anschließend aussiebte. Wahrscheinlich verteilte man auch täglich vor dem Mittagessen Rationen konzentrierten Zitronen- oder Orangensafts oder Wein und Essig, denen man ebenfalls eine Wirkung gegen Skorbut zuschrieb.

Doch obwohl man auf der Krankenstation sämtliche Mittel ausprobierte, während die *Lady Julian* im Kalmengürtel lag, grassierte der Skorbut unter den Gefangenen und der Mannschaft. Das frische Gemüse aus Cabo Verde wurde allmählich knapp, und das Schiff schwamm immer noch in seinen eigenen Abfällen. Ein Organismus nach dem anderen kapitulierte vor dem Vitamin-C-Mangel: »winzige Erscheinungen auf der Haut, die in einem oder zwei Tagen auf mehr als Handbreite anwachsen und schließlich auf den Knochen übergreifen«. Die verängstigten Frauen entdeckten blutunterlaufene Flecken auf ihren Körpern, Ausschläge entstanden rings um ihre Münder, ihre Zähne lockerten sich, und das Zahnfleisch nahm eine schwammige Konsistenz an.

Inzwischen war es nachts so heiß, dass an Schlaf nicht zu denken war. Unter Deck tropfte der schmelzende Teer aus den Ritzen über den Kojen der Frauen und verbrannte ihnen Gesichter und Unterarme. Selbst an Deck war die Hitze unerträglich. Das Pech zwischen den Planken warf Blasen. Die Füße der Seeleute waren abgehärtet, und die Offiziere trugen Stiefel. Die Frauen wickelten sich Stücke von Planen um die Füße, um sie vor den glühend heißen Bohlen zu schützen. Selbst die Seeleute, deren Haut am Rücken mittlerweile ledrig geworden war, trugen Hemden, wenn sie in diesen Gewässern an der prallen Sonne arbeiten mussten. Das sich im Wasser spiegelnde Sonnenlicht schmerzte in den Augen. Die Frauen litten an Appetitlosigkeit, und überall an Deck lagen in Ohnmacht gefallene Gefangene herum.

Um diese Jahreszeit regnet es am Äquator fast unablässig, und es kommt häufig zu heftigen Gewittern. Eigentlich hätte

die *Lady Julian* wie Arthur Phillips Flotte England im Mai verlassen sollen, doch sie war durch das Warten auf die Zusam-
menstellung einer Flotte aufgehalten worden, die schlussend-
lich doch nicht rechtzeitig bereitgestanden hatte. Nun, im
Kalmengürtel, musste sie den verspäteten Aufbruch bitterlich
büßen. Während Schiffsarzt Alley auf der Krankenstation arbeitete, waren der Schiffszimmermann, sein Geselle und jeder
andere Seemann, der mit Werkzeug umgehen konnte, damit
beschäftigt, die Lecks zu schließen, die durch das lange Liegen,
die Regenfälle und das Meeresgetier am Schiffsrumpf entstanden waren.

Viele Reparaturen konnte man an einem Schiff auch auf See
vornehmen, doch Lecks tief unterhalb der Wasserlinie waren
unerreichbar. In der Hitze unter Deck pumpten die Männer
mit Leibeskräften. Die Boote wurden zu Wasser gelassen, um
Pflanzen und Tiere vom Rumpf zu entfernen und mögliche
Lecks aufzuspüren. Auf dem bereits unerträglich heißen Deck
wurden Feuer angezündet, man erhitzte Kessel mit Pech und
reichte sie den Männern in die Boote hinunter, damit sie die
erreichbaren Lecks abdichten konnten. Falls unter Wasser ein
gefährliches Leck entstanden war, verstopfte man es, indem
man den Rumpf mit einem alten, mit Werg und Mist bestriche-
nen Segel verklebte, das sich wie eine zweite Haut über das
Holz legte.

Im Oktober standen sechzig Frauen auf der Krankenliste, in
der Kombüse wurden Wasser und Frischgemüse knapp, und
das Schiff hatte schwere Lecks. Geflickte Schiffe waren zwar
schon Tausende von Kilometern bis zum nächsten Hafen gesegelt, wo sie an Land gezogen und richtig repariert werden
konnten, doch kein Kapitän ging dieses Risiko ohne Not ein.
Auch wenn die Winde südlich des Kalmengürtels auffrischen
sollten, stand ihnen bis Kapstadt noch eine Fahrt von mindestens dreitausend Kilometern bevor – eine gut dreiwöchige Reise bei sengender Hitze. Leutnant Edgar, Schiffsarzt Alley, Kapitän Aitken und der erste Maat hielten im Kartenraum einen
Kriegsrat ab. Die weitere Strecke zum Kap konnte sich nicht

nur fatal für einige der erkrankten Frauen erweisen. Vielleicht würden die holländischen Behörden ihnen ja sogar die Zufahrt zum Hafen verwehren, wenn sie an Bord Ansteckungsgefahr vermuteten. Das nahe liegendste Ziel war deshalb die heruntergekommene Großstadt Rio de Janeiro, wo die erste Flotte nach Neusüdwales vor zwei Jahren Halt gemacht hatte. Anstatt den Ozean noch einmal in Richtung der Südspitze von Afrika zu überqueren, beschlossen sie, entlang der brasilianischen Küste zu dem von den Portugiesen kontrollierten Hafen zu segeln und von diesem weiter südlich gelegenen Punkt die Überfahrt in Angriff zu nehmen, nachdem der Krankenstand gesunken war und man die schlimmsten Lecks wieder in Ordnung gebracht hatte. Aitken würde seine geplante Reise nach Kapstadt unterbrechen müssen.

Die Nachricht, dass das Schiff früher als erwartet in einem Hafen anlegen würde, wurde von den Menschen an Bord vermutlich mit Erleichterung aufgenommen – insbesondere von den an Skorbut Erkrankten, den unter der Hitze Leidenden und den Frauen in den letzten Monaten der Schwangerschaft. Mitte Oktober frischte von einer Stunde zur nächsten der Wind auf, und die *Lady Julian* gewann wieder an Fahrt. Sie schlug einen südöstlichen Kurs ein und glitt anmutig über die Wellen dahin. Ein paar Tage später sichtete der Mann im Ausguck die verschwommenen weißen Umrisse von Recife, das sich einen Hügel hinauf erstreckte. Die Männer oben im Mast holten die Segel herum, um das Schiff auf den gegen den Uhrzeigersinn verlaufenden Strömungen, die es in den Atlantik hinaustrieben, in einem sanften Bogen von der Küste wegzusteuern. Bei gutem Wind würde die Fahrt zum Wendekreis des Steinbocks nur zehn Tage dauern. Dort konnten sie dann halsen und Kurs auf die Küste und den Hafen São Sebastião, Rio de Janeiro, nehmen. Zehn Tage des Wartens begannen. Das stickige, windstille Wetter des Äquators wich allmählich einer frischen Brise. Da ein steter Wind aus Südosten blies, war es anders als im Kalmengürtel nicht mehr nötig, dass die Männer viele ermüdende Stunden in den Masten verbrachten.

Die Frauen, deren Geburtstermin näher rückte, durchlebten die nächsten Wochen in Anspannung. Sie wurden alle zum ersten Mal Mutter, die Älteste war neunzehn oder zwanzig Jahre alt, die Jüngste vierzehn oder fünfzehn. Sie fürchteten sich vor den Schmerzen der Geburt und auch weil niemand ihnen sagen konnte, unter welchen Bedingungen sie ihre Kinder würden zur Welt bringen müssen. Doch wenigstens kannten sie nun den Namen des Kontinents, wo ihre Kinder geboren werden sollten – auch wenn sie sonst nichts über diesen portugiesisch-katholischen Hafen wussten, in dem sie bald anlegen würden. Bis jetzt hatten sich Schiffsarzt Alley (der selbst Vater werden würde, da die achtzehnjährige Ann Mash ein Kind von ihm erwartete), ältere Gefangene und die zukünftigen Kindsväter um die Schwangeren gekümmert. Sarah Whitelam, inzwischen fast im achten Monat, konnte kaum noch die Leiter von John Nicols Kabine hinaufklettern, um sich auf Deck unter ein Sonnensegel zu setzen.

John Nicol erwähnt die Fortschritte in ihrer Schwangerschaft mit keinem Wort. Vielleicht hatte seine Haltung ihren Grund darin, dass er als kleines Kind seine Mutter bei der Geburt eines jüngeren Bruders verloren hatte. Damals kam der Tod im Wochenbett noch um einiges häufiger vor als heute und galt als natürliches Risiko von Frauen. Allerdings hatte das Sterben seiner Mutter möglicherweise Narben bei John hinterlassen. Als klar wurde, dass Sarah an Bord des Schiffes oder bestenfalls in einem fremden Hafen würde gebären müssen, war er vermutlich sehr besorgt und machte sich vielleicht sogar Vorwürfe, weil er sie in diese Lage gebracht hatte. Mary Rose, die sich geweigert hatte, sich mit einem der Seeleute einzulassen, kümmerte sich von früh bis spät um Sarah, bis diese abends in Johns Kabine zurückkehrte und sie selbst ins Unterdeck eingeschlossen wurde.

Seine Pflichten hielten John Nicol fast den ganzen Tag über von Sarah fern. Doch da er nicht zum Wachdienst eingeteilt wurde, konnte er die Abende und Nächte mit ihr verbringen, solange keiner der Offiziere seiner Dienste bedurfte. Er war wohl der beständigste und fürsorglichste unter den Seeleuten – ein grober Othello für seine Desdemona auf Zeit. Sarah hatte nur wenig Erfahrung mit Ausländern, denn im ländlichen Lincolnshire kamen schwarze Dienstboten oder indische Seeleute nur selten vor. Gewiss hatte sie England noch nie verlassen, und es ist unwahrscheinlich, dass sie je einen Fuß aus ihrem Landkreis gesetzt hatte, bevor man sie, in Ketten gelegt, in einer Kutsche nach Süden verfrachtete. Nun erklärte ihr John Nicol, wie die Welt zusammenhing, woher der Tee stammte, den sie der gnädigen Frau im Salon serviert hatte, woher der Tabak kam, den der gnädige Herr nach dem Essen zu rauchen pflegte, und wo man die Baumwolle für den Unterrock anbaute, den sie unter ihrem braunen Rock aus Serge trug.

John erläuterte Sarah, Mary Rose und ihren Freundinnen im Schutz eines Sonnensegels, warum die amerikanischen Kolonisten sich aufgelehnt hatten und was während der Kriege in der Neuen Welt geschehen war. Er schilderte ihnen die großen Seen, die die rebellischen Amerikaner von den loyalistischen Kanadiern trennten, und die riesigen Flüsse, die die Pelzjäger jedes Frühjahr hinauffuhren, um monatelang in der Wildnis zu verschwinden. Er berichtete von seinen Abenteuern in den Kämpfen gegen amerikanische Freibeuter in der Karibik, die er – den Säbel in der Hand und die Gedanken beim Preisgeld – bestanden hatte, und beschrieb, wie er nach der Eroberung eines amerikanischen Schiffes vor St. Kitts stolz in den Hafen eingefahren war. Er verdeutlichte ihnen das Elend der Sklaven, das er dort beobachtet hatte, und erinnerte sich, wie britische Seeleute sich in Westindien eingemischt hatten, um Sklaven vor grausamen Misshandlungen zu schützen. Nicol schilderte die Freundlichkeit der Südseebewohner, wenn sie auf schiffbrüchige britische Matrosen stießen, und von einem schrecklichen Erlebnis in Neufundland, als sie, im Eis eingeschlossen, von feindlichen Indianern angegriffen worden waren. Er erzählte, wie er vor Kap Hoorn Schildkrötenfleisch, in Französisch-Kanada Schlangen und auf Grenada Kokosnüsse gegessen hatte, und pries die Überlegenheit britischer Seeleute über die Matrosen jeder anderen Nation. Allerdings konnten weder er noch die anderen Männer an Bord den Frauen etwas über Neusüdwales verraten, denn niemand von ihnen war jemals dort gewesen.

In seiner Kabine sprach er vielleicht mit Sarah Whitelam über seine Kindheit in Irland, den Tod seiner Mutter, seinen einsamen Vater, der fünf Söhne allein hatte großziehen müssen, den beiden Brüdern, die schon als Kinder gestorben und den beiden anderen, die verschollen waren. Der jüngste war nach Amerika gegangen, und niemand hatte seitdem von ihm gehört; der älteste hatte als Leutnant in Westindien gekämpft und war in einer Schlacht gegen die Franzosen gefallen. Nicol erläuterte Sarah seine Pläne, irgendwo heimisch zu werden. Vor dieser Reise sei es fast so weit gewesen, doch die Aussicht, Neusüdwales zu besuchen, sei ihm zu verlockend erschienen. Er schwor ihr, sie nicht im Stich zu lassen, sondern in die Kolonie zurückzukehren, um sie zu heiraten, sobald ihre Strafe verbüßt sei.

In seinen Memoiren schreibt John Nicol, er hätte Sarah Whitelam an Ort und Stelle geheiratet, wenn ein Geistlicher an Bord der *Lady Julian* gewesen wäre. Aus seinem Bericht lässt sich schließen, dass seine Liebe und seine Gefühle für Sarah aufrichtig waren – was zu der Frage führt, warum er Kapitän Aitken nicht bat, die Trauung vorzunehmen. Entweder wandte sich John tatsächlich nicht an den Kapitän, oder aber dieser weigerte sich. Kapitän Aitken hätte gute Gründe gehabt, einen derartigen Wunsch abzuschlagen. Er konnte es sich nicht leisten, seinen Steward und Böttcher zu verlieren, den er noch für die Rückreise brauchte. Und genau das wäre geschehen, wenn Nicol mit seiner Frau in Neusüdwales geblieben wäre. Im Gegensatz zu anderen Häfen gab es in Sydney Cove keine Seeleute, die darauf warteten, auf einem anderen Schiff anheuern zu können, weshalb keine Möglichkeit bestand, Nicol zu ersetzen. Abgesehen davon wusste Kapitän Aitken vermutlich nicht genau, welche juristischen Folgen eine derartige Verbindung hatte. War es einem Seemann – oder überhaupt einem Mann –

gestattet, eine Frau zu heiraten, die Gefangene der britischen Regierung war? Sarah war Regierungseigentum, und Kapitän Aitken konnte sie genauso wenig einem Ehemann übertragen, wie es ihm erlaubt gewesen wäre, den Lagerbestand der *Lady Julian* an irgendeinen Kaufmann zu verhökern.

Eine Ehe kam also wahrscheinlich nicht in Frage – was jedoch keinen Hinderungsgrund für Sex bedeutete. Schwangerschaften waren das natürliche Ergebnis dieser sexuellen Beziehungen, die der Regierungsvertreter und der Schiffsarzt an Bord der *Lady Julian* gestatteten und vielleicht sogar ermutigten, und an denen sich der Arzt selbst aktiv beteiligte. Als man zu Beginn des neuen Jahrhunderts Ausschüsse damit beauftragte, angebliche Fälle von Missbrauch während der Überfahrt nach Neusüdwales zu untersuchen, sagte ein Offizier nach dem anderen aus, es sei allgemeine Praxis gewesen, sich auf dem Schiff oder bei der Ankunft »eine Frau zu nehmen«. Schon seit Jahrhunderten sei man so verfahren, ganz gleich ob das Ziel nun Amerika, Westindien oder Neusüdwales gewesen sei. Freizügig eingestellte Pragmatiker wie Gouverneur Phillip, der die Einrichtung eines Hurenghettos in Sydney Cove vorgeschlagen hatte, und Leutnant Edgar, der die sexuellen Beziehungen an Bord als gottgegeben hinnahm, gerieten in Konflikt mit Reformern, die über den Niedergang der Moral klagten. Die Praktiker, die die Transportschiffe befehligten und die Arbeitstrupps von Sydney Cove einteilten, hielten diesen Niedergang für den Preis, den man für Ruhe und Ordnung bezahlen musste (zumindest solange man eine Strafkolonie für ein halbwegs sinnvolles Konzept hielt). In ihren Augen hatten die englischen Adeligen mit ihren Krokodilstränen keine Ahnung von der Wirklichkeit.

Knapp zehn Jahre später verließ ein weiteres Transportschiff mit weiblichen Sträflingen an Bord London, um den Atlantik zu überqueren und nach Neusüdwales zu segeln. Allerdings kam es nicht weiter als bis zur südamerikanischen Küste. Die *Lady Shore* hatte weniger Glück als die *Lady Julian*. Als sie die Gewässer erreichte, in denen die *Lady Julian* nun friedlich kreuzte, meuterte die Mannschaft und setzte die Offiziere in einem Beiboot aus. Die Männer fuhren mit dem Schiff nach Montevideo, doch ihr Plan ging nicht auf. Erst als die Spanier die *Lady Shore* als Kriegsbeute kaperten, stellten die Seeleute fest, dass sich England im Krieg mit Spanien befand. Die Sträflinge wurden als Dienstmädchen unter den spanischen Damen der Stadt verteilt. Es kam nicht selten vor, dass eine Mannschaft meuterte. Entweder hatten die Männer es auf die Ladung abgesehen, oder sie waren erbost über allzu knappe Rationen und ein übertrieben strenges Regiment an Bord. Ein weiteres Motiv war der Wunsch, die Neue Welt zu erreichen, wo angeblich Milch und Honig flossen und alle Menschen in Wohlstand lebten.

Eine Frau an Bord der *Lady Julian* hatte bereits eine Meuterei miterlebt. Mary Kimes alias Potten war neunundzwanzig Jahre alt. Sie hatte sich im Jahr 1783 zum ersten Mal strafbar gemacht und war wegen eines irgendwo in Bristol begangenen Verbrechens zu sieben Jahren Deportation nach Amerika verurteilt worden. Im März 1784 brachte man sie in einem Gefängniswagen von Bristol nach Portsmouth und dort an Bord der *Mercury*, die sie und zweihundert weitere Sträflinge auf die Plantagen schaffen sollte. Das Schiff hatte den Hafen von Portsmouth erst vor einem Tag verlassen, als die Gefangenen und ein Teil der Mannschaft meuterten, das Kommando übernahmen und in Torbay anlegten, wo die meisten flohen. Mary Kimes tauchte in Bristol unter, wo sie im Juni desselben Jahres aufgespürt und zum zweiten Mal verhaftet wurde. Zwei Jahre vergingen, bis die Regierung in London beschloss, dass man sie genauso gut begnadigen wie im Gefängnis belassen könne. Da sie »sich einem fleißigen und ehrlichen Lebenswandel zugewandt« hatte, brachten sie die britischen Behörden gegen Ende des Jahres 1786 als freie Frau in ihre Heimatgemeinde London zurück. Allerdings währten Ehrlichkeit und Fleiß nicht lang. Im Jahr 1787 stahl sie dreißig Meter Leinen im Wert von dreißig Shilling aus der Stoffhandlung von James Gibson in der West Street, St. Giles. Im Prozess wurde nicht lang gefackelt. Man verurteilte sie zum Tode. Sie gehörte zu den zweiundzwanzig Frauen, die zum Dank für König Georg III. Genesung vom Wahnsinn in jenem Frühjahr unter Auflagen begnadigt worden waren. Nun, sechs Jahre nachdem die Meuterei sie vor der Deportation nach Amerika bewahrt hatte, befand sie sich auf dem Weg nach Sydney Cove.

Ein weiteres Transportschiff, das England im Jahr 1792 verließ, wurde in Santa Cruz de Tenerife von Meuterei bedroht. Im Unterdeck wurde der Plan geschmiedet, das Achterdeck zu stürmen, sich der Waffentruhe zu bemächtigen und nach Amerika zu segeln, wo, wie die Anführer versprachen, der »Kongress jedem Mann umsonst ein Stück Land gibt«. Doch die meisten Insassen des Unterdecks ließen sich nicht überzeugen, und als die Anführer zum Sturm auf die Waffenkammer bliesen, schlossen sich ihnen nur wenige an. Die »Amerikaner« wurden am Rahnock aufgeknüpft. Allerdings sorgten nicht nur die Seeleute an Bord von Sträflingsschiffen für Ärger. Als sich die *Lady Julian* Rio de Janeiro näherte, erholte sich Kapitän Blight gerade in Holländisch-Batavia von einer einundvierzig Tage langen Fahrt in einem Beiboot, mit dem er nach der Meuterei auf der *Bounty* ausgesetzt worden war.

Das Knüpfen von Beziehungen zwischen Männern und Frauen, Offizieren und Mannschaften, war eine Kunst für sich, und außerdem entwickelte sich an Bord der *Lady Julian* noch eine Reihe weiterer Verbindungen. Inzwischen gab es in dieser kleinen Welt, die sich zügig auf Rio de Janeiro zubewegte, ein vielfältiges und kompliziertes Beziehungsgeflecht. Zuerst einmal war da die Günstlingswirtschaft zu nennen, die von den Aufseherinnen und den Anführerinnen im Unterdeck gepflegt wurde. Da diese Frauen Bitten und Beschwerden ihrer Kameradinnen an die Offiziere weitergaben, stand es mehr oder weniger in ihrer Macht, Vorteile zu gewähren oder zu verweigern. Hinzu kamen schlichte Freundschaften, die auf den Straßen und in den Gefängnissen von England begonnen hatten oder erst an Bord des Schiffes entstanden waren. Außerdem wichtig war das Verhältnis zwischen den Altersgruppen, die bei einer

Sträflingspopulation zwischen elf und achtundsechzig Jahren drei Generationen umfassten. Obwohl einigen wenigen Frauen gestattet worden war, ihre Babys mitzubringen, hatten viele an Bord ihren älteren Nachwuchs zurücklassen müssen. Elizabeth Barnsley hatte mindestens zwei Kinder in England, ebenso wie Nelly Kerwin. Catherine Wilmot hatte sogar vier. Frauen wie sie waren nur zu gern bereit, junge Mädchen und Kinder unter ihre Fittiche zu nehmen. Viele Dreizehn- und Vierzehnjährige hatten Verbrechen begangen, die man so jungen Mädchen gar nicht zugetraut hätte – Poll Randall und Mary Butler: Überfall; Mary Bateman und Jane Forbes: Prostitution; die elfjährige Mary Wade und ihre vierzehnjährige Freundin Jane Whiting: versuchter Totschlag. Diese Mädchen waren zwar alt genug gewesen, um Gewalttaten zu verüben, aber trotzdem noch so jung, dass sie ihre Mütter und Großmütter vermissten und unter den älteren Frauen nach Ersatz suchten.

Nicht nur im Unterdeck kamen trauernde Mütter und vereinsamte Kinder einander näher. Einige der Seeleute an Bord der *Lady Julian* waren noch so jung, dass manche der Gefangenen durchaus ihre Mütter hätten sein können. Die meisten Offiziersanwärter, Leutnants zur See, wurden im Alter von zwölf oder dreizehn Jahren auf Fahrt geschickt, häufig auf Schiffen, die unter dem Kommando eines Verwandten standen. Leutnant Riou von der *Guardian* war mit zwölf Jahren in die Marine eingetreten. In den ersten Jahren eines Leutnants zur See war das Schiff seine Schule; die Offiziere und Mannschaften ersetzten ihm die Familie. Seine einzigen Altersgenossen an Bord waren die Schiffsjungen. Aber sosehr sich ein Leutnant zur See oder ein Schiffsjunge auch an Deck um eine männliche Haltung bemühte, als kleine Jungen, die zum ersten Mal fort von zu Hause waren, fehlten ihnen doch Mutter und Schwestern. Also gehörten Mutter-Sohn- und Schwester-Bruder-Verhältnisse sicher auch zu dem verwobenen Beziehungsgeflecht, das sich auf der *Lady Julian* entwickelte, wo Offiziere, Mannschaften und Gefangene viele Monate in nächster Nähe zueinander verbrachten.

KAPITEL ELF

Die Geburt
von John Nicol Junior

Die *HMS Guardian* befand sich nur ein paar Tagesreisen nördlich von der *Lady Julian*, als diese in der Kalmenzone liegen geblieben war, und folgte dem Gefangentransport nach Recife. Doch während die *Lady Julian* ihre Fahrt nach Süden fortsetzte, nahm die *Guardian* Kurs zurück in den Atlantik, um auf direktem Weg nach Kapstadt zu segeln. Auf dem Kriegsschiff, das nur fünfundzwanzig Sträflinge an Bord hatte, war kein Skorbut ausgebrochen, und man lag bei der Reise nach Sydney Cove gut in der Zeit. Am 24. November erreichte das Schiff Table Bay, Kapstadt, und man rechnete eigentlich damit, dass die *Lady Julian* bereits dort vor Anker lag. Doch es gab weder eine Spur noch Nachricht von ihr. »Ich vermute«, schrieb Leutnant Riou in einem Brief an Sir Joseph Banks, »dass sie nach Rio gefahren ist.«

Noch Besorgnis erregender als das Fehlen der *Lady Julian* und seines früheren Vorgesetzten Leutnant Edgar stufte Riou die Informationen ein, die er von den holländischen Kolonialbehörden über die Zustände in Sydney Cove erhielt. Im November 1787 war Kommodore Phillips Flotte von Kapstadt nach Neusüdwales aufgebrochen. Doch am Anfang des Jahres 1789 war sein Flaggschiff, die *HMS Sirius*, wieder in dem holländischen Hafen erschienen, um einen Notvorrat für die ausgehungerte Kolonie zu kaufen. Von den getrockneten Lebensmitteln, mit denen die Admiralität im zwanzigtausend Kilometer entfernten London die Kolonisten ausgerüstet hatte, war fast nichts mehr übrig, und die Versuche, Feldfrüchte anzubauen, hatten sich als mehr oder weniger erfolglos erwiesen. Die Kolonie steckte bereits in ernsthaften Schwierigkeiten. Kapitän John Hunter belud die *Sirius* auf Kosten der Admiralität und kehrte über den südlichen Atlantik zurück, um dem Lager und der Garnison die dringend benötigte Verpflegung zu bringen. Als Leutnant Riou davon erfuhr, beschloss er, keine Zeit zu verlieren, die *Guardian* mit Vorräten für Sydney Cove voll zu packen und so schnell wie möglich in See zu stechen. Deshalb blieb die *HMS Guardian* nur zweieinhalb Wochen am Kap, die Zeit, die man brauchte, um lebendes Vieh für die Siedlung zu verladen. Am 11. Dezember 1789 nahm sie Kurs auf Südwest.

Fünf Tage nach Aufbruch der *Guardian* traf eine holländische Brigg aus Batavia ein, die einen berühmten Passagier an Bord hatte. Es handelte sich um Rious früheren Vorgesetzten William Blight, den ehemaligen Kapitän der *HMS Bounty*. Kapitän Blight hatte Kapstadt zuletzt im Mai des vergangenen Jahres besucht. Damals war er noch stolzer und in seiner Position unangefochtener Kapitän eines Schiffes gewesen, der einen wichtigen Auftrag zu erfüllen hatte. Er hatte erwähnt, er wolle auf dem Weg zu den Südseeinseln vielleicht eine Stippvisite bei »unseren Freunden in Botany Bay« einlegen, doch daraus war nichts geworden. Stattdessen fuhr er direkt nach Tahiti, an Bord eine Mannschaft zufriedener Seeleute, die sich schon auf Liebesabenteuer am Strand freuten. Was auf dem Schiff und in dem kleinen Boot, in dem er und ein Grüppchen Getreuer einundvierzig Tage ausharren mussten, geschah, ist eine andere Geschichte. Im Januar des folgenden Jahres kehrte er schließlich nach England zurück, weshalb er in Kapstadt weder Leutnant Riou noch Leutnant Edgar begegnete.

Der November und der Dezember des Jahres 1789 waren wichtige Monate, in denen sich die Zukunft der Siedlung in Sydney Cove entschied. Auf der Themse waren die drei Trans-

portschiffe, welche die *Lady Julian* ursprünglich hätten begleiten sollen, endlich startklar. Sie hatten neunhundertachtund-
zwanzig männliche und achtundsiebzig weibliche Gefangene
an Bord. Ann Wheeler, die Freundin von Elizabeth Barnsley,
war vom Gefängnisfieber genesen und schiffte sich am 10. November auf der *Neptune* ein. Regierungsvertreter für dieses
Schiff war Leutnant John Shapcote, ein hemmungslos korrup-
ter Mann, der auf der *Neptune* die Pflichten des freundlichen
Leutnant Edgar versah. Ein paar Wochen später wurden aus
den Gefängnisschiffen in Portsmouth über einhundert Sträflinge verladen, zu denen auch Elizabeth Barnsleys Mann Thomas
gehörte. Auch er fuhr an Bord der *Neptune*, während Sarah
Gregorys Mann, der ebenfalls Thomas hieß, mit Thomas Higgins, William Pimlott und James Saney auf die *Surprize* gebracht wurde. Die Erfahrungen, die diese Sträflinge auf den
später so genannten »Sargschiffen« erleiden mussten, waren
die schlimmsten in der jahrzehntelangen Geschichte der Gefangenentransporte nach Neusüdwales.

Ende November 1789 wurde zwischen Großbritannien und
Neusüdwales über den ganzen Erdball hinweg Verbindung aufgenommen. Die *Neptune*, die *Scarborough* und die *Surprize* segelten nach Süden zu den Kanarischen Inseln. Die *HMS Guardian* hatte die *Lady Julian* auf dem Atlantik überholt und
befand sich inzwischen in Kapstadt. Die Kolonisten in Sydney
Cove, Rose Hill und auf der Insel Norfolk brachten die zweite
Saat aus. Und am ersten Tag des Monats erreichte die *Lady Julian* endlich den Hafen von Rio de Janeiro, Brasilien.

Brasilien war die stolzeste Besitzung des Königreichs Portugal in Übersee, Rio de Janeiro war die Hauptstadt. Portugiesische Navigatoren gehörten zu den ersten europäischen Ent-
deckern, die die Handelsrouten nach Afrika, Südamerika und
Westindien abgesteckt hatten. Doch die Tage des Ruhms waren
inzwischen vorbei; die Portugiesen hatten überall auf der Welt
neuen Kolonialmächten – zuerst Spanien, dann den Niederlan-
den und anschließend den Emporkömmlingen Großbritannien
und Frankreich – weichen müssen, die sie aus ihren Siedlungen

auf drei Kontinenten vertrieben. Brasilien war der letzte ihnen gebliebene Stützpunkt, und von Rio aus wurden im Jahr 1789 noch immer die Reichtümer der Neuen Welt an die Machthaber in Lissabon geschickt. Am 31. Oktober sichtete der Mann im Ausguck der *Lady Julian* Cabo Frio. Das Schiff segelte in nordwestlicher Richtung die brasilianische Küste entlang. Am folgenden Abend war der Zuckerhut, links vom Hafen São Sebastião, Rio de Janeiro, zu sehen. Am nächsten Tag überquerte das Schiff die Sandbank an der Hafeneinfahrt, auf dessen beiden Seiten sich Festungen erhoben, und wartete auf die Boote der Hafenwache, um um Erlaubnis zum Anlegen zu ersuchen. Schildkröten drängten sich um den Rumpf. Das Schiff schaukelte noch nicht lange in den sanften Wellen des Hafenbeckens, als die von Sklaven geruderten Boote erschienen. An Bord befanden sich Vertreter Seiner Exzellenz des Vizekönigs von Brasilien, Sohn des Königs von Portugal, die sich nach den Absichten der *Lady Julian* erkundigten. Allerdings waren sie nicht als Erste vor Ort. Kleine Jungen in selbst gebauten Booten hatten sich ein Rennen geliefert, sobald am Ufer das Segel in Sicht kam, und nun wimmelte es rings um das Schiff von Kindern. Die Älteren standen aufrecht in den Booten und schnitten mit Macheten Früchte auf, die Mittleren boten, am Bootsrand balancierend, die Waren zum Kauf feil, und die Kleinsten hingen an den Relings und schwenkten Ananas, Büschel reifer Bananen, Orangen, Zitronen und Limonen. Dabei überschrien sie einander in schrillem Portugiesisch und stießen sich gegenseitig ins Wasser. Mit der *Lady Julian* machten sie gute Geschäfte.

Die Frauen waren nicht nur von dem Überreichtum an exotischen Früchten in den Booten überrascht. Die Kinder, die sie ruderten, hatten eine Hautfarbe und Gesichtszüge, wie sie sie noch nie zuvor gesehen hatten. Die Seeleute kannten Mischlingskinder – und hatten vielleicht sogar selbst schon welche gezeugt –, doch auf den Straßen Englands gab es sie nicht. In Rio hingegen war das bunte Völkergemisch schon seit Generationen üblich und in allen Gesellschaftsschichten akzeptiert und wurde sogar von der katholischen Kirche geduldet. Rio war eine außergewöhnliche Stadt. Obwohl Beziehungen mit einheimischen Frauen in den Anfangstagen der meisten Kolonien gang und gäbe waren, ersetzte man sie für gewöhnlich durch europäische Gattinnen, sobald sich feste Gesellschaftsstrukturen herausbildeten und man begann, nach Seriosität zu streben. Mit der Zeit entwickelte sich dann eine Bigotterie, die den Umgang der unterschiedlichen Rassen miteinander erschwerte. Allerdings war in Rio de Janeiro kaum etwas von dieser Entwicklung zu spüren, weshalb in der Bevölkerung eine interessante Vielfalt herrschte. Die kleinen Jungen, die tropfnass mit ihren Zitronen an Bord kletterten, hatten die verschiedensten Hautfarben, die von Ebenholzschwarz bis zum Gelblichweiß der Portugiesen reichten. Die Sträflingskinder in zerlumptem Serge und die Schiffsjungen in zerschlissenem Wollstoff starrten die geschmeidigen, braunen schwarzhaarigen Kinder an, die nichts weiter als Lendentücher aus Baumwolle trugen.

In der Zwischenzeit begaben sich Kapitän Aitken und Leutnant Edgar – schwitzend in ihren engen Hosen und den Uniformjacken, die für sie als Vertreter von König Georg III. bei einer Begegnung mit Ausländern Pflicht waren – an Land, wo ein großes Zeremoniell veranstaltet wurde. Die Formalitäten konnten sich über zwei Tage oder länger hinziehen, doch britische Seeleute waren in Rio de Janeiro willkommen – insbesondere solche, die Kommodore Phillip in Sydney Cove aufsuchen wollten. Arthur Phillip hatte früher einmal bei der königlich portugiesischen Marine gedient, als Großbritannien für kurze Zeit mit niemandem Krieg führte und es deshalb schwierig war, ein Kommando zu bekommen. Die portugiesischen Behörden schätzten ihn sehr und hatten ihm und seinen Offizieren Hilfe und Unterstützung angeboten, als die erste Flotte vor zwei Jahren für vierzehn Tage in Rio Station gemacht hatte. Nun brannte man am Hof des Vizekönigs darauf zu erfahren, ob das Abenteuer in Neusüdwales erfolgreich gewesen war. Obwohl Aitkens Name nicht so viel Ehrfurcht auslöste wie der von Phillip, sicherte man dem Kapitän der *Lady Julian*

Kooperation zu. Das war auch notwendig, denn das Schiff hatte nicht nur sechzig behandlungsbedürftige Kranke an Bord, sondern darüber hinaus mindestens sechs Schwangere, die kurz vor der Niederkunft standen.

Als die Flut einsetzte, machte sich die *Lady Julian* zur Einfahrt in den Hafen von São Sebastião bereit. Wieder gingen die Frauen unter Deck, um den Matrosen bei der Arbeit nicht im Weg herumzustehen, und wieder brachte ein elfschüssiger Salut die Babys zum Weinen und ließ die Bohlen über ihren Köpfen erzittern. Das Schiff warf entweder gleich hinter der Ilha das Cobras oder gegenüber des Benediktinerklosters Anker. Die Frauen durften nach oben und sahen zum ersten Mal eine portugiesische Kolonialhauptstadt aus der Nähe. Vor ihren Augen erstreckten sich eine Flussmündung mit üppig grünen kleinen Inseln und ein von Befestigungsanlagen umgebener Hafen. Von Negersklaven geruderte Wachboote fuhren zwischen den Schiffen herum, und eine sonnendurchflutete, glitzernde Stadt lag vor ihnen auf dem Hügel, »eingeschlossen von hohen Bergen von der romantischsten Form, wie man sie sich überhaupt nur vorstellen kann«. Falls ihnen Santa Cruz als Gipfel des übertrieben zur Schau gestellten Katholizismus erschienen war, wurden sie in Rio de Janeiro bald eines Besseren belehrt. So weit das Auge blickte, erhoben sich Kirchen, und fast allnächtlich wurde für irgendeinen Heiligen ein Fest abgehalten. Im Hafen schienen ständig die Kerzen der Gläubigen zu funkeln, und viele empfanden die unentwegt läutenden Glocken der Klöster als lästig. Doch die Frauen hatten genug Zeit, sich an diese exotische Umgebung zu gewöhnen, denn die *Lady Julian* verbrachte die nächsten sieben Wochen in São Sebastião.

In der ausführlichen Beschreibung von Rio de Janeiro, die der Stabsarzt White, der mit der ersten Flotte nach Neusüdwales reiste, in seinem Tagebuch festhielt, erinnert die Stadt erstaunlich an die andere Kolonialhauptstadt der Portugiesen, Panjim in Goa, die sich in den vergangenen beiden Jahrhunderten weniger verändert hat als die brasilianische Metropole.

Eine große Straße, von den Engländern »Strait Street« genannt, führte vom Palast des Vizekönigs durch die Stadt zum Mosteiro de São Bento, dem großen Benediktinerkloster am anderen Ende. Die Straße diente der Stadt als wichtigster Treffpunkt und Einkaufsmeile, wo sich von Sklaven getragene Sänften und Wagen drängten; Letztere wurden von Mulis – »die als geeigneter gelten als Pferde, weil sie unermüdlich, sicher zu Fuß und deshalb besser in der Lage sind, die steilen Hügel und Berge zu erklimmen« – gezogen. Dazwischen sah man die Wachen des Hauptmanns hoch zu Ross und Sklaven, die im Auftrag ihrer Herren geschäftig umhereilten. Die Sänften stellten eine besondere Behinderung dar, da sich die fettleibigen Wohlhabenden von Rio vorzugsweise im Krabbengang fortbewegten: Ein Sklave ging seitlich auf dem Bürgersteig, der andere blieb auf der Straße, sodass die Sänfte zwischen ihnen hin und her schwankte. Kleinere Straßen verliefen parallel zur Strait Street oder kreuzten sie. Diese waren gerade breit genug, dass zwei Kutschen einander passieren konnten. Zu beiden Seiten verlief ein hoher Bürgersteig, so schmal, dass die Fußgänger gezwungen waren, im Gänsemarsch hintereinander herzugehen. In den Erdgeschossen befanden sich Läden; in den oberen Etagen, die über mit Schnitzwerk verzierte Balkone verfügten, wohnten die Familien. Durch die Geländer spähten Frauen auf die Straße hinab. Über jede Straße wachte eine Madonna in einer Nische. Es wimmelte von Kirchen – einige verfielen, andere wurden gerade erbaut oder restauriert –, die jede über eine gläubige Gemeinde, einen Schutzheiligen und über angebliche Wunderkräfte verfügte. Die Kathedrale des São Sebastião in der Straße, die heute Praça XV de November heißt, war erst halb vollendet (sie ist bis heute nicht fertig); ihre Fassade wurde von einer beeindruckenden Abbildung des Schutzheiligen der Stadt geschmückt. Weiter im Süden lag Santa Cruz dos Militares; die Igreja da Ordem Terceira do Monte do Carma befand sich in der ersten Bauphase; und außerdem gab es noch die Igreja da Nossa Senhora de Candelaria und zu guter Letzt die Benediktinerkirche. Wer bei Abenddämmerung auf den Straßen flanierte, fand sich häufig mitten in einer Prozession wieder, angeführt von einem Bettelmönch mit einer Laterne, der Geld für das eine oder andere Kirchendach sammelte.

Einige der Offiziere, die in Santa Cruz keinen Landurlaub erhalten hatten, verließen nun das Schiff, um in der Stadt Quartier zu nehmen. Nachdem die üblichen Arbeiten wie das Nachfüllen der Wasservorräte und das Reinigen des Schiffes abgeschlossen waren, durften auch die Seeleute in Gruppen an Land, um Erholung und Zerstreuung zu suchen. Die Portugiesen in Rio waren strenger als die Spanier in Santa Cruz. Wo immer die Matrosen der *Lady Julian* erschienen, heftete sich ein finster dreinblickender portugiesischer Offizier, bewaffnet mit einem über das Straßenpflaster schleifenden Schwert, an ihre Fersen. Der Marine-Gefreite Easton, der vor zwei Jahren hier Landgang gehabt hatte, hielt in seinem Tagebuch fest, dass die brasilianischen Portugiesen »ausgesprochen unfreundliche Gesellen sind. Die Soldaten beherrschen die Stadt, und sie haben eine große Truppe von sechs- oder siebentausend Mann«. Rio war eine Stadt, in der das Militär mit seinem strengen Ehrenkodex dominierte. »Obwohl die grässliche Sitte des gegenseitigen Niederstechens ausgestorben ist«, kleideten sich die besseren Herren von Rio de Janeiro noch weiterhin, als zögen sie aus, um Blutrache zu nehmen. An den Gürteln der Gentlemen blitzten Furcht erregende Schwerter, und selbst sechsjährige Jungen schnallten sich eines um, wenn sie das Haus verließen, und trugen es mit Stolz.

Als die *Lady Julian* im Jahr 1789 anlegte, hatte das Militär mehr Grund zur Strenge als bei Eintreffen der ersten Flotte nach Neusüdwales im Jahr 1787. Schließlich handelte es sich um ein Jahrzehnt, in dem es in vielen Kolonien in der Neuen Welt zu Aufständen gegen die Kolonialherren kam. Nordamerika hatte die Revolution gegen die von Europa verhängten Steuern, Handelsbeschränkungen und Produktionsverbote gewonnen. In Brasilien hatte eine Gruppe von Kreolen – so nannten Spanier und Portugiesen Menschen europäischer Abstammung, die in den Kolonien geboren waren –, angeregt von den Schriften Thomas Jeffersons, beschlossen, dem amerikanischen

Beispiel zu folgen. In der *Inconfidencia Mineira* oder Bergleute-
verschwörung des Jahres 1789 verbündeten sich Dichter, Priester, Grundbesitzer, Kaufleute und Offiziere unter der Führung
von »Tiradentes«, einem Mann mit dem wirklichen Namen Joa-
quim José da Silva Xavier, der Amateurzahnarzt und Leutnant in
der brasilianischen Armee war. Doch die Pläne der Verschwörer
wurden verraten, ehe sie losschlagen konnten. Wenige Monate
vor dem Eintreffen der *Lady Julian* war Leutnant da Silva gehängt
und geviertelt worden, und zwar auf einem Platz, den man später Plaça Tiradentes nannte. Seinen Kopf hatte man auf einen
Pfahl gesteckt, seine Gliedmaßen in den Bergwerksstädten, die
ihn unterstützt hatten, zur Schau gestellt. Es war ein Hinrich-
tungsritual, so grausam wie das, dem Margaret Sullivan und
Christian Murphy zum Opfer gefallen waren. Die übrigen Verschwörer wurden nach Angola und Mosambik – die portugiesischen Entsprechungen von Sydney Cove – ins Exil geschickt.
Obwohl man den Aufstand niedergeschlagen hatte, war Rio de
Janeiro am Ende des Jahres 1789 eine unruhige Stadt. Die Offiziere, die die Männer der *Lady Julian* begleiteten, waren nervös und
misstrauten sowohl den Kreolen, die sie beherrschten, als auch
der Armee, der sie dienten. Außerdem hatte sich die Zivilbevöl-
kerung noch nicht von der kurzen Aufregung um die Aufstände
und deren blutigem Ende erholt. Die britischen Offiziere, die
durch ihre Kontakte zum Militär und zur Kolonialregierung zu
mitternächtlichen Empfängen eingeladen wurden, erfuhren vermutlich mehr über die Hintergründe als die gewöhnlichen Seeleute. Die versuchte Revolution in Brasilien war ebenso wie die
geglückte in Amerika ein Thema, das man nur in privaten Salons,
nicht in Wirtshäusern erörterte.

Angesichts der angespannten Lage im Jahr 1789 zögerten die
brasilianischen Portugiesen vermutlich noch mehr als ihre
Landsleute in Cabo Verde oder die Spanier auf Teneriffa, selbst
manierliche Gefangene an Land zu lassen. Vielleicht hielten es
auch Edgar und Aitken für zu gefährlich. Allerdings gestattete
man einem privilegierten Sträfling, der im Jahr 1792 eintraf, an
Land zu gehen, um kleine Einkäufe zu tätigen und in Kontoren

in der Stadt Geld zu wechseln. Deshalb ist es durchaus möglich, dass Elizabeth Barnsley, Nelly Kerwin und andere wohlhabende Gefangene der *Lady Julian* – aus Sicherheitsgründen von einem britischen und einem portugiesischen Offizier begleitet – ebenfalls die Erlaubnis dazu bekamen.

Gewiss erregten die weiblichen Sträflinge aus England auf Rios Straßen einiges Aufsehen. Eine Portugiesin aus guter Familie, die zu Fuß das Haus verließ, hüllte sich stets in einen undurchsichtigen Umhang. Nur die Dirnen vom Hafen und die Sklavinnen waren nicht mit schwarzer Spitze vermummt. Der Gefreite Easty hatte dieselbe Beobachtung bereits zwei Jahre zuvor gemacht: »Die Einheimischen dieser Stadt haben eine dunkle Haut, fast wie die Zigeuner in England. Andere sehen aus wie die Neger von der Küste Guineas ... und haben keine Kleider an, nur ein Stück Stoff über der Scham. Die Negerfrauen tragen eine Art kurzes Nachthemd, das kaum ihre Brüste und Schultern bedeckt, und einen kurzen Rock, der ihnen nur knapp über die Oberschenkel reicht, und weder Unterhemden noch Unterröcke, sodass man die nackten Bäuche sieht ...« Die Portugiesen in Brasilien waren die wichtigsten Kunden auf den Sklavenmärkten des achtzehnten Jahrhunderts. In den Straßen wimmelte es von städtischen Sklaven, und auf den Märkten verkaufte man Waren, welche die Plantagensklaven auf den sich von Pernambuco bis nach São Paulo erstreckenden Latifundien erwirtschaftet hatten: Kaffee, Zucker, Tabak, Reis, Baumwolle, Indigo und Piment. Für Schiffsarzt Alley oder Mrs. Barnsley – wer von ihnen auch immer alles Nötige für die Niederkunft der werdenden Mütter an Bord der *Lady Julian* erwarb – waren die Bestände der Drogisten von Rio vermutlich besonders interessant. In den kleinen Gassen hinter der Hauptstraße gab es unzählige Apotheken, deren Angebot schon Stabsarzt White als ausgezeichnet und frisch beurteilt hatte.

John Nicol erinnerte sich, dass »ich hier [in Rio] zwanzig Garnituren Kindbettwäsche ausgab«, was vermuten lässt, dass zwanzig Frauen ein Baby zur Welt brachten. Allerdings verfasste er diese Memoiren, die auch in anderen Einzelheiten ungenau sind, als er bereits ein alter Mann war. Ein zeitnäheres Dokument, das die Geburt der Babys erwähnt, ist ein Brief, den ein weiterer zukünftiger Vater nach Hause schrieb. Schiffsarzt Alley nennt die genaue Anzahl von Geburten und Todesfällen bis zur Ankunft in Kapstadt, wo er den Brief abschickte. In seinem Schreiben steht, dass fünf starben und sieben geboren wurden. Doch mit diesen fünf sind vermutlich nur Todesfälle unter denjenigen gemeint, die in England an Bord gingen. Totgeburten oder Babys, die in Rio nur wenige Tage überlebten, werden anscheinend nicht erwähnt. Da etwa neun Frauen im November oder Dezember entbanden, zählt Alley mindestens zwei tote Babys nicht auf. Außerdem verschweigt er in seinem Brief nach Hause, dass eines der überlebenden Kinder sein eigenes war.

Dass jedes Baby, das zwischen der Themse und Sydney Cove das Licht der Welt erblickte, am Leben blieb, ist eher unwahrscheinlich, denn selbst in gewöhnlichen Krankenhäusern war die Kindersterblichkeit hoch. Möglicherweise wurde sie von der an Bord der *Lady Julian* noch übertroffen – vielleicht aber auch nicht. Die Krankenstation eines gut geführten Schiffes, die über einen fähigen Arzt oder eine Hebamme verfügte, konnte zuweilen erfolgreicher arbeiten als ein städtisches Hospital. Robert Bland, »die männliche Hebamme« im Westminster General Dispensary, führte in den achtziger Jahren des achtzehnten Jahrhunderts über alle dort stattgefunden Geburten Buch. Seine Statistik über die eintausendachthundertsiebenundneunzig Babys, die dort in einem Jahr zur Welt kamen, zeigt ein trauriges Ergebnis: Eine von zweihundert Müttern starb bei der Geburt, für gewöhnlich an Komplikationen wegen einer ungünstigen Lage des Kindes. Noch beängstigender ist, dass eines von zweihunderteinundvierzig Kindern, die in jenem Jahr in Blands Krankenhaus geboren wurden, »behindert oder deformiert« waren. Dazu zählte er Kinder mit Schwimmhäuten zwischen den Fingern, Hasenscharten, Wasserköpfen, verkümmerten Wirbelsäulen, eines, bei dem ein

Stück des Gaumens und zwei, bei denen »ein beträchtlicher Teil der Schädeldecke« fehlte. Bland entband auch ein Paar siamesischer Zwillinge, die er als Baby mit zwei Köpfen beschrieb. Doch die Gefahr war auch nach der überstandenen Entbindung noch nicht gebannt. Zwei der von ihm geschilderten jungen Mütter wurden »von Manie ergriffen, erholten sich aber in etwa drei Monaten«. Viele andere brachten zwar ein gesundes Kind zur Welt, starben aber wenig später. Eine von sechzehn Müttern verlor ihr Kind innerhalb von zwei Monaten, eine von sieben innerhalb von zwei Jahren. Auf dieses Lotteriespiel mussten sich Sarah Whitelam, Ann Bryant, Jane Forbes, Mary Barlow, Elizabeth Griffin, Mary Warren, Jane Wood, Ann Mash und Sarah Dorset nun in Rio de Janeiro einlassen – oder auf hoher See, falls sich die Geburt verzögerte.

Zu den Umständen, unter denen sein Sohn geboren wurde, merkte John Nicol nur an, dass »die Damen an Deck für sich eine Art Zelt aufbauten«. In Rio war es später Frühling. Die Temperaturen stiegen und würden gegen Weihnachten die unerträglichen Gradzahlen erreichen, denen die *Lady Julian* gerade erst in der Kalmenzone entronnen war. Außerdem verhinderten die Hügel rings um die Stadt São Sebastião, dass die heiße Luft abzog und Kühle zugeführt wurde. Trotz aller Reichtümer und Pracht, schrieb ein Offizier der ersten Flotte, »ist es eine der Gesundheit abträgliche Stadt, abgeschnitten von den erfrischenden Brisen vom Meer und vom Lande her«. Also wurde ein Zelt gebraucht.

In John Nicols Erinnerung war es Mrs. Barnsley, die die Rolle der leitenden Hebamme übernahm und dabei offenbar so viel Geschicklichkeit an den Tag legte, dass sie diese Tätigkeit nach ihrer Ankunft in Sydney Cove zu ihrem Beruf machte. Gewiss war einiges Durchsetzungsvermögen nötig gewesen, um dafür zu sorgen, dass der Baldachin aufgestellt und im Laufe des Tages je nach Sonnenstand verschoben wurde, damit das Deck immer im Schatten lag. Außerdem mussten die Toiletteneimer regelmäßig geleert und gereinigt werden; man musste Fliegen und Moskitos verscheuchen und die Frauen unter dem

Zelt mit ausreichend Bettwäsche, frischem Gemüse gegen die Verstopfung, Kräutertees zur Linderung der Rückenschmerzen, Malzwasser gegen Blasenkatarrh und Kissen zum Stützen der geschwollenen Knöchel versorgen. Wenn ein Seemann tölpelhaft herumstand und keine Lust zeigte, in der Hitze mehr frisches Wasser oder Obst zu holen, wurden ihm rasch Beine gemacht.

Der Frühling wich dem Sommer, die Sonne stand höher, und die Temperaturen stiegen weiter. Außerdem nahm die Schwüle zu. Man fuhr mit den Wartungsarbeiten an Rumpf, Masten, Spieren, Segeln, Rahen und Wanten fort, die alle unter den Tropengewittern am Äquator gelitten hatten oder dem Holzbohrkäfer zum Opfer gefallen waren. Bald konnte man nur noch in den frühen Morgenstunden oder am späten Nachmittag arbeiten, wenn die Kraft der Sonne nachließ. In den Stunden dazwischen rührte sich am Hafen oder in der Stadt Rio de Janeiro fast nichts. Die Mittagssonne schien so grell auf das Wasser, dass es in den Augen schmerzte. Wenn es am Abend nicht mehr so heiß war, füllten sich die Straßen mit Schwarzen und Indianern. Sklavinnen traten, Wäschebündel auf dem Kopf, aus den Türen, um die Kleider in den Steinbrunnen zu waschen, die es in jeder Straße gab. Mönche, Priester und Nonnen schlenderten zwischen ihnen dahin, und alle Passanten gingen immer wieder im Gleichtakt auf und nieder, da Freie wie Sklaven vor jeder Heiligenstatue, an der sie vorbeikamen, eine Kniebeuge vollführten. Als es dunkel war, hielten die Sklaven in ihrer Arbeit inne, knieten in langen Reihen auf der Straße nieder und sprachen ihre Abendgebete.

Wieder begann der Teer zu schmelzen und zwischen den Schiffsbohlen hervorzutropfen. Wieder stürzten die Frauen mit Durchfall zu den Latrinen, weil sie zu viel Wasser getrunken oder sich an dem frischen Obst übergessen hatten. Wieder verpestete der Gestank nach Exkrementen die Luft, bis die nächste Flut alles wegspülte. In den Mittagsstunden herrschte eine angespannte Stille, nur unterbrochen vom Seufzen und Rascheln der Frauen, die sich auf dem Deck unter den aus alten

Segeln angefertigten Sonnendächern drängten. Den Frauen, die in Kürze ein Kind erwarteten, teilte man einen Platz an Deck und ein eigenes Sonnendach zu. Jede wurde von einer besten Freundin oder einer Gruppe von Freundinnen versorgt. Offenbar kümmerte sich Sophia Sarah Ann Brown um Ann Bryant, Mary Rose sah nach Sarah Whitelam, Mary Barlow und Mary Warren wurden vielleicht von gleichaltrigen Mädchen aus Warwick gepflegt, und Margaret Wood und die kleine Jane Forbes standen unter der Obhut früherer Zellengenossinnen oder Ersatzmütter.

Sarah Whitelam war mittlerweile im achten Monat. Seit dem Aufbruch aus London hatte sie zwischen neun und zwölf Kilo zugenommen. Ihr Bauch war inzwischen dick angeschwollen, sodass sie nicht mehr in die sittsam geschnittene Gefängniskleidung passte. Wahrscheinlich hatten sie oder Mary Rose einen Baumwollrock mit Zugband genäht, den sie während ihrer Schwangerschaft tragen konnte. Da ein Korsett für sie auch nicht mehr in Frage kam, hatten ihre von Milch geschwollenen Brüste keine Unterstützung mehr, sodass jede Bewegung schmerzte. Es war schwierig, eine Sitz- oder Liegehaltung zu finden, in der ihr nicht irgendetwas wehtat. Sie und die anderen hochschwangeren Frauen wälzten sich auf ihren Matratzen an Deck vom Rücken auf die Seite und zogen abwechselnd die Beine an. Die Hitze und das Gewicht ihrer Körper machte sie schläfrig, und sie wachten nur hin und wieder auf, um sich ein Polster zwischen die Knie zu legen, ein Kissen auf die kühlere Seite zu drehen oder eine Frage von Mrs. Barnsley zu beantworten. Immer wieder stemmten sie sich mühsam hoch, drehten sich zur Seite, gingen auf die Knie und schleppten sich dann schweren Schrittes zum Toiletteneimer.

Die Väter – genau genommen alle Matrosen und Offiziere bis auf Alley und vielleicht Leutnant Edgar – machten wahrscheinlich einen großen Bogen um das Entbindungszelt. Obwohl sich zum Ärger vieler immer mehr männliche Ärzte in England der Geburtshilfe zuwandten, galt das Kinderkriegen bei den meisten Männern auch weiterhin als reine Frauensache.

Vermutlich waren die schwangeren Frauen aus den Kabinen der Seeleute in Hütten oder Zelte an Deck umgezogen, sobald das Schiff die ruhigen Gewässer von São Sabastião erreicht hatte. Das Leben an Bord ging ohne sie weiter, denn die meisten auf dem Schiff kümmerte es nur wenig, dass bald ein halbes Dutzend Sträflingskinder geboren werden sollte. Man musste weiterhin putzen, kochen und die tagtäglichen kleinen Arbeiten verrichten, damit das Schiff gut in Schuss blieb. Außerdem durfte man die zweihundertzwanzig Frauen an Bord, die nicht schwanger waren, und die fünfundzwanzig Männer, die nicht Vater wurden, nicht vernachlässigen oder dem Müßiggang überlassen. Regierungsvertreter, Koch und Steward ruderten an Land, um frisches Gemüse, Fleisch, Kaffee, Zucker und Rum zu erwerben. Die Offiziere wollten ihre Tagesausflüge unternehmen und an Land Einkäufe erledigen. Außerdem musste man immer noch Setzlinge für die Plantagen in Sydney auftreiben, über den Preis verhandeln und sie an Bord schaffen. Die Hühner wollten ebenfalls gefüttert, die Schweineställe ausgemistet und die Pflanzen gegossen werden.

Die Kinder, die in Rio de Janeiro zur Welt kamen, wurden in ungewöhnliche Umstände hineingeboren. Ihre Mütter waren Sträflinge, ihre Väter Seeleute, Gefängniswärter oder Lagerwachen – Männer also, von denen diese Frauen wohl niemals ein Kind empfangen hätten, wären sie in London, Warwick oder Exeter geblieben. John Nicol und seine Kameraden auf der *Lady Julian* hatten nicht darüber entschieden, dass diese Frauen in die Verbannung geschickt wurden. Sie waren bezahlte Arbeitskräfte, Seeleute, die sich für die beste Heuer verdingten. Auch wenn sie das Ihre dazu beitrugen, die Frauen in ein fremdes Land zu bringen, befolgten sie schließlich nur Befehle. Und wer ein vierzehnjähriges Mädchen »zur Frau nahm« tat lediglich das, was auch jeder andere an seiner Stelle getan hätte. Vergleiche mit Wachen, die derartige Praktiken in Straflagern des zwanzigsten Jahrhunderts zuließen – oder zumindest duldeten –, hinken zwangsläufig. Denn man kann nicht davon ausgehen, dass in den Köpfen des achtzehnten Jahrhunderts dieselbe Einstellung zu Moral und persönlicher Freiheit herrschte, wie sie heute für uns selbstverständlich ist. Allerdings sah die Zukunft der Schiffs-babys von Rio ganz unabhängig von der Beziehung zwischen ihren Eltern nicht sehr rosig aus. Ihre Mütter waren aus ihrer Heimat verbannt worden und befanden sich nun auf dem Weg in ein fernes Land, das noch keine zwei Jahre alt und dessen Sta-tus noch nicht geklärt war – keine Nation, keine richtige Kolo-nie, aber auch kein gewöhnliches Gefängnis. Selbst der Name des Gebiets, in das ihre Mütter sie bringen würden, stand noch nicht fest. Würden sie Engländer sein? Briten? Neusüdwaliser? Neuholländer? Antipodeaner? Wichtige Fragen schwebten über den geschwollenen Bäuchen an Bord der *Lady Julian*, aus denen sechs verlorene kleine Kreolen bald ans Licht der Welt treten sollten.

Die Geburt ihrer Kinder war die wichtigste Erfahrung, die die schwangeren Frauen in Rio de Janeiro machten. Für andere hingegen handelte es sich nur um eine Nebenhandlung viel be-deutenderer Ereignisse. Nicht nur im Mütterzelt herrschte re-ges Treiben. Während sich unter dem Segeltuch auf der einen Seite des Schiffes der neunmonatige Reproduktionszyklus sei-nem Ende zuneigte, wurde er in Hütten, Hängematten und Kojen anderswo gerade erst begonnen. John Nicol erinnert sich zwar nicht an Sarahs Wehen, weiß aber noch genau, dass »die Damen [in Rio wieder] unablässig Besuche empfingen«. Das Feilschen und Handeln zwischen Vorderdeck, Unterdeck, durchreisenden Seeleuten und neugierigen Einheimischen wurde in Rio ebenso emsig und erfolgreich betrieben wie in Santa Cruz de Tenerife – und auch mit derselben unausgespro-chenen Duldung vom Achterdeck. Wieder wurden der mit Schnaps getränkte Schwamm an einem Bändchen und die Zer-vixkappe aus Wachs unter den Matratzen im Unterdeck her-vorgekramt, gereinigt und eingeführt.

Die hochschwangeren Frauen unter dem zerschlissenen Segel wurden aus ihrem Dämmerschlaf gerissen, als Ende November oder Anfang Dezember Sarah Whitelams Wehen einsetzten. Sie wurde zum ersten Mal Mutter, war jung und –

soweit wir es beurteilen können – einigermaßen gesund. Zwischen dem Platzen der Fruchtblase und der Geburt vergingen vielleicht nur vier Stunden. In dem kleinen Kreißsaal in einer Ecke des Decks machte man sich an die Arbeit. »Sie wird immer wieder von Hitze- und Kältewellen geplagt, begleitet von starkem Harndrang und so weiter. Außerdem wird sie immer unruhiger, da jede Körperhaltung ihr anstrengend und unbequem erscheint«, schrieb Dr. Bland in seinem Lehrbuch für Hebammen. Im ersten Stadium der Geburt kamen die Wehen etwa alle fünf Minuten. Jemand überprüfte die Ausdehnung des Muttermundes, bald platzte die Fruchtblase, und kurz darauf entleerte sich Sarahs Darm. Mary Rose und Elizabeth Barnsley wischten, putzen, wechselten Wäsche und beruhigten die Schwangere. Als sich Sarahs Muttermund auf acht bis zehn Zentimeter geweitet hatte, begann die zweite Phase der Geburt. Die Wehen wurden heftig und unregelmäßig, und Sarahs Atem ging stoßweise. Der Schweiß lief ihr in Strömen hinab; vielleicht litt sie auch an Schluckauf, Rülpsen oder Erbrechen, wie es in diesem Stadium häufig geschieht. Die Hebammen verabreichten ihr Tee aus Kamillenblüten, Hirschhorn oder anderen Kräutern, die Mrs. Barnsley an Land hatte auftreiben können.

Damals war es noch nicht Sitte, im Liegen zu gebären. Deshalb lief Sarah während ihrer Wehen vermutlich meistens herum. Die aufrechte Haltung sorgte dafür, dass das Baby nach unten und aus dem Körper gedrückt wurde. Auch die Schellen und Riemen, mit denen man Frauen bei der Geburt fixierte, waren noch nicht erfunden. Und außerdem gab es an Bord der *Lady Julian* keine Geburtszange, die eine Rückenlage erforderlich gemacht hätte. Als Stütze wurde ein Stuhl oder in den meisten Fällen ein Geburtshocker benützt. Dabei handelte es sich um einen Sitz in Hufeisenform, der vorne eine Lücke hatte. Der Hocker war so niedrig, dass die Frau eher kauerte als saß, und breit genug, um sich daran festzuhalten; außerdem verfügte er über eine Lehne für den Lendenwirbelbereich. Ob die Damen in England einen solchen Hocker mit der Kindbettwäsche mitgeliefert hatten, ist nicht bekannt. Falls nicht, wären John Nicol oder der Schiffszimmermann in der Lage gewesen, auf Mrs. Barnsleys Bitte hin – vielleicht durch Vermittlung des Arztes oder auf direkte Anweisung von Mrs. Barnsley selbst – einen anzufertigen.

Sarah kauerte auf dem Geburtshocker oder kniete auf Deck und presste, bis – Minuten, Stunden, einen Tag oder zwei Tage später – John Nicol Junior das Licht der Welt erblickte, runzelig, mit Schleim bedeckt und gefolgt von einem Schwall Wasser. Jemand untersuchte das Baby, entfernte die Nabelschnur von seinem Hals und die Schleimhautreste von seinem Gesicht und kippte ihn ein wenig nach unten, damit er den Schleim von sich gab. Währenddessen wurde Sarah noch einmal der Geburtshocker untergeschoben, und sie stieß mit einem weiteren Blutschwall die Nachgeburt aus. Nach einer Weile band man die Nabelschnur ab, durchtrennte sie und legte Sarah den kleinen Jungen an die Brust.

Vielleicht unterbrachen alle ihre Arbeit, und das ganze Schiff hielt den Atem an, als im Mütterzelt bei einer Frau nach der anderen die Wehen einsetzten und die Kinder zur Welt kamen. Möglicherweise ließen sich die anderen auch nicht bei ihren Alltagsgeschäften stören, während in einer kleinen Ecke unter Mühe und Schmerzen Kindern das Leben geschenkt wurde und verängstigte junge Mädchen das Deck mit ihrem Blut benetzten. Einigen Seeleuten mochte das nahe gegangen sein, andere zuckten vielleicht nur die Achseln, dachten sich, dass Frauen schließlich schon immer die Kinder bekamen, und verschwendeten keine weitere Überlegung daran. Nicht einmal John Nicol, der seiner Zuneigung zu Sarah so wortreich Ausdruck verliehen hatte, erinnert sich an die Geburt seines eigenen Sohnes.

»Nach vier Wochen«, schrieb Dr. Bland, der Geburtshelfer aus Westminster, »können [die jungen Mütter] das Haus verlassen und sollten ... zunächst zwei oder drei Tage lang von der Kutsche aus frische Luft schnappen. Bei schönem Wetter können sie dann ein wenig spazieren gehen und sollten auf den

Kirchgang verzichten, bis sie wieder bei Kräften sind wie zuvor.«
Für die Frauen an Bord der *Lady Julian* verliefen die ersten Monate der Mutterschaft ein wenig anders. Ende Dezember verließen sie São Sebastião und nahmen Kurs auf die Stadt am Kap der Guten Hoffnung, wo die Holländische Ostindische Kompanie die Portugiesen in die Flucht geschlagen hatte. Doch auch sie sollten bald von den Briten vertrieben werden.

KAPITEL ZWÖLF

Der Schiffbruch der *Guardian*

Leutnant Riou war mit der *HMS Guardian* in Kapstadt eingetroffen und hatte dort erfahren, dass Kapitän Hunter vor einigen Monaten hier Notvorräte für Sydney Cove besorgt hatte. Beladen mit Lebensmitteln, hatte er sich auf den Rückweg nach Neusüdwales gemacht, während die *Lady Julian* in Rio de Janeiro vor Anker lag. Am 11. Dezember verließ Riou das Kap, und zwar mit eher südlichem als östlichem Kurs, wodurch er gefährlich nah an die Arktis geriet, ein Gebiet, das Kapitän Cook bei seiner zweiten Entdeckungsreise umfahren hatte. Zu den vielen Schwierigkeiten, mit denen Riou zu kämpfen hatte, gehörte die Lagerung des Wassers für die Stuten, Hengste, Mutterschafe, Widder, Ziegen, Kaninchen und Hühner und für die beiden exotischen Mauritiushirsche, die er in Kapstadt an Bord genommen hatte. Am 22. Dezember sichtete der Ausguck der *Guardian* Eisberge in knapp fünfzehn Kilometer Entfernung. Sie befanden sich auf 42° 15', eigentlich viel zu weit nördlich für Eis. Am Heiligabend sahen sie auf 43° 40' Süd eine weitere riesige Eismasse und beschlossen, ein paar Splitter davon abzuschlagen, damit man daraus Wasser für das Vieh gewinnen konnte. Zwei Beiboote wurden zu Wasser gelassen, um das Eis zu holen. Diese Unternehmung war höchst riskant, da sich in Gewässern, wo Eisberge schwimmen, zuweilen tödliche Gefahren verbergen. Als die Boote mit den Eisbrocken zurückkehrten, hatte sich Nebel über das Schiff gesenkt, und die Sichtweite betrug nur noch einen knappen Kilometer. Zusätzliche Posten wurden eingeteilt. Doch wegen all der Bemühungen, einen Weg in sichere Gewässer zu finden, sichtete man den Eisberg auf der Steuerbordseite erst, als es zu spät war. Der Eisberg bohrte sich in das Schiff, das sich zwar befreien konnte, doch das Steuerruder blieb stecken, und Wasser strömte in den Rumpf. Kanonen, Fracht und Tierfutter wurden über Bord geworfen. Dann flickte man das Schiff notdürftig mit zwei Lagen Leinwand. Doch der Wasserspiegel im Rumpf stieg stetig. Achtundvierzig Stunden lang mühten sich die Männer mit Leibeskräften an den Pumpen ab. Aber schließlich gab einer nach dem anderen auf, um sich stattdessen mit gestohlenem Schnaps bewusstlos zu trinken. Am zweiten Weihnachtstag gestattete Kapitän Riou allen, die dies wünschten, das Schiff zu verlassen. Die Boote wurden zu Wasser gelassen, und die meisten der Seeleute stiegen ein. Bis auf fünfzehn gingen alle auf See zugrunde, denn in diesen einsamen Gewässern begegnete man nur selten einem Schiff. Die fünfzehn Überlebenden hatten das große Glück, von einem französischen Handelsschiff aufgelesen zu werden, das auf dem Rückweg von Mauritius vom Kurs abgekommen war. Die Franzosen brachten sie am 18. Januar zurück zum Kap.

Riou blieb gemeinsam mit den sechzig Männern, für die kein Platz in den Booten gewesen war, an Bord. Man bastelte ein provisorisches Steuerruder. In seinem Logbuch heißt es in der Eintragung vom 28. Dezember: »Am wichtigsten war mir die Manövrierbarkeit, danach kam das Flicken, wenn auch nur, um das Schiff ein oder zwei Tage länger über Wasser zu halten. Wenn wir uns nach Norden orientieren, haben wir vielleicht eine Chance, auf die *Lady Julian* oder ein anderes Schiff zu treffen.« Als die fünfzehn Überlebenden mit ihren französischen Rettern drei Wochen später in Kapstadt eintrafen, hatte man dort angenommen, dass die *Guardian* gesunken war, ein weiteres Opfer des südlichen Atlantiks. Man hatte die Admiralität benachrichtigt und ein persönliches Schreiben an Rious Mutter geschickt, in dem man sie vom Tod ihres Sohns in Kenntnis setzte. Andere Briefe berichteten Premierminister Pitt vom Schicksal seines Vetters. Die *Lady Julian* ließ sich nicht im südlichen Atlantik blicken, denn sie befand sich immer noch auf der Reise von Rio zum Kap. Auch kein anderes Schiff erschien, und die Männer hofften, stattdessen eine verlassene Insel zu finden. Doch auch dieser Wunsch ging nicht in Erfüllung. Am 22. Februar wurden sie gerettet, und zwar von Walfängern, die sie einen Tag zuvor gesichtet hatten und die sie zum holländischen Hafen False Bay am Kap der Guten Hoffnung schleppten; »bedeckt mit Schmutz, zerlumpt und mit langen Bärten sahen sie aus wie Männer aus einer anderen Welt«. Riou hatte dank seiner Fähigkeiten als Seemann und seines Charismas eine Meisterleistung vollbracht, die sich durchaus mit der von Kapitän Blight vor einigen Monaten messen konnte.

Die Offiziere auf der *Lady Julian* ahnten nichts von der Meuterei auf der *Bounty* oder der Havarie der *Guardian*, als der Ausguck am 28. Februar Land sichtete. Für die Verhältnisse der *Lady Julian* waren sie ziemlich schnell vorangekommen und hatten in fünfzig Tagen ohne nennenswerte Zwischenfälle die Fahrt nach Osten von Rio zum afrikanischen Kap hinter sich gebracht. Wenige Stunden nach der Meldung des Postens konnten die Menschen an Deck das beeindruckende abgeflachte Massiv des Tafelbergs sehen. Kurz darauf erblickten sie Devil's Peak und Lions Head und bald auch die Spalten und Nischen der Bergausläufer. Und zu guter Letzt waren die Kirchen und niedrigen Gebäude der Stadt zu erkennen, die sich in die Kuhle zwischen Bergen und Meer schmiegte. Am Abend lagen sie in Table Bay, etwa zwei Kilometer südlich von Kapstadt entfernt, vor Anker, dem Hafen, der als die Theke der Meere galt.

In der großen Bucht drängten sich die Schiffe. Holländische Kaufleute legten auf der Reise von Antwerpen nach Batavia hier an. Portugiesen, die von Lissabon nach Bengalen wollten, machten hier Station, ebenso wie die Franzosen auf der Überfahrt von Madras über Mauritius nach Bordeaux und die Briten auf dem Weg von Kalkutta nach London. Auch amerikanische

Schiffe ankerten hier, Walfänger oder Kaufleute, die mit allen Kolonisten Handel trieben, welche sich nicht scheuten, das europäische Monopol zu brechen. Die Amerikaner hatten sogar ein Auge auf Botany Bay als zukünftigen Handelsplatz und Siedlungsgebiet geworfen. Durch einen Mittelsmann hatten sie sich mit Phillips Offizieren in Verbindung gesetzt, um den britischen Standpunkt zu sondieren, als seine Flotte im Jahr 1787 hier eingetroffen war. Das einzige Schiff, mit dessen Anblick die Männer auf der *Lady Julian* in dieser Bucht nicht gerechnet hatten, war die *HMS Guardian*.

Als die Vertreter der holländischen Kompanie die *Lady Julian* an der Hafenmündung begrüßten, berichteten sie von den jüngsten schrecklichen Ereignissen. Die Gasthäuser am Kap beherbergten zurzeit die Überlebenden zweier britischer Schiffe, von denen eines im Südpazifik von Meuterern übernommen und das andere in der Antarktis beinahe von einem Eisberg versenkt worden war. Leutnant Edgar und Kapitän Aitken brachten im Hause von Gouverneur van Graaf rasch die Formalitäten hinter sich und suchten dann Leutnant Riou in seiner Unterkunft auf. Von ihm erfuhren sie die dramatische Geschichte vom Schicksal der *Guardian* aus erster Hand. Edgar war verlegen und glaubte, sich für die ausgesprochen langsame Überfahrt der *Lady Julian* rechtfertigen zu müssen. »Eine andauernde Flaute am Äquator«, erklärte er seinem ehemaligen Untergebenen; »die weiblichen Gefangenen litten schwer an Skorbut; und das Schiff hatte viele Lecks.«

Anschließend besuchte Edgar John Fryer, den ersten Offizier der *Bounty*, der bei Kapitän Blights Abreise nach England im Januar am Kap geblieben war. Fryer und die noch arbeitsfähigen Männer von der *Bounty* halfen Riou bei der Reparatur der *Guardian*. Einige jedoch waren nicht dazu in der Lage: Der Gehilfe des Schiffsarztes der *Bounty* musste das Bett hüten, und man befürchtete, er könne während der einundvierzig Tage in einem kleinen Boot auf See vor Durst und Angst den Verstand verloren haben. Das traurige Schicksal der *Bounty* und ihres Kapitäns, eines Mannes, den Riou und Edgar persönlich kannten, war die Geschichte einer wundersamen Rettung, die seine Offizierskollegen sehr faszinierte. Allerdings hatte die Havarie der *Guardian* weitaus größere Auswirkungen auf Edgars Pläne. Als Kapitän Hunter vor einem Jahr Kapstadt verlassen hatte, hatte in Sydney Cove bittere Not geherrscht. Falls es auch weiterhin zu Missernten gekommen war und man weder Vorräte angeliefert noch welche abgeholt hatte, machten die Kolonisten sicher Entsetzliches durch. Deshalb musste die *Lady Julian* so viel Proviant wie möglich an Bord nehmen und umgehend nach Neusüdwales aufbrechen. Ein gemütlicher siebenwöchiger Aufenthalt wie in Rio kam also nicht in Frage.

Leutnant Riou war erst vor einer Woche in der holländischen Siedlung eingetroffen. Die Lebensmittel, die nicht zur Verringerung des Ballasts über Bord geworfen worden waren, befanden sich noch auf dem havarierten Schiff im Hafen, während Riou versuchte, in der Stadt Lagerflächen zu mieten. Man beschloss, sämtliche Waren, die man löschen konnte, von der *Guardian* auf die *Lady Julian* umzupacken, damit diese sie nach Sydney Cove brachte. Allerdings führten die Lecks, die während der Fahrt von Rio hierher entstanden waren, zu weiteren Verzögerungen. Bevor man neue Ladung an Bord nehmen konnte, musste man die Lagerräume und Decks zuerst wegen der Reparaturarbeiten gänzlich entleeren.

Leutnant Riou und der Schiffszimmermann der *Guardian*, die erst vor kurzem ausreichend Erfahrung mit dem Stopfen von Lecks hatten sammeln können, boten Edgar ihre Hilfe an. Die *Lady Julian* wurde in den Hafen gelotst, um vor ihrem Aufbruch in die rauen Gewässer des südlichen Ozeans zwischen Afrika und Neusüdwales gründlich überholt zu werden. Die Arbeiten dauerten mindestens drei Wochen. Das Krängen – also das Ziehen des Schiffes an den Strand, um eine Seite des Rumpfes freizulegen und zu flicken – setzte voraus, dass man einen größtmöglichen Teil der Ladung zuvor an Land schaffte. Nun sollten die Frauen die vierte fremde Stadt und den dritten Kontinent zu Gesicht bekommen. Truhen und Fässer wurden an Deck gehievt, hinuntergelassen, mit Booten und Flößen ans

Ufer geschafft und den Strand hinaufgerollt. Da sich im Laderaum bis zu tausend Fässer befanden, war es eine anstrengende und schweißtreibende Arbeit.

Die Behörden in Kapstadt waren dafür berüchtigt, dass sie deportierten Sträflingen mit Argwohn begegneten. Als Kommodore Phillips Flotte vor zwei Jahren auf dem Weg nach Botany Bay hier angelegt hatte, hatten die Holländer am Strand zusätzliche Wachen aufgestellt und die Posten in der Stadt verdoppelt. Wenn die Frauen auf ihren Matratzen neben dem Schiff am Strand oder unter provisorischen Zeltdächern schliefen, wurden sie vermutlich auch von holländischen Milizionären bewacht, die sich die vom Pech verfolgten Engländer ausgeliehen hatten. Vielleicht jedoch gab man den Gefangenen einfach Hafturlaub. Wohin hätten sie auch fliehen sollen, wenn sie sich nachts über den Strand in die Stadt geschlichen hätten? Schließlich gab es ringsherum nur Berge und Wüsten.

Nachdem das Schiff leer geräumt war, konnte man mit dem Krängen beginnen. Alle Segel wurden abgenommen und zum Ufer gebracht. Anschließend entfernte man die Marsstengen und stapelte sie am Strand. Man befestigte Taue mit Klampen am seeseitigen Deckbalken des Schiffes, ruderte an Land und wickelte die Taue um Bäume. Die Männer neigten das Schiff, damit die Lecks auf der anderen Seite zu sehen waren. Die Lecks zugänglich zu machen, war eine Operation, die gut und gerne zwei bis drei Tage dauern konnte. Anschließend musste der Rumpf geflickt werden. Zum Glück hatte man Freunde in Kapstadt. Die übrig gebliebenen Mannschaften der beiden anderen britischen Schiffe stellten ihre Muskelkraft zur Verfügung und zerrten kräftig an den Seilen. Für eine Weile verwandelte sich der Strand in eine Mischung aus Lager, Werkstatt und Schmiede, als die Zimmerleute und die Schmiede ihre Gerätschaften aufbauten. Segel und überzählige Leinwand wurden auf dem Sand ausgebreitet, auf schimmelige Stellen untersucht und in der Sonne gebleicht und getrocknet. Auf einem Feuer kochten die Kessel mit Pech, das die Männer für die Arbeiten am Rumpf brauchten. Auf einem zweiten Feuer bereiteten der Koch, sein Gehilfe und einige der Gefangenen die Mahlzeiten für die am Strand wartenden Frauen, Arbeiter und Offiziere zu.

Während das Schiff unter Aufsicht des ersten Maats instand gesetzt wurde, war Leutnant Edgar damit beschäftigt, so schnell wie möglich Proviant aufzutreiben. Die Überlebenden der *Guardian* fertigten mit Unterstützung der Männer von der *Bounty*, die nicht an Fieber oder Wahnsinn litten, eine Inventur der Vorräte auf dem Wrack an und schafften alles, was nicht auf der *Lady Julian* unterzubringen war, mit Booten zu den sündhaft teuren Lagerhäusern, die Riou in der Stadt ausfindig gemacht hatte. Zu der Ladung, die die *Guardian* nach Sydney Cove hatte bringen wollen, gehörten auch Pflanzen, von denen einige aus England, andere aus Afrika stammten. Die Pflanzenkammer, deren Grundrisse Sir Joseph Banks in Deptford auf das Deck gezeichnet hatte, gab es nicht mehr; die dreiundneunzig Blumentöpfe darin waren ins Meer geschleudert worden und mussten jetzt ersetzt werden. In Kapstadt lebte der englische Botaniker Francis Masson, der ebenfalls im Dienst von Banks weltweitem botanischem Forschungsprojekt stand. Wie James Smith und George Austin, die beiden Obergärtner, die Sir Joseph nach Sydney Cove geschickt hatte, war auch Francis Masson auf dessen Betreiben hin aus den Kew Gardens abgezogen worden. Von Kapstadt aus führte er botanische Expeditionen ins Landesinnere durch, ließ alles, was er fand, nach Kew Gardens transportieren und flehte inzwischen immer inständiger, wieder nach Hause zu dürfen.

Der Großteil des Viehs, das Riou in Kapstadt für die Bauernhöfe von Sydney Cove gekauft hatte, war ebenfalls bei dem Schiffsunglück ums Leben gekommen. Einige Tiere waren über Bord gefallen und die kleineren zertrampelt oder zerquetscht worden, als unter den Rindern Panik ausgebrochen war. Andere wiederum waren im über die Käfige schwappenden Wasser ertrunken. Allerdings war es Riou gelungen, die zweiundzwanzigköpfige Schafherde und zwei Hengste aus Kapstadt zu retten, und man beschloss, diese Tiere zusammen mit fünfundsiebzig Fässern Mehl, vierhundert Litern Wein und einigen an Kommodore Phillip gerichtete Schreiben der Admiralität an Bord der *Lady Julian* zu bringen. Außerdem erbte Edgar von seinem ehemaligen Leutnant zur See auch zusätzliche Passagiere. Fünf der sieben Aufseher hatten das Unglück überlebt; darüber hinaus waren alle fünfundzwanzig Sträflingsgärtner an Bord geblieben und hatten einiges dazu beigetragen, dass die *Guardian* das Kap wohlbehalten erreichte. Riou hatte den Männern »wegen ihrer großen Verdienste vor und nach dem Unglück« versprochen, sich als Dank für ihre Tüchtigkeit für ihre Begnadigung zu verwenden. Man entschied, die fünfundzwanzig Sträflinge in Kapstadt einzuquartieren und auf der *Neptune*, der *Scarborough* oder der *Surprize*, die in wenigen Wochen erwartet wurden, Platz für sie zu schaffen. Die Aufseher hingegen sollten Leutnant Edgar begleiten. Nachdem die Zimmerleute die *Lady Julian* für einigermaßen seetüchtig erklärt hatten, wurde sie wieder aufgerichtet, beladen und zu ihrem Liegeplatz im Hafen zurückgebracht. Allerdings war die Arbeit der Zimmerleute damit noch nicht erledigt, denn nun mussten sie neue Quartiere für sechs Menschen, zwei Hengste und eine Schafherde errichten, die die letzte Etappe der Reise an Bord verbringen sollten. Ende März kamen John Thomas Doidge, der Flachshechler Andrew Hume, Philip Devine und der ehemalige hessische Söldner Philip Schaffer mit seiner zehnjährigen Tochter Elisabeth – der ersten wirklichen »jungen Dame« auf dem Schiff – an Bord. Vermutlich wurden sie in Hütten untergebracht, die man in Kapstadt auf dem Mitteldeck des Schiffes aufbaute. Miss Elisabeth teilte wahrscheinlich eine mit ihrem Vater oder mit Mrs. Barnsley. Vielleicht mussten auch einige Offiziere ihre Kabine räumen, um sie ihr abzutreten.

Die Planungen, Arbeiten und das Umpacken der Ladung nahm den ganzen März in Anspruch. Die Frauen durften nur in Begleitung eines Offiziers an Land, der sich an ihre Fersen heftete. Die Holländer hegten – anders als die Spanier oder die Portugiesen – starken Argwohn gegen die Passagiere ausländischer Schiffe, insbesondere dann, wenn es sich um Sträflinge handelte, wie sie die Briten seit einiger Zeit in den Süden schickten. Die Offiziere hingegen nahmen gewiss wie bereits in den anderen Häfen an Land Quartier. Das von Kommodore Phillip und seinen Offizieren im Jahr 1787 bevorzugte Haus gehörte einer Mrs. de Witt, deren Gatte offenbar als Kaufmann ausländische Schiffe mit Proviant versorgte. Alle waren mit diesem Arrangement zufrieden. Wahrscheinlich gingen auch die Matrosen an Land. Wohlhabende und vertrauenswürdige Sträflinge späterer Transporte begleiteten sie – und vermutlich bot sich den begüterten und zuverlässigen Frauen auf der *Lady Julian* dieselbe Gelegenheit.

Die Anlegestelle befand sich am östlichen Ende der Stadt. Das Meer hatte noch nichts von der Küste zurückgefordert, wo heute Bürogebäude, Parks und die städtische Skulpturensammlung sind. Das erste Gebäude, das die Neuankömmlinge passierten, war die gewaltige fünfeckige Burg der Guten Hoffnung, die den ledigen Offizieren der Holländischen Ostindischen Kompanie als Nachschubstelle und Unterkunft diente. Eine neuere Festung schützte den Westteil der Stadt. Kapstadt erschien den Gefangenen – wenn auch in anderer Weise – ebenso fremdartig wie Rio oder Santa Cruz. Die Kultur hier war zwar nicht lateinamerikanisch-katholisch, sondern germanisch-protestantisch geprägt, aber für Menschen aus London und Bristol nicht minder absonderlich. Nach den Wochen in Rio hatten sich die Damen an ein Straßenbild voller dahineilender Sklaven und greller Lichter gewöhnt. In Kapstadt hingegen lebte ein anderes Völkergemisch, und es galten auch andere Gesetze. Jede europäische Kolonie pflegte, was die gesellschaftliche Stellung der Sklaven anging, ihre eigene Einstellung und bevorzugte Menschen unterschiedlicher Nationalität für die Arbeit in Haushalt und Landwirtschaft. Unter den Sklaven in Kapstadt fanden sich zwar Neger und Kreolen, aber auch zurückhaltende Malaien, die aus den holländischen Besitzungen weiter im Osten stammten und hier als Hausbedienstete eingesetzt wurden. Viele fanden ihre Lautlosigkeit beängstigend, denn in den achtziger Jahren des achtzehnten

Jahrhunderts ging in Kapstadt das Gerücht um, dass malaiische Sklaven »häufig ihre Herren und Herrinnen ermorden«. Deshalb war jeder Malaie verpflichtet, nach Dunkelwerden eine Laterne bei sich zu führen. Kreolen waren begehrt und sehr teuer; Neger aus Mosambik und Madagaskar waren beliebt, weil sie als »anhänglich und treu« galten, ebenso wie Hottentotten aus dem Landesinneren, die leider fast unmöglich zu bekommen waren. Außerdem stellten entflohene Sklaven in Kapstadt ein größeres Problem dar als in Rio. Durchreisende Offiziere unternahmen gern Tagesausflüge ins Tafelland, wo einheimische Führer sie auf scheinbar unzugängliche Felsvorsprünge hinwiesen, auf denen sich Gruppen entflohener Neger niedergelassen hatten. Bei Dämmerung waren ihre Feuer noch weit zu sehen, und man erzählte sich Geschichten von nächtlichen Raubzügen durch die Gemüsegärten.

Ein gleichermaßen beliebter, wenn auch ungleich anstrengender Ausflug war eine Besteigung des Tafelbergs, die sich als »schweißtreibende und ermüdende Unternehmung« entpuppen konnte. Doch der Blick vom Gipfel galt allgemein als einer der schönsten der Welt. Von oben war auch gut zu sehen, wie ausgesprochen sauber und regelmäßig angelegt die Stadt war. Die Straßen trafen in einem Winkel von genau neunzig Grad aufeinander, was man Besuchern gegenüber gerne betonte. Man findet kaum ein zeitgenössisches Tagebuch, in dem Kapstadt nicht als gepflegt, ordentlich und gut organisiert beschrieben wird. Übersteigerte Zurschaustellung des Katholizismus suchte man hier vergeblich. Die nüchternen, weißen Häuser mit ihren Flachdächern, wie man sie heute noch in Bo-Kaap sieht, waren nur zwei Stockwerke hoch, eine Vorsichtsmaßnahme gegen die starken Winde im Sommer. Außerdem gab es ein paar einigermaßen repräsentative Gebäude, welche die Ostindische Kompanie beherbergten. Auch das Haus des Gouverneurs zählte dazu, und der prächtige Park der Kompanie, in dem es stand, erfüllte gleichzeitig nützliche wie dekorative Zwecke – obwohl Watkin Tench erwartungsgemäß kein gutes Haar an dem kleinen Zoo in diesem Park ließ: »Er ist ärmlich ausgestattet, sowohl was die Tiere als auch was die Vögel angeht: ein Tiger, ein Zebra, ein paar hübsche Strauße, ein Kasuar und ein reizender Vogel mit einem Kamm.« Die holländischen Kirchen waren schmucklos und im lutherischen oder calvinistischen Stil gehalten; die holländischen Damen gingen aufrechten Hauptes und mit unverhülltem Gesicht umher. Oberflächlich betrachtet handelte es sich um eine geordnetere Gesellschaftsform als in Rio, doch trotz der friedlichen Tüchtigkeit erhielt man Einblicke in ein erschreckend grausames Rechtssystem. Die Hinrichtungsstätte befand sich unweit der Stelle dicht oberhalb der Festung, wo die durchreisenden Schiffe Wasser aufnahmen. Sie bestand nicht nur aus einem Galgen, sondern auch aus einem Pfosten zum Pfählen, Rädern und drei Kreuzen, auf denen Straftäter gebrochen wurden. Nach einer Hinrichtung wurden Körperteile des Delinquenten an Straßenecken überall in der Stadt zur Schau gestellt.

Generationen europäischer Bergwerksbesitzer, Pflanzer und Gutsherren hatten sich große Teile der älteren Kolonien in der Küstenregion Südamerikas unterworfen; doch jenseits der holländischen Enklaven auf dem afrikanischen Kontinent hatten Land und Menschen ihre ursprüngliche Gestalt beibehalten. Man erzählte genüsslich von Kannibalismus und Eingeborenenritualen im Busch, von denen einige Geschichten der Wahrheit entsprachen, andere hingegen dem Reich der Legenden zuzuordnen waren. Ein Sträfling aus dem Jahr 1798, der während der Wochen im Hafen von Kapstadt das Schiff nie verließ, schrieb, der wilde Busch habe auch auf die Stadt übergegriffen: »Elefanten. Rhinozerosse. Einige mit einem Horn, andere mit zweien. Löwen. Tiger. Wölfe in Massen, die durch die Städte schleichen. Hyänen, Schakale, wilde Hunde und Katzen. Schweine. Zebras. Otter. Paviane, Affen von silbriger Farbe. Leoparden und auch das Tier mit dem großen Horn, das dem Pferd ähnelt. Ochsen und Antilopen. Außerdem Schlangen, Skorpione, Eidechsen, Grillen. Moskitos, die giftig sind ...«

Noch beängstigender als die Tierwelt waren die Eingeborenen. Die wahre und schreckliche Geschichte des Handelsschiffs

SIÂN REES

Grosvenor machte bei der Ankunft der *Lady Julian* im März 1790 in Kapstadt die Runde. Die *Grosvenor* war vor acht Jahren an der Küste von »Kaffernland« auf Grund gelaufen. Die überlebenden Seeleute und Passagiere, auch einige Frauen, waren »von den Kaffern, einer wilden, grausamen Horde, wie es sie auf der Welt nicht zweimal gibt, gefangen genommen« worden. Gouverneur van Graaf und Hauptmann Gordon, ein charmanter Holländer mit englischen Vorfahren, der die Truppen der Kompanie befehligte, hatten einige Versuche unternommen, die Gestrandeten zu finden und zu retten. Doch nach einer Weile musste man davon ausgehen, dass sie gefressen oder in die Sklaverei verschleppt worden waren. Schließlich erhielt man Nachricht aus dem Landesinneren. Als Kapitän Blight auf dem Weg von Tahiti am Kap Station machte, bekam er von Hauptmann Gordon neue Informationen. »Bei seinen Reisen durch das Kaffernland habe er einen Eingeborenen getroffen, der ihm sagte, unter seinen Landsleuten lebe eine weiße Frau. Sie habe ein Kind, das sie häufig an sich drücke und dabei aufs Bitterlichste weine.« Der Hauptmann gab dem Mann auf Englisch, Französisch und Holländisch verfasste Briefe mit und wies ihn an, die Frau zum Beweis ihrer Existenz einen davon abzeichnen zu lassen und das Schreiben anschließend zurückzubringen. Der Mann wurde nie mehr gesehen, und nach einer Weile sprach man nicht mehr darüber. Doch als die *Lady Julian* im folgenden Jahr eintraf, hieß es, die Vermissten seien wieder gesichtet worden. Während der Wochen, die die *Lady Julian* am Kap verbrachte, wurde hitzig darüber debattiert, ob man eine Expedition in den Busch ausrüsten sollte, um die Überlebenden der *Grosvenor* zu suchen. Auf diejenigen an Bord, die befürchteten, weiter im Osten von Wilden erwartet zu werden, hatte das keine sehr aufmunternde Wirkung.

Während des Monats in Table Bay wechselte die Jahreszeit. Der Spätsommer wich dem Herbst. Jedes Schiff, das nun in den Hafen einfuhr, senkte Rahen und Marsstengen als Vorsichtsmaßnahme gegen die heftigen Winde aus Südost, die ein Schiff mühelos aus der Bucht blasen konnten. Wegen der Verzögerungen in England und wegen der in Rio verbrachten Wochen würde die *Lady Julian* die Überquerung des südlichen Atlantiks erst gefährlich spät beginnen. Die am besten geeignete Jahreszeit war der Frühling, und auch Kommodore Phillip war vor zwei Jahren mit seiner Flotte in dieser Saison nach Osten gesegelt. Die *Lady Julian* lag seit knapp zwei Wochen in Table Bay, als die Herbststürme die ersten Opfer forderten. Am 12. März kamen acht Seeleute und der Bootsmann der *Guardian* an Bord und meldeten, ein Fischerboot sei an der Hafenmündung in Seenot geraten. Sofort wurde ein Boot zu Wasser gelassen, und die acht Männer von der *Guardian* machten sich, mit dem Bootsmann am Ruder, zu der Stelle auf, wo das Schiff zuletzt gesehen worden war. Sie kamen gerade noch rechtzeitig, um es mit einem kleinen Anker und einem Tau, die von der *Lady Julian* stammten, zu sichern und es knapp drei Taulängen vor der Brandung zum Stehen zu bringen, denn »wenn sie auf Grund gelaufen wäre, wäre sie in tausend Stücke zerborsten, ohne eine Hoffnung, das Leben der Mannschaft zu retten«.

Kapstadt war ein Ort, wo sich selbst die Gleichmütigsten der rauen Wirklichkeit nicht entziehen konnten. Der südliche Atlantik war ein gefährliches Meer, und die Winde, die sogar in der geschützten Table Bay durch die Takelage heulten, verhießen eine stürmische Überfahrt. Vor drei Monaten erst hatte die *Guardian* in dieser See Schiffbruch erlitten und die Hälfte ihrer Besatzung verloren. Die *Grosvenor* war von Furcht erregenden Wogen an die afrikanische Küste geschleudert worden, und man konnte sich nur mit einem Schaudern vorstellen, was aus ihren Passagieren geworden war. Man hoffte, dass die *Lady Julian* die Fahrt überstehen würde. Und allmählich breitete sich im Unterdeck die Gewissheit aus, dass sich zwischen ihnen und Sydney Cove nichts als der endlose Ozean erstreckte. Es gab keinen Aufschub mehr, keine fremden Häfen und keine befreundeten Sklavenschiffe. Am 31. März verließ die *Lady Julian* Table Bay; das »Vieh war ziemlich unruhig«. Sie segelte in das dunstige Wetter und den heftigen Wind aus Südost hinaus.

KAPITEL DREIZEHN

Von Kapstadt nach Sydney Cove

Am Tag nach dem Aufbruch der *Lady Julian* vom Kap wurden in Sydney Cove die Lebensmittelrationen reduziert, und zwar »für jeden in der Siedlung, ohne Ansehen der Person: vier Pfund Mehl, zweieinhalb Pfund gepökeltes Schweinefleisch und anderthalb Pfund Reis pro Woche«. Es war der Beginn eines schrecklichen Monats. Seit die letzten beiden Schiffe der Kolonie, die *Supply* und die *Sirius*, mit fünfundsechzig Marinesoldaten, fünf Soldatenfrauen, einhundertsechzehn männlichen und siebenundsechzig weiblichen Gefangenen und siebenundzwanzig Kindern an Bord vor drei Wochen zur Insel Norfolk gesegelt waren, hatte kein Schiff mehr in Sydney Cove angelegt. Die dreiundzwanzig Kopf starke Vorhut, die sich im Februar 1788 zur Insel Norfolk aufgemacht hatte, hatte Gouverneur Phillip viel versprechende Berichte zukommen lassen. Die Nachrichten klangen so gut, dass Phillip beschloss, die Lagerhäuser von Sydney Cove zu entlasten, indem er so viele Esser losschickte, wie die Insel seiner Ansicht nach ernähren konnte.

Edgar, Aitken und Riou hatten die Lage der Kolonisten bei ihren Gesprächen in Kapstadt vermutlich richtig eingeschätzt. Auf dem Festland war die Ernte des Sommers 1788/89 kärglich ausgefallen; die Lebensmittelknappheit wurde noch dadurch verschärft, dass im Februar Ratten in die Lagerhäuser von Sydney Cove eindrangen. In der Kolonie wurde gehungert, und die Nachschubprobleme drohten zu Aufständen zu führen. Im selben Monat, in dem man die Ratten entdeckte, wurden sechs Marinesoldaten dabei ertappt, wie sie Lebensmittel in einem öffentlichen Lagerhaus stahlen. Gouverneur Phillip verhängte zur Abschreckung sofort die Höchststrafe und ließ die Männer vor dem Lagerhaus aufknüpfen. Zwischen der zivilen Regierung und dem Marinekorps kam es zu Spannungen, da das Militär für sich höhere Rationen beanspruchte und forderte, von der Verpflichtung zu körperlicher Arbeit, Ackerbau und Beaufsichtigung der Sträflinge befreit zu werden. In Phillips ansonsten so ausgewogenen und sachlichen Schreiben schwingt ein zorniger Unterton mit, wenn er die Soldaten erwähnt. Nun spitzte sich die Krise zwischen diesen beiden wichtigen Mächten in der Kolonie aufgrund der Lebensmittelknappheit zu. Nachdem man die Hoffnung auf ein weiteres Frachtschiff aus England aufgegeben hatte, plante man zwei zusätzliche Expeditionen zur Beschaffung von Vorräten, die erste nach China, die zweite nach Batavia. Die *Sirius* sollte ihre Passagiere auf der Insel Norfolk absetzen und dann weiter nach China segeln, um Lebensmittel zu kaufen. Die *Supply* hatte die Aufgabe, zuerst die auf der Insel Norfolk abgelösten Soldaten nach Sydney Cove zurückzubringen und anschließend der *Sirius* nach Norden zu folgen.

Doch Ereignisse auf Norfolk warfen diese Pläne um. Das Anlegen an der Insel war ausgesprochen schwierig, denn ein heftiger Küstenwind machte es Schiffen unmöglich, sich der Südküste bei Sydney Bay, der wichtigsten Siedlung von Norfolk, zu nähern. Also musste man bis nach Cascade Bay an der Nordküste segeln, wo ein wenig günstigere Verhältnisse herrschten. Die Männer und Frauen auf den beiden Schiffen brauchten fünf Tage, um sich mithilfe einer Rettungsleine durch die über ihren Köpfen zusammenschlagenden Wogen durchs Wasser zu hangeln und das Ufer zu erreichen. Nur bei Ebbe war es machbar, in kleinen Gruppen an Land zu gehen. Die Leichter mussten rückwärts auf einen Felsvorsprung zusteuern, der bei Flut vom Festland abgeschnitten war. Am sechsten Tag unternahmen die Schiffe einen Versuch, von der Küste weg in sichere tiefere Gewässer zu segeln. Doch die *Sirius* wurde von der Strömung ergriffen und gegen das Riff von Cascade getragen und havarierte binnen Minuten. Sie wurde von den Korallen aufgespießt wie die *Guardian* vor kurzer Zeit von einem Eisberg, sodass sich ihre Bilge ins Meer ergoss. Also brach die *Supply* am 24. März allein auf, um der Garnison in Sydney Cove die Schreckensmeldung zu überbringen. Über vierhundert Menschen blieben gestrandet auf der Insel Norfolk zurück.

Die *Supply* traf am 5. April ein. In der Kolonie war man über den Verlust der *Sirius* schwer erschüttert, denn nun verfügte man nur noch über ein einziges Schiff, um Sydney Coves Kontakt zur Zivilisation aufrechtzuerhalten. Falls der *Supply* auf ihren heldenhaften Reisen zwischen den drei Siedlungen oder während einer Fahrt zur Proviantbeschaffung bei den Holländern etwas zustoßen sollte, würden die Kolonisten völlig von der Außenwelt abgeschnitten sein. Zwei Jahre waren vergangen, und offenbar hatte man in London die Zusagen vergessen, man werde »innerhalb dieses Jahres« weitere Verpflegung schicken. Die Kolonisten waren zunehmend auf sich allein gestellt, und nun mussten sie sich zu allem Überfluss mit einem Schiff weniger behelfen.

Im Mai waren die Arbeiten mehr oder weniger zum Erliegen gekommen. Man verlegte den Arbeitsschluss für die Sträflinge auf ein Uhr vor, da die Leistungsfähigkeit der Männer und Frauen aufgrund der kärglichen Rationen stark eingeschränkt war. Inzwischen ernährte man sich fast ausschließlich von Reis, der von Rüsselkäfern wimmelte. Die Erbsen waren aufgebraucht. Die Salat- und Maisfelder auf den Inseln Garden und Clark und zwischen den Siedlungen, die von zunehmend korrupten bewaffneten Wachmannschaften beaufsichtigt wurden, würden erst in einigen Wochen erntereif sein. Außerdem wurden die ohnehin schon spärlichen Pflanzen durch verzweifelte nächtliche Diebeszüge zusätzlich dezimiert. Trotz der Evaku-

ierung von zweihundertachtzig Menschen auf die Insel Norfolk gab es in Sydney Cove und Rose Hill nicht mehr genug zu
essen. Skorbut breitete sich im Lager aus. Auch Phillip selbst
war schwer erkrankt. Geschlechtskrankheiten grassierten. Alle
waren unterernährt. Zwei Wochen lang überlegte der Gouverneur, ob er das Risiko eingehen sollte, das einzige verbleibende
Schiff der Kolonie loszuschicken, um Lebensmittel zu besor-
gen. Andererseits liefen die Kolonisten Gefahr zu verhungern,
bevor die von England versprochenen Schiffe eintrafen. Vielleicht hatte Phillip in den zwei Jahren, die er nun schon auf ein
Zeichen der Männer an der Südspitze wartete, man habe eine
britische Handelsflagge gesehen, die Hoffnung verloren. Jedenfalls verließ die *Supply* am 18. April Sydney Cove, um in Batavia
Lebensmittel zu kaufen.

In derselben Woche stachen die *Neptune*, die *Surprize* und
die *Scarborough* in Kapstadt in See. Sie waren kurz nach dem
Aufbruch der *Lady Julian* eingetroffen und hatten von Leutnant Riou vom schrecklichen Schicksal der *Guardian* erfahren.
Regierungsvertreter Shapcote von der *Neptune* war weniger
entgegenkommend als Edgar, als es darum ging, einen Teil der
aus dem Wrack geretteten Ladung zu übernehmen. Riou merkte verärgert an, der Leutnant wolle wahrscheinlich keinen Stauraum auf den drei Schiffen opfern, denn dieser war für Alkohol
und andere Mangelwaren vorgesehen, die Shapcote in Sydney
Cove auf eigene Rechnung verkaufen konnte. Also musste er
zu mehr oder weniger verhüllten Drohungen greifen, bis Shapcote endlich einlenkte. Die drei Schiffe wurden mit Rind- und
Schweinefleisch beladen. »Hätte es zwischen Leutnant Shapcote und mir keine Missverständnisse gegeben«, schrieb Riou,
»... hätte ich noch weitere Dinge mitschicken können, welche
auf den von ihm geführten Schiffen nicht viel Platz in Anspruch genommen hätten und der Kolonie Seiner Majestät in
Neusüdwales sehr willkommen gewesen wären.« Außerdem
nahm Shapcote die fünfundzwanzig für die Gärtnereien bestimmten Sträflinge an Bord, wo inzwischen – anders als auf
der kleinen, überfüllten *Lady Julian* – einige Plätze frei gewor-

den waren. Auf der *Neptune* waren bereits sechsundvierzig Gefangene gestorben, acht auf der *Surprize* und fünfzehn auf der *Scarborough*. Im südlichen Atlantik würde man noch weitere Leichen über Bord werfen müssen.

Mittlerweile waren so viele Schiffe unterwegs nach Neusüdwales wie seit dem Dezember 1787 nicht mehr. Die *Lady Julian* hatte Kapstadt vor drei Wochen verlassen und näherte sich Kergueten. Die *Neptune*, die *Surprize* und die *Scarborough* lagen zwar noch zurück, holten aber auf. Ein zweiter Frachter, die *Justinian*, von der Edgar nichts wusste, war nach den drei Sträflingstransporten in England in See gestochen und hatte weder in Rio noch in Kapstadt Station gemacht. Inzwischen segelte sie ein paar Grad nördlich eines Kurses, der sie einen Tag nach der *Lady Julian* an die Küste von Port Jackson bringen sollte. Trotz der Verzögerungen beim Zusammenstellen des Verbandes in England hatte die Fahrt der *Lady Julian* zum anderen Ende der Welt so lange gedauert, dass die restliche Flotte sie im südlichen Atlantik fast eingeholt hatte.

Während die fünf Schiffe nach Osten fuhren, segelte die *Supply* zwischen der Insel Norfolk und der Küste von Neusüdwales dahin nach Norden, um in Batavia Mehl zu kaufen. Durch die Passagiere der *Supply* und der *Sirius* und die zurückgelassene Besatzung des havarierten Schiffes hatte sich die Bevölkerung der Insel von fünfzig auf fast fünfhundert erhöht. Zu den Neuankömmlingen gehörte Major Ross von den Marinesoldaten, der als Ablösung für den Vizegouverneur der Insel Norfolk geschickt worden war. Ross setzte sofort das Kriegsrecht ein und belegte den Diebstahl von Lebensmitteln mit der Todesstrafe. Doch selbst diese Abschreckungsmaßnahmen konnten Diebstahl und Hunger nicht verhindern. Die Bewohner der Insel Norfolk wurden durch die Entdeckung des Dodo gerettet, eines gedrungenen, harmlosen Vogels, der Nesterkolonien am Mount Pitt im Landesinneren der Insel bewohnte. Dodos waren noch nie zuvor gejagt worden. Und da sie keine Feinde gewöhnt waren, wurden sie, wenn sie abends zu ihren Nestern zurückkehrten, zur leichten Beute. Die Kolonisten bahnten sich Wege durch die mit dicken Lianen bewachsenen Bäume zum Mount Pitt. Im April und Mai zogen sie täglich los, lauerten den Vögeln in ihren Nestern auf, betäubten sie mit Knüppeln, packten sie an den Beinen und schlugen sie mit dem Kopf gegen die Felsen. Sie ließen Haken mit Ködern in die Felsspalten hinab und raubten die Eier aus den Nestern. Dank der Dodos überlebten die Inselbewohner den rauen Winter des Jahres 1789, die im Juli und August tobenden Südweststürme und »die drei Plagen, Mehltau, Maden und Papageien«, die die erste Ernte vernichteten. Im August keimten die grünen Bohnen, der Kohl und Kartoffeln, die man angesät hatte, um nicht mehr täglich am Mount Pitt auf die Jagd gehen zu müssen. Man züchtete die Pflanzen auf kleinen, eingezäunten Feldern, die von mindestens zwei Personen bewirtschaftet wurden. Einer von ihnen las den ganzen Tag lang die Maden ab, während der andere die Papageien verscheuchte. Weitere Gärten wurden dem Wald abgetrotzt, und die Bewohner lernten, wie man die Fruchtbarkeit der Erde erhöhte. Das Fleisch der Dodos wurde allmählich durch selbst gezüchteten Salat ergänzt; dennoch verhinderte das nicht, dass der Vogel durch die Jagd ausgerottet wurde.

Inzwischen segelte die *Lady Julian* durch Wellen »so hoch wie Berge« dahin. Im Herbst und im Winter herrscht im südlichen Atlantik eine durchschnittliche Windstärke von 5 bis 6. Das Deck ist ständig von Gischt eingehüllt, der Bugspriet versinkt unter der Wasserlinie, und die Temperaturen fallen auf den Gefrierpunkt. Etwa alle zwei Wochen kommt ein heftiger Sturm auf, der zwischen acht und achtundvierzig Stunden dauert. Elisabeth Schaffer, ihr Vater und die anderen Aufseher, die hier vor vier Monaten, im Sommer, Schiffbruch erlitten hatten, kehrten nun unter winterlichen Bedingungen an den Ort des Schreckens zurück. Ihre Erfahrungen – der Untergang des Fischerbootes vor Kapstadt und die Havarie der *Grosvenor* – waren noch ganz frisch, und bald machten die Gruselgeschichten, mit denen man ängstliche Gemüter in diesen Gewässern schon immer gerne erschreckt hatte, die Runde. Vor mehr als hundert Jahren waren zwei holländische Handelsschiffe vom Kap aus bei stürmischer See aufgebrochen und in ein Unwetter geraten. Das eine Schiff hatte den Sturm überstanden und war nach Kapstadt zurückgekehrt – das andere hingegen war mit Mann und Maus untergegangen. Als das überlebende Schiff Kapstadt zum zweiten Mal verließ, sichtete die verängstigte Besatzung den Geist der *Flying Dutchman*, der aus dem Nebel heraus auf sie zukam. Tote Matrosen hingen in der Takelage, die Leichen der Offiziere lagen an Deck, und an Bord herrschte ein grausiges Schweigen. Die Geschichte verbreitete sich unter den Seeleuten aus aller Herren Länder, und bald sah man im Ausguck jedes Schiffes, das bei Dämmerung südlich des Kaps fuhr, eine geisterhafte Galeone, die »mit geblähten Segeln [auf die Betrachter] zuhielt, als wolle sie sie rammen«.

Wenn sich ein Sturm erhob, herrschten an Bord der *Lady Julian* unerträgliche Bedingungen, denn in das morsche alte Schiff drang von allen Seiten das Wasser ein. Das Meer schwappte in die Ankerklüsen und auf sämtliche Decks. Wenn der tosende Wind die Wellen auf das Toppdeck trieb, ergoss sich das Meerwasser sintflutartig in die Luken des Unterdecks. Gischt waberte in der Luft, und von unten stieg die Feuchtigkeit hoch. Das Schiff ächzte bei jeder Vorwärtsbewegung, und weiteres Salzwasser strömte durch die sich weitenden Nahtstellen und die verzogenen Bohlen herein. Bei rauer See kämpften die Männer an den Pumpen rund um die Uhr dagegen an, doch manchmal drang das Meer schneller in den Schiffsrumpf ein, als sie arbeiten konnten. Das unheimlichste Geräusch bei einem Sturm im südlichen Atlantik ist nicht das Heulen des Windes oder das Knirschen der bis zum Zerreißen gespannten Segel, sondern das Rumpeln der im Schiffsrumpf eingeschlossenen Wellen, die wie ein unterirdischer Fluss in der Bilge gurgeln. Ständig schwappt das Wasser zwischen Bug und Heck hin und her, mit einem Gurgeln, das abwechselnd leiser wird und dann wieder anschwillt.

Auf anderen Transportschiffen wurden die Sträflinge im Unterdeck bei solchen Wetterbedingungen buchstäblich aus ihren

Kojen gespült. Doch an Bord der besser geführten *Lady Julian* gestattete man den Frauen sicher, das Unterdeck zu verlassen und sich irgendwo auf dem Zwischendeck einen Schlafplatz zu suchen. Die Zeit im Freien wurde beschränkt, Bettzeug und Kleidung waren durchnässt, und die Gischt, die überall ins Schiff eindrang, löste Husten aus. Wer überzählige Kleidungsstücke in Cabo Verde gegen Wein eingetauscht hatte, flehte nun den Schiffsarzt um Decken an. Als das Schiff zu voll gelaufen war, konnte man den Herd in der Kombüse nicht mehr anzünden, und es war vorerst Schluss mit dem warmen Essen. Die Männer, die das Eis oben von den Rahen entfernen mussten, erhielten zusätzliche Grorationen. Auch die Frauen, die sich unten kläglich zusammendrängten, gingen nicht leer aus, und der Alkohol ließ den kalten Erbsenbrei und den vom Salzwasser aufgeweichten Schiffszwieback erträglicher erscheinen. Es war bitterkalt. Auf der Fahrt im Dezember 1787 hatte Leutnant Clark notiert: »Wie mag es hier erst im Winter sein, wenn es schon mitten im Sommer so eisig ist.« Der Leutnant legte nie den Mantel ab und trug stets mindestens zwei Paar Strümpfe übereinander. Auch die Männer, die bei diesen Witterungsbedingungen Wache stehen mussten, waren völlig durchgefroren. Die Seeleute in der Takelage konnten keine Handschuhe tragen, da diese sie bei der Arbeit behindert hätten. Deshalb litten sie ständig an Erfrierungen und an von den Tauen aufgescheuerten Händen. Blut, das aus Verletzungen austrat, gefror sofort. Von den steif gefrorenen Fingern rissen die Nägel an der Wurzel ab, und an der Takelage hingen Eiszapfen.

Die Luken vorne und achtern blieben bei Unwetter Tag und Nacht geschlossen. Das verringerte zwar die eindringende Wassermenge in Unterdeck und Zwischendeck, trug aber nicht gerade zur Luftverbesserung bei. Die Nachtstühle flossen über, denn es gehörte einiger Mut dazu, sich bei Windstärke neun an Deck zu kämpfen und sich über die tropfnassen Bohlen zu tasten, um einen Toiletteneimer auszuleeren.

Irgendwo zwischen dem Kap und Neusüdwales wurde auf der *Lady Julian* der Alarm »Mann über Bord« gegeben. Der

Zimmermann war von einer Welle erfasst und über die Reling gerissen worden. Vermutlich war er gerade damit beschäftigt gewesen, eine vom Wind umgeknickte Sparre oder Rah zu reparieren. Vielleicht hatte er auch – wie der ebenfalls hier über Bord gegangene zweite Maat eines Sträflingsschiffs im Jahr 1787 – versucht, auf dem Abbort zu urinieren. Ihn zu retten kam nicht in Frage. Der Kapitän durfte nicht riskieren, dass die Wellen über dem Deckbalken des Schiffes zusammenschlugen, und außerdem war der Mann im sturmgepeitschten Wasser schon nach wenigen Sekunden nicht mehr zu sehen. Der Besatzung fehlte bereits ein Mitglied, das man krank in Rio zurückgelassen hatte. Nun musste man sich auch noch ohne Zimmermann behelfen.

Für Leutnant Edgar als Navigator bedeutete diese Etappe die größte Herausforderung der Reise. Gewiss kannte außer ihm niemand an Bord der *Lady Julian* die Strecke, denn das hätte nur bei einem Mitglied von Phillips Mannschaft der Fall sein können. Doch die Besatzung der *Lady Julian* war angeheuert worden, bevor das erste von Phillips Schiffen zurückkehrte. Als Leutnant Edgar 1776 mit Kapitän Cook nach Neuseeland gesegelt war, hatte er einen Großteil der Route vom Kap der Guten Hoffnung nach Van Diemen's Land (heute Tasmanien), die er nun wieder befuhr, schon einmal gesehen. Dort teilten sich die Wege nach Sydney Cove und Neuseeland; während die *Discovery* nach Osten gesegelt war, würde sich die *Lady Julian* nach Norden wenden. Damals hielt man Van Diemen's Land noch immer für einen Teil von Neusüdwales. Erst 1798 umfuhr ein Mann aus Lincolnshire namens Matthew Finder die Insel und handelte sich damit eine Belobigung von Sir Joseph Banks ein, der schon immer eine Schwäche für Abenteurer gehabt hatte. Die Karten, die Edgar im Jahr 1790 an Bord der *Lady Julian* benutzte, waren nach den Erkenntnissen gezeichnet, die Kapitän Cook zwanzig Jahre zuvor gewonnen hatte. Er hatte die Küste von »Neuholland« im Osten bis zum heutigen Melbourne und im Norden bis zu den Torres Straits eingezeichnet. Da Kapitän Cook seine Karten der Admiralität übergeben hatte, hatten nur elf britische Schiffe sie benutzt, nämlich die, welche der ersten Flotte nach Neusüdwales angehörten. Bevor die Engländer ihre Kolonie in Sydney Cove gründeten, hatte niemand einen Grund gesehen, das endlose, raue und einsame Meer zwischen Afrika und Neusüdwales zu befahren.

Inzwischen war an Bord der *Lady Julian* ein wenig Abwechslung eingekehrt, denn die Anwesenheit von Miss Elisabeth Schaffer, die gerade den Schiffbruch der *Guardian* überlebt hatte, sorgte gewiss für einige Verwirrung. Sie war nur zwei Jahre jünger als die jüngste der Frauen, die in Rio Mutter geworden waren, gehörte jedoch einer anderen Gesellschaftsschicht an. Auch wenn sie noch nicht alt genug war, als dass die Offiziere ihr den Hof gemacht hätten – außerdem stand sie unter der Aufsicht ihres Vaters –, zwang ihre Gegenwart zu einigen Zugeständnissen an Sitte und Moral. An den Ausschweifungen hinter verschlossenen Türen und unter Deck änderte sich zwar nichts, doch man musste ein wenig diskreter vorgehen, schließlich sollte das junge Mädchen nicht Zeugin des Treibens werden, das sich während der vielen Monate in dieser abgeschiedenen Welt eingebürgert hatte.

Dass Elisabeth Schaffer sich öfter in der Kabine des Kapitäns aufhielt, setzte der bislang hier gefrönten Ungezwungenheit gewiss einen Dämpfer auf. Allerdings hatten die herrschenden Witterungsbedingungen vermutlich ebenfalls dahingehende Einschränkungen zur Folge. Die Frauen waren seltener zu sehen als bei warmem Wetter, denn sie kamen nur kurz und in kleinen Grüppchen an Deck. Die meisten Mahlzeiten wurden unten eingenommen. Dennoch lernte Aufseher Devine während der zweimonatigen Fahrt Margaret Smith kennen, und Aufseher Doidge begegnete Charlotte Simpson alias Hall. Auch wenn es an Bord vielleicht nicht zum Geschlechtsverkehr kam, wurde das offenbar gleich bei der Ankunft nachgeholt, denn beide Paare wurden nur neun Monate nach dem Eintreffen in Sydney Cove Eltern. Margaret Smith war dreiundzwanzig oder vierundzwanzig Jahre alt, stammte aus Liverpool und hatte anscheinend keine Freunde in der Kolonie. Die einundzwanzigjährige Charlotte Simpson alias Hall hingegen hatte ihr Verbrechen gemeinsam mit George Simpson begangen, der im November 1789 in Portsmouth von der *Ceres* geholt worden war. Inzwischen befand er sich an Bord der *Surprize*, die der *Lady Julian* in einem Abstand von wenigen Wochen folgte. Dass Charlotte den Nachnamen Hall führte, weist darauf hin, dass die beiden nicht verheiratet oder überhaupt ein Paar waren. Falls doch, wog sie vermutlich die Vorteile einer Beziehung mit einem Aufseher gegen die eines Verhältnisses mit einem Sträfling ab und entschied sich dementsprechend.

Sechs Wochen nach dem Aufbruch aus Kapstadt sichtete der Mann im Ausguck Tasman's Head, den südlichsten Punkt von Van Diemen's Land. Laut Edgars Karten würden sie in vierzehn bis achtzehn Tagen Port Jackson erreichen. Sie segelten an der Küste von Van Diemen's Land entlang, den Wind querab, der sie in Richtung Küste drückte, sodass das Schiff in einem Fünfundvierzig-Grad-Winkel zu den Wellen stand. Einige von Cooks Männern hatten geschildert, wie sie vor fünfzehn Jahren nur mit knapper Not an dieser Küste den Riesen entronnen waren. Wie immer auf der Suche nach frischem Gemüse, waren sie hier an Land gegangen. Während sie wilden Sellerie pflückten, sei im Wald ein Gong erklungen. Dann seien sie auf Stufen gestoßen, die in einem Abstand von sieben Metern in den Stein gehauen gewesen seien. Daraus hätten sie geschlossen, dass es sich bei den Einwohnern dieser Gegend um Riesen handelte, und seien zu ihrem Schiff in der Adventure Bay geflohen. Diese Gruselgeschichte trug dazu bei, die Ängste unter Deck der *Lady Julian* zu schüren. Am Abend hatten sie die Küste der unfreundlichen Riesen hinter sich gelassen. Am folgenden Tag wandten sie sich nach Norden. Nun segelten sie mit dem Wind im Rücken, verringertem Tuch und einem ruhigen Deck dahin.

In Sydney Cove, das sie in zwei Wochen erreichen sollten, kämpften sich die Kolonisten noch immer durch ihren zweiten Winter. Die Menschen waren durchgefroren und apathisch. Immer noch grassierten Skorbut und Durchfall. Im Mai brachen außerdem die Pocken aus. Niemand wusste, woher die Erreger stammten, die sich Ende April im Lager breit machten und am 2. Mai das erste Opfer forderten. Während des ganzen Monats wütete die Krankheit unter Sträflingen, Soldaten und Offizieren. Viele der durch Unterernährung geschwächten Menschen starben. Allerdings gab es im Lager selbst weniger Tote als außerhalb. Am schlimmsten waren die Aborigines betroffen, die in großer Anzahl ums Leben kamen. Täglich legten kleine Boote in der Bucht an, um an den Stränden des Flusses die Toten einzusammeln und sie zur Beisetzung ans Nordufer zu bringen. Es war ein grausiger Anblick, und der Gestank war unerträglich. Bei Dunkelheit kamen die Dingos an den Strand und fraßen die Leichen. Die Kolonie war an einem Tiefpunkt angelangt.

Der 2. Juni 1790 war ein stürmischer Tag. Die Wolken hingen tief, und es wehte ein starker Südwind. Seit der Ankunft von Gouverneur Phillips Flotte waren siebzehn Monate vergangen. Das Jahr war nun schon fünf Monate alt, ohne dass die versprochene Hilfe eingetroffen wäre. Seit dem ersten Tag war der Ausguck an der Südspitze mit drei Soldaten bemannt. Es war kein beliebter Posten, da die Männer durch ein halbes Dutzend Landzungen von Sydney Cove abgeschnitten waren. Außerdem wurde gemunkelt, sie hätten ihre Hütte auf einem Begräbnisplatz der Aborigines erbaut und durch ihr Eindringen die Geister verärgert. Die Männer ließen Tag und Nacht vor ihrer Hütte ein Feuer brennen, um sich zu wärmen – und um die Geister zu vertreiben. Den Fahnenmast am Ausguck konnte man von Dawes Point aus sehen. Jeden Tag begaben sich ein paar Soldaten und Sträflinge – eher aus Gewohnheit als aus Hoffnung – dorthin, um einen Blick nach Süden auf die Landzunge zu werfen. Doch erst am 2. Juni wurde endlich die Signalflagge gehisst: Man hatte ein Segel gesichtet.

Es war unmöglich, dass die *Supply* schon so bald aus Batavia zurückgekehrt war – außer sie hatte auf der Fahrt nach Norden Schaden genommen und schleppte sich nun wieder in den heimischen Hafen, so wie die *Guardian* es in Kapstadt getan hatte: mit Löchern im Rumpf und nur noch der Hälfte der Besatzung an Bord. Die Männer im Ausguck starrten gebannt auf die Stelle, wo sie für einen Moment weit draußen auf See ein Segel bemerkt hatten. Doch kein Schiff tauchte aus dem Dunst auf. Als es dunkel wurde, hatte sich das Schiff kein zweites Mal gezeigt, und am nächsten Tag versammelte sich die Kolonie in Dawes Point. Als die Flagge nach einer Weile wieder gehisst wurde, brach im Lager Jubel aus. Die Menschen rannten von Dawes Point zu den Hütten, verkündeten lautstark die Nachricht, weinten und fielen einander in die Arme. Um einiges gefühlvoller als sonst hielt Leutnant Tench in seinem Tagebuch fest:

> ... mein Nachbar, ein Offizierskamerad, war bei mir; doch uns verschlug es die Sprache; mit Tränen in den Augen und überfließenden Herzen drückten wir uns die Hände. Dann eilten wir zum Hafen und flehten darum, den Gouverneur begleiten zu dürfen; nachdem wir Wind und Regen getrotzt hatten, konnten wir endlich das Wort »London« am Heck lesen.

Von der Landzunge an der Hafeneinfahrt von Port Jackson bis nach Sydney Cove sind es gut zehn Kilometer den Fluss hinauf. Deshalb dauerte es einige Stunden, bis die ersten Boote mit tropfnassen, vor Freude jubelnden Offizieren das Schiff erreichten. Sie kamen gerade rechtzeitig, um mitzuerleben, wie die *Lady Julian* in Gefahr geriet. Die Landzungen haben einen Abstand von etwa einem Kilometer, was bei gutem Wetter genügt. Doch wenn Wind und Strömung das Schiff zur Nordspitze abdrängen, kann es eng werden. Beinahe hätte die *Lady Julian* noch Schiffbruch erlitten, denn der frische Südwind im Rücken und die Strömung brachten sie gefährlich nah an die Nordspitze. Die Mannschaft zerrte an den Segeln, um das Schiff zu wenden und zum Wind zu drehen, aber sie drohte den Kampf zu verlieren. Nur das Nachlassen der Flut verhinderte, dass das Schiff gegen die Felsen getrieben wurde, sodass die Mannschaft es nach Spring Cove, an der Leeseite der Nordspitze steuern konnte. Den Zuschauern blieb fast das Herz stehen, denn die Reise ans andere Ende der Welt hätte beinahe tragisch geendet.

Die Männer kletterten noch aus der Takelage hinab, als Watkin Tench und eine Hand voll Offiziere aus Sydney Cove wie die kleinen Jungen in Rio an Bord gesprungen kamen. Sie klopften den Matrosen auf den Rücken, schüttelten den Offizieren die Hand und redeten wild durcheinander. In Sydney Cove wusste man nichts von den Aufständen in Frankreich, der schweren Krankheit und der Genesung des Königs oder vom Schiffbruch der *Guardian.* »Die Nachrichten brachen über uns herein wie der Glanz der Mittagssonne über einen Blinden«, schrieb Tench. Sie blieben, bis es dunkel wurde.

Die Nacht zum 3. Juni war die erste in zwei Monaten, in der die Frauen nicht von schwerer See durchgeschüttelt wurden. Allerdings schliefen die meisten von ihnen vor Erschöpfung und Aufregung sicher nicht gut. Wilde Gerüchte und Vermutungen machten die Runde. Die Offiziere, die sie begrüßt hatten, waren in Lumpen gekleidet gewesen. Sie trugen löchrige Stiefel und waren abgemagert, mit von Pocken und Hunger gezeichneten Gesichtern. Die Frauen hatten sie kaum eines Blickes gewürdigt und sich stattdessen nur für die Anzahl der Mehlfässer und das Vieh an Bord interessiert. Vielleicht sprach sich im Unterdeck schon herum, dass diese Männer nicht die ersehnte Rettung, sondern eher eine Enttäuschung waren. Von ihrem Liegeplatz in Spring Cove konnte man das Lager nicht sehen, doch der Hafen von Jackson Port wirkte bei dem schlechten Juniwetter nicht sehr einladend. Die Landzunge war mit tropfnassem Grün bewachsen; die Buchten waren verlassen. Die Frauen, die die Südseegeschichten der Matrosen kannten, hatten Palmen und lächelnde Eingeborene in Kanus erwartet. Port Jackson im Juni war also eine herbe Enttäuschung. Um sechs Uhr war es schlagartig dunkel geworden. Leutnant Tench und seine Kameraden waren in ihre Hütten in Sydney Cove zurückgekehrt. Die Menschen an Deck betrachteten die flackernden Feuer an den Stränden, wo sich die unbekannten Wilden von Botany Bay versammelt hatten, um sie zu beobachten.

Da sich das Wetter am 4. Juni nicht besserte, konnte die *Lady Julian* nicht den Fluss hinauffahren. Trotz der üblichen Morgenrituale wie Essen, Putzen und Lüften herrschten an Bord Anspannung und Ungewissheit. Als in der Ferne flussaufwärts geschossen wurde, zuckten die Menschen an Bord zunächst zusammen, bis ihnen klar wurde, dass man im Lager den Geburtstag des Königs beging. Am Vormittag erschienen Boote aus Richtung Sydney Cove. Sie waren mit Sträflingen bemannt, die den Auftrag hatten, die ersten Lebensmittel abzuholen. Im Lager herrschte so großer Hunger, dass man nicht warten konnte, bis die *Lady Julian* am Pier von Sydney Cove festgemacht hatte, das eigens zum Entladen großer Frachter gebaut worden war.

Die Männer, die nun an Bord kamen, waren keine Offiziere, die die Frauen übersahen und sich nach den Kühen erkundigten, sondern Gefangene wie sie selbst. Zu ihnen gehörten zwei Männer aus Maidstone, John Jeffries und Robert Abel, und da sich an Bord zehn ebenfalls aus Maidstone stammende Frauen befanden, wurden vor der Arbeit gewiss erst die neuesten Nachrichten ausgetauscht: Wer war gestorben, wer lebte noch? Wer saß im Gefängnis oder hatte ein Kind bekommen? Mit wem hatten die zurückgelassenen Liebsten in England oder die Deportierten in Übersee neue Beziehungen angefangen? Und wie war es in Sydney Cove? Die Indianer, die Zwangsarbeit auf den Plantagen, die Aufseher? Die letzte Hoffnung, dass hier in Sydney ein zweites Amerika entstanden sein könnte, wurde nun zerstört. In der Kolonie reichte die Aussicht auf eine Ernte von vier ganzen Maisfeldern in Rose Hill später im Jahr oder viel versprechend gedeihende Kartoffeln auf Garden Island, um wahre Begeisterungsstürme auszulösen. Den Überfluss von Virginia suchte man hier vergeblich.

Was die »Indianer« betraf, glaubten Robert Abel und John Jeffries den im Lager umgehenden Gerüchten und gaben Schauergeschichten zum Besten. Ein paar hatte man gezähmt;

zwei verwaiste Kinder lebten sogar im Lager, und einer der Männer war häufig beim Gouverneur zu Gast. Dass dieser einen Schwarzen empfing, wurde mit Argwohn betrachtet. Die übrigen Eingeborenen waren Wilde, mit einem Knochen durch die Nase und weiß bemalten Gesichtern; sie klebten sich mit Gummi Tierzähne und Krebsscheren in die Haare, waren gefürchtete Speerkämpfer und bedeuteten für jeden weißen Siedler im Busch eine Gefahr. Zwölf Männer wurden bereits vermisst – vermutlich waren sie von Speeren durchbohrt worden; ein Sträfling, der sich im unwirtlichen Hinterland von Sydney Cove verirrt hatte, berichtete bei seiner Rückkehr, die Eingeborenen hätten in einem Lagerfeuer einen Menschen verbrannt.

Allerdings dauerte das Wiedersehen nicht lange, denn die Männer mussten ihre Befehle befolgen. Die Stimmung sank, als John Nicol bemerkte, dass laut Unterlagen die Menge des in Sydney angelandeten Zuckers von der in Spring Cove entladenen Zahl abwich. Er würde gegen die Männer aussagen müssen.

Erst am 6. Juni ließ der Wind nach, sodass die *Lady Julian* flussaufwärts geschleppt werden konnte. Sie passierten Clark Island, wo Leutnant Clark – oder eher die von ihm befehligten Sträflinge – Salat und Bohnen angepflanzt hatte. Später wurde Clark auf die Insel Norfolk versetzt und musste sein Gemüse der Allgemeinheit zur Verfügung stellen. Anschließend umrundete das Schiff Bennelong Point, wo heute das Opernhaus steht, und die Frauen konnten einen ersten Blick auf Sydney Cove werfen. Als die Zeiten noch rosiger gewesen waren, hatten begeisterte Offiziere gemeldet, Port Jackson könne einhundert Schiffe beherbergen und an den Piers von Sydney Cove versorgen. Doch im Juni 1790 waren die Piers immer noch nicht gebaut, und im Hafen war kein Schiff zu sehen. Die *Supply* war nach Batavia unterwegs, und die *Sirius* lag als Wrack an den Korallenriffs der Insel Norfolk. Die *Lady Julian* war das einzige Schiff weit und breit.

Sie warf in einer schmalen Bucht zwischen zwei sumpfigen

Landzungen Anker, wo einige von den jüngsten Regenfällen durchweichte Hütten standen. Am Ende des Hafens verengte sich das Wasser zu einem silbrig glänzenden schmalen Fluss, der unter einer Zugbrücke hindurchführte. Auf der einen Seite befand sich eine Kaserne, wo sich weitere abgemagerte Männer in schäbigen Uniformen versammelt hatten, um das Schiff zu begrüßen und ihm zuzujubeln. Daneben hatte man, strategisch günstig, eine mit Stroh gedeckte Scheune errichtet, die als öffentliches Lagerhaus diente. Rechts davon erkannte man ein Krankenhaus, ein Kochhaus und andere zerlumpte Soldaten, die ein paar klägliche Kohlfelder bestellten. Dahinter waren kleine Reihen regennasser Hütten zu sehen. Dazwischen flossen Bäche von Schmutzwasser, die das Wasser der Bucht verfärbten.

Auf der anderen Seite der Brücke erhob sich auf einem kleinen Abhang das einzig ansehnliche Haus der Siedlung: zwei Stockwerke, Doppelfassade und eine improvisierte Veranda – allerdings mit einem merkwürdig aussehenden Küchengarten darum herum, der von der Vortreppe bis zum Wasser reichte und von barfüßigen Wachen mit Musketen auf der Schulter patrouilliert wurde. War das wirklich die Residenz des Gouverneurs? Zwischen Garten, Fluss und Küste standen weitere klägliche Hütten. Am Ufer hatten sich magere Männer und Frauen zwischen den Felsen eingefunden, um das Eintreffen der *Lady Julian* zu beobachten. Sintflutartiger Regen übertönte jedes Geräusch an Land. Sie waren angekommen.

KAPITEL VIERZEHN

Eine ganz und gar nicht benötigte Ladung

Trotz des Skorbuts nach dem Aufbruch aus Rio und des feuchtkalten Wetters seit Kapstadt waren die meisten Frauen an Bord der *Lady Julian* bei ihrer Ankunft in Sydney in besserer gesundheitlicher Verfassung als beim Einschiffen in England. Die Verpflegung war im Großen und Ganzen zufrieden stellend, der Alkoholkonsum eingeschränkt gewesen. Außerdem hatten frische Luft und saubere Bettwäsche positive Auswirkungen auf Haut, Haare und Atem gehabt. Während das Schiff am 4. und 5. Juni wegen des Sturms in Spring Cove festlag, hatten die Gefangenen ihre von John Nicol auf der Themse unten verstauten Koffer nach oben geholt und ihre besten Kleider ausgeschüttelt. Sie hatten einander so gut wie möglich die Haare geschnitten, Nägel und Zähne gereinigt, Härchen gezupft, Hautunreinheiten beseitigt und sich gewaschen.

Allerdings sah man der Ankunft in Neusüdwales nicht nur aus Angst vor den Wilden mit Bangen entgegen. Die besser informierten Frauen waren nicht nur von Schauergeschichten von im Kochtopf geendeten Missionaren beeinflusst, sondern hatten auch viel von der Zwangsarbeit durch Sträflinge in den amerikanischen und indischen Kolonien gehört. Zwar galten hier harte Regeln, doch einige Betroffene hatten auch gute Erfahrungen gemacht, und so manche Frau war wohlhabend aus

Amerika zurückgekehrt. In der Neuen Welt boten sich viele Gelegenheiten, also würden sich gewiss auch hier Chancen ergeben. Allerdings hatten sich in den alten Kolonien raue Sitten eingebürgert, sodass weibliche Neuankömmlinge mit einem unfreundlichen Empfang rechnen mussten. Es war davon auszugehen, dass diese Bräuche hier übernommen worden waren. In einigen Kolonien traf der Kapitän Absprachen mit den Händlern am Hafen, und dann wurden die Frauen zum Verkauf angeboten. Manchmal geschah das auf dem Wege einer Versteigerung, bei der die Gefangenen auf den gerade angelandeten Stoffballen am Kai zur Schau gestellt wurden; gelegentlich einigten sich die Herren auch hinter verschlossenen Türen. Vermutlich versuchten die älteren Frauen, ihre jüngeren Kameradinnen darauf vorzubereiten, während sie auf der Einfahrt in den Hafen von Sydney Cove ihre besten Kleider anzogen.

Über Kapitän Aitkens Vergangenheit ist uns nur wenig bekannt, sodass wir nicht wissen, ob er schon früher Sträflinge oder Sklaven auf seinen Schiffen transportiert hatte. Doch seine Ernennung zum Kommandanten der *Lady Julian* weist auf einschlägige Erfahrungen hin. Vielleicht hatte er wie Leutnant Edgar in den siebziger Jahren des achtzehnten Jahrhunderts den Südpazifik oder den südlichen Atlantik besegelt oder war in irgendeiner Abteilung der Handelsmarine tätig gewesen. Seinem Rang nach war er alt genug, um schon zur See gefahren zu sein, als England durch die amerikanischen Kriege seine Plantagen verlor. Und es ist durchaus möglich, dass er bis in die achtziger Jahre hinein Frachter zu den Westindischen Inseln befehligt hatte. Gewiss kannte er die Gebräuche auf Sträflingsschiffen jener Zeit, denn schließlich hatte er die Gefangenen für seinen persönlichen Profit arbeiten lassen. Er hatte sexuelle Beziehungen zwischen Sträflingen und Seeleuten geduldet und die Ausübung der Prostitution in den Anlegehäfen aktiv unterstützt. Außerdem nützte Kapitän Aitken einen weiteren Vorteil, den seine Position ihm bot: den privaten Handel mit Waren, die er in England oder unterwegs auf Kommission gekauft hatte. Zusätzlich zu den sauberen, von den Gefangenen genähten

Leinenhemden hatte er einen Vorrat von Wein und Schnaps an Bord; weiterhin eine große Menge Zucker, entweder aus Regierungsbeständen abgezweigt oder auf eigene Rechnung erworben.

Innerhalb von zwei Jahren hatte sich die amerikanische Methode, neu angekommene Frauen an die Männer zu verteilen, auch in Sydney Cove durchgesetzt. Ein Marinesoldat, der im Jahr 1792 mit einem anderen Gefangenentransport eintraf, wurde Zeuge, wie das Schiff von männlichen Kolonisten gestürmt wurde, die einander im Kampf um die begehrte Ware aus dem Weg stießen. »Die Frauen«, schrieb er, »waren nicht weniger Objekt der Begierde als das Vieh.« Dieses Ankunftsritual wiederholte sich noch dreißig Jahre lang, bis veränderte Moralbegriffe dem einen Riegel vorschoben. Allerdings traf das Erscheinen der *Lady Julian* mit einer außergewöhnlichen Situation in der Kolonie zusammen, und deshalb waren die verängstigten Frauen in ihren besten Kleidern, die unter Deck hervorkamen, als das Schiff am 6. Juni in den Hafen von Sydney Cove einfuhr, nicht das einzig Interessante an Bord.

Gouverneur Phillip hatte um zusätzliche ausgebildete Männer, zusätzliche Lebensmittel und zusätzliche Frauen gebeten, Letztere, um das Ungleichgewicht zwischen den Geschlechtern zu beseitigen. Doch offenbar hatte man in London die Prioritäten anders gesetzt. In der Kolonie hatte man ein Transportschiff mit einigen fähigen Handwerkern an Bord erwartet, die Häuser bauen und die Landwirtschaft vorantreiben sollten. Stattdessen trafen im Juni 1790 zweihundertzweiundzwanzig Frauen mit ihren Kindern ein, die Unterkunft und Verpflegung brauchten. Zugegeben, es handelte sich um ein Zeichen dafür, dass England sie nicht vergessen hatte, doch »es war nicht wenig peinlich«, schrieb der ansonsten ausgesprochen ritterliche Rechtsoffizier Collins, »... eine so ganz und gar nicht benötigte und wenig hilfreiche Ladung vorzufinden wie zweihundertzweiundzwanzig Frauen – anstelle eines Schiffs voller Lebensmittel«. Ganz gleich, welchen Empfang die Frauen auf der *Lady Julian* befürchtet hatten, mit so etwas hatten sie ganz sicher nicht gerechnet.

Jedenfalls wurden zuerst die Vorräte auf die Lagerhäuser von Sydney Cove und Rose Hill verteilt, und man schickte die *Lady Julian* zur Insel Norfolk, um den dortigen Siedlern Lebensmittel zu bringen, bevor man sich den Frauen widmete. Es dauerte fünf Tage, das Schiff zu entladen. Kiste um Kiste wurde auf dem Holzsteg am Fuße des Gouverneursgartens angelandet und auf Wagen gepackt. Gruppen von Gefangenen zogen diese dann, ein Joch um den Hals, um die Bucht herum ins Lagerhaus, wo der Inhalt von bewaffneten Wachleuten beaufsichtigt wurde. Wegen der kürzlichen Hungersnot wussten die Kolonisten die Lebensmittellieferung sehr zu schätzen. Man holte sogar das restliche Heu und das Viehfutter aus dem Schiff, um die Vorräte der Siedlung zu ergänzen. Verbandsmaterialien, Stoffreste, Löffel, Töpfe, Teller, Nadeln, geflickte Decken, Garnspulen, Öl, Essig, Wein, Mehl und jedes letzte Stückchen feuchten Schiffszwieback – also alles, was die Seeleute auf der Fahrt von Sydney Cove nach China nicht benötigen würden – wurden an Land gebracht, in Listen erfasst und im Lagerhaus am Fluss gestapelt. Als man am Ende der Woche Bilanz zog, kam man zu dem Ergebnis, dass die Kolonie die Wochenration (für Männer) drei Monate lang von vier auf fünfeinhalb Pfund Mehl pro Woche würde erhöhen können. Die von der *Lady Julian* gelieferten Vorräte waren also nur ein Tropfen auf den heißen Stein.

Hier, in diesem Koloniehafen, feuerten die verwitterten Geschützbatterien keine Salutschüsse ab, um die *Lady Julian* zu begrüßen. Es fand auch kein Abendessen bei Kerzenschein im Haus des Gouverneurs statt. In der Kolonie waren nämlich die Kerzen ausgegangen, und wer bei Gouverneur Phillip eingeladen war, musste sein Brot selbst mitbringen. Stattdessen wurde Edgar mit einem Schwall von Fragen empfangen: Wie weit zurück lagen die anderen Schiffe der zweiten Flotte? Mit welchen Lebensmitteln konnte man rechnen? Befand sich ein Marinekorps zur Ablösung an Bord? Wie viele Frauen, Männer, Aufseher und Sträflinge waren dabei, die über Kenntnisse im Häuserbau und in der Landwirtschaft verfügten? Edgar wusste nur, dass sich die Transportschiffe beim Aufbruch der *Guar-*

dian im September 1789 noch in Deptford befunden hatten. Man erörterte das geheimnisvolle Segel, das am Tag vor der Ankunft der *Lady Julian* gesichtet worden war. Die allgemeine Vermutung lautete, es habe sich um ein zufällig vorbeifahrendes europäisches Entdeckerschiff gehandelt. Oder um eines der anderen Transportschiffe, das vor Einsetzen der Stürme schneller vorangekommen sei, sodass bald weitere Sträflinge eintreffen würden – zusätzliche Menschen also, die essen wollten und ein Dach über dem Kopf brauchten. Bald war man sich einig, dass man die Frauen von der *Lady Julian* in Sydney Cove nicht durchfüttern konnte. Man würde sie zur Insel Norfolk schaffen müssen. Das einzig verfügbare Schiff, um sie dorthin zu fahren, war die *Lady Julian*, auf der sie schließlich auch angekommen waren. Diese hatte jedoch einige große Lecks im Rumpf, die zuerst geflickt werden mussten. In der Zwischenzeit würde man die Frauen im Lager unterbringen.

Endlich, am Freitag, dem 11. Juni, kamen sie an Land. Ihre Bündel auf dem Kopf, sprangen sie auf den Steg, beobachtet von den Soldaten vor der Kaserne, den Lagerarbeitern und Ruderern, die die Ladung löschten und stapelten, und allen anderen Bewohnern der Kolonie, die nicht zum Mauern oder Holzschlagen eingeteilt worden waren. Die Frauen, die an Bord keine privaten Beziehungen geknüpft hatten, verließen das Schiff, ohne sich noch einmal umzusehen. Für andere wiederum bedeutete es einen Abschied. Die *Lady Julian* wurde aus Sydney Cove und quer über den Fluss zum Nordufer bugsiert, um sie dort zu reparieren, sodass das Wasser John Nicol, Edward Powell und die übrigen jungen Väter von ihren Frauen und Babys in den Hütten und Zelten von Sydney Cove trennte. Nun waren sie auf die Hilfe der Soldaten angewiesen, um miteinander in Kontakt treten zu können, denn diese ruderten jeden Tag mit Gemüse und Kartoffeln für die Seeleute zum Nordufer. Weitere Möglichkeiten waren der sonntägliche Gottesdienst und die verschiedenen Erledigungen, welche die Männer nach Sydney Cove führten. Vielleicht dämmerte John Nicol und Sarah Whitelam sowie Edward Powell und Sarah

SIÂN REES

Dorset allmählich, wie wenig Bedeutung ihre Treueschwüre in Wirklichkeit hatten. Eine Frau, die das Schiff verließ, ging vom Eigentum der *Lady Julian* in das der Kolonialregierung von Sydney Cove über. Und während das Schiff am Nordufer lag, wurden die Frauen auf die Hütten und Zelte der Siedlung verteilt.

Den ganzen Freitag über liefen die Frauen zwischen den Klippen und den Hütten der Sträflinge hin und her. Roter Lehm quoll ihnen zwischen den Zehen hindurch und klebte an ihren Rocksäumen. Sie hatten ihr Bettzeug mitgebracht, denn es gab in der Kolonie keine überzähligen Decken; sie reichten kaum für die Einwohner selbst. Wahrscheinlich nahmen sie auch Geschirr und Kochtöpfe vom Schiff mit, entweder mit offizieller Erlaubnis oder heimlich, wenn niemand hinsah; Küchengerätschaften waren in Sydney Cove so rar, dass die Belegschaft jeder Hütte in Schichten essen musste. Einige Frauen wurden vorübergehend im Krankenhaus untergebracht, einem niedrigen Backsteingebäude auf einem Grundstück, das heute an die Argyle und die George Street grenzt. Andere drängten sich in die Hütten, die aus mit Lehm beworfenem Flechtwerk – Blättern der Kohlpalme, eingearbeitet in einen Rahmen aus Pinienholz, mit Lehm und Ton verspachtelt und weiß gekalkt – bestanden. Die Gebäude standen kreuz und quer an den Pfaden, aus denen die heutige Cumberland Street und die Cloucester Street wurden. Auf die Reetgrasdächer häufte man Gestrüpp, um die Kälte abzuhalten. Wer das Schiff als eine der Letzten verlassen hatte oder in der Kolonie keine Freunde besaß, schmiegte sich vermutlich längs zwischen die Wurzeln riesiger Bäume, die man später Arakarien nannte, oder auf von Überhängen geschützte Felssimse in dem Berghang hinter dem heutigen Gloucester Walk. Um sechs Uhr abends wurde es dunkel. Die Frauen, umringt von hungrigen Fremden, die seit mehr als einem Jahr nicht mehr die Kleider gewechselt hatten, klammerten sich an ihre Bündel und Kisten.

Als die Sträflinge der ersten Flotte nach Neusüdwales im Januar 1787 an Land gegangen waren, hatten sich der sexuelle

Triebstau in einer Orgie zwischen den Felsen entladen – wie immer mehr oder weniger geduldet von den Vorgesetzten, die trotz ihrer moralischen Entrüstung ein Auge zudrückten. Die Soldaten hatten von Offizieren »Rum [gefordert], um sich nach der Landung mit den Frauen zu amüsieren«, und diesen auch erhalten. Vielleicht hatte Gouverneur Phillip ja gehofft, die Insassinnen seines geplanten Hurenghettos auf diese Weise so rasch wie möglich identifizieren zu können. Auch wenn kein Tagebuch eines Offiziers von ähnlichen Lustbarkeiten am 11. Juni berichtet, zogen ein paar Soldaten gewiss um die Häuser und klopften an die Türen, vor denen Laternen brannten. Stimmen erhoben sich in der stillen Nacht, und die Männer der Arbeitstrupps im Landesinneren, die nach Dunkelwerden Sydney Cove nicht mehr betreten durften, verstießen sicher gegen das Verbot, um die Neuankömmlinge aus der Heimat zu begrüßen.

Die Frauen hatte man im bereits überfüllten Krankenhaus und in den beiden existierenden Frauensiedlungen untergebracht. Die kleinere von ihnen befand sich westlich des Gouverneurssitzes, die andere auf der östlichen Seite der Bucht in Richtung Dawes Point, weit genug entfernt also, sodass die Offiziere keine Übersicht hatten. Viele der Neuankömmlinge waren Freundinnen oder Bekannte von Frauen, die bereits in der Kolonie lebten, und man feierte das Wiedersehen mit in Rio und am Kap gekauftem Alkohol. Menschen aus Bristol, vom Ratcliff Highway und aus Seven Dials fielen sich in die Arme. Ein paar Meter weiter wohnten die Männer – ledige Soldaten und Gefangene, die ihre Strafe fast verbüßt hatten. Auch wenn dem Gouverneur viel daran gelegen war, sie im Lager zu halten, waren sie dankbar für jede Möglichkeit, es zu verlassen. Das Ausleihen von Bettzeug, Kochtöpfen, Lebensmitteln und Petroleum an die neuen Bewohnerinnen stellte einen ausgezeichneten Vorwand dar, gegen die Ausgangssperre zu verstoßen und zwischen den Hütten hin und her zu laufen. Obwohl Rechtsoffizier Collins die Frauen als unnütze Esserinnen beurteilt hatte, kehrte er doch jeden Tag in die Arme der Gefangenen Nancy Yates zurück. Und wer bis jetzt nicht über derartige

Privilegien verfügte, witterte nun seine Chance bei den Passagierinnen der *Lady Julian*, die Collins so leichtfertig abgetan hatte.

Doch ganz gleich, welchen Belustigungen man in der Nacht zum Samstag frönte, am Wochenende führte man den Frauen erneut – und zwar mit Nachdruck – vor Augen, dass die ihnen sattsam bekannten Regeln von Buße und Sühne hier ebenfalls Gültigkeit hatten; zuerst kam der Stock und dann die Bibel. Am Samstag schleppte man Robert Abel und John Jeffries zu einem Baum an der Quelle des Flusses und verabreichte ihnen öffentlich je zweihundert Peitschenhiebe für den Diebstahl von Zucker an Bord der *Lady Julian*. Am Sonntag versammelte man alle Frauen am Baum, wo auch die Gottesdienste abgehalten wurden, weil es im Lager kein Gebäude gab, das groß genug war, um die gesamte Gemeinde zu fassen. Sie hörten eine Predigt von Reverend Richard Johnson, die ihnen – wie der Geistliche mit Genugtuung feststellte – ihre neue Lage so drastisch verdeutlichte, dass einige von ihnen in Tränen ausbrachen. An diesem Sonntag wurde auch das erste der Babys von der *Lady Julian* getauft. Die Hand des Reverends weihte das heidnische Wasser aus dem Sydney Creek; dann bespritzte der Geistliche Edward Dorset Powells Kopf damit und gab das Kind seiner Mutter zurück. Es war der erste Sonntag in einem Monat, in dem noch viele Taufen, Beerdigungen und Trauungen stattfinden sollten.

Richard Johnson war mit der ersten Flotte eingetroffen und hatte inzwischen reichlich Erfahrung mit der Taufe von unehelichen Kindern und dem Segnen ungewöhnlicher Verbindungen sammeln können. Auch wenn die Trennung von der Geliebten und ihrem Kind für viele Matrosen ein normaler Bestandteil des Seefahrerlebens war, wollte John Nicol Sarah Whitelam heiraten; und nun stand endlich ein von Gott und dem König ermächtigter Geistlicher zur Verfügung, der sie zu Mann und Frau erklären konnte. Nicol flehte darum, als freier Siedler in Neusüdwales bleiben zu dürfen, bis Sarah ihre Strafe verbüßt hatte, damit er sie mit nach Hause nehmen konnte.

Fähige und erfahrene Arbeitskräfte waren in der Kolonie sehr gefragt, und der Gouverneur hatte genau an Männer wie Nicol gedacht, als er um die Entsendung von Handwerkern und Aufsehern ersucht hatte. Regierungsvertreter Edgar und Schiffsarzt Alley ließen sich in Sydney Cove nieder. Ihr Vertrag bestand nur mit der Admiralität, für die Teefahrt der Ostindischen Kompanie hatten sie sich nicht verpflichtet. Ein anderer Seemann folgte ihrem Beispiel, nämlich Sam Braiden, der auf dem Schiff Mary Warren »zur Frau genommen« und mit ihr den in Rio geborenen kleinen Sam gezeugt hatte. Allerdings lag das vermutlich daran, dass er krank oder verwundet war, nicht etwa an seiner Zuneigung zu Mary. Er heiratete sie nicht, zeigte kein Interesse, sich in der Kolonie anzusiedeln, und machte sich etwa ein Jahr später aus dem Staub.

Doch Kapitän Aitken weigerte sich, John aus seinem Vertrag zu entlassen. Dem Schiff fehlten bereits drei Männer: Einer war krank in Rio zurückgeblieben, der Schiffszimmermann im südlichen Ozean über Bord gegangen, und nun mussten sie auch noch auf Sam Braiden verzichten. Was war, wenn sich noch weitere Männer Nicol anschlossen? Gewiss würde auch Edward Powell sich nicht von Sarah Dorset trennen wollen, wodurch sich die sechsunddreißig Kopf starke Besatzung um fünf Mann verringert hätte – und das auf einer Überfahrt nach Kanton im Winter. Laut Vertrag des Kapitäns mit der Ostindischen Kompanie musste er am 15. Januar 1791 eintreffen, und zwar mit einer Lady Julian, die in der Lage war, die Ladung an Bord zu nehmen. Unterbesetzt und ohne Böttcher und Zimmermann bestand die Gefahr, dass dem Kapitän ein lukrativer Auftrag durch die Lappen ging.

Kapitän Aitken war nicht der Einzige, der Ende Juni zu verhindern versuchte, dass die Seeleute dem Schiff den Rücken kehrten, um bei ihren Frauen zu bleiben und Kolonisten zu werden. Die »unnützen Esserinnen«, über die man am 3. Juni so enttäuscht gewesen war, wurden einer neuen Bewertung unterzogen, als die erste Braut von der Lady Julian am 28. Juni mit einem Kreuz die Heiratsurkunde unterzeichnete. Am 20. Juni war am Ausguck an der Südspitze ein weiteres Segel gesichtet worden, und am 21. Juni wurde der Frachter *Justinian* nach Sydney Cove geschleppt. Seine Ankunft rettete die Kolonie.

Als die *Lady Julian* vor einem Jahr die Themse verlassen hatte, hatte man die *Justinian* noch nicht in Dienst gestellt. In der bemerkenswert kurzen Zeit von fünf Monaten hatte sie die Strecke von London nach Sydney Cove zurückgelegt und weder in Rio noch in Kapstadt Station gemacht. Kurz vor der Hafeneinfahrt der Kolonie wäre sie fast noch in Seenot geraten. Die Stürme, die die *Lady Julian* in Spring Cove festgehalten hatten, hatten die *Justinian* an die Küste von Neusüdwales getrieben und sie fast gegen die Felsen von Black Head (heute Port Stephens) gedrängt. Ihr Untergang hätte vermutlich auch den der Kolonie zur Folge gehabt – noch ein Kolonialexperiment, das mit gebleichten Knochen an einem Strand geendet hätte. Doch die Ankunft der *Justinian* wendete das Blatt: Die Bedrohung durch den Hungertod schien gebannt, ein Überleben wieder möglich. Die Vorräte an Bord würden für einige Monate reichen. Bis dahin würde der Rest der zweiten Flotte eingetroffen und die *Supply* mit Getreide aus Batavia zurückgekehrt sein. Die störrische australische Erde hatte bis dahin vielleicht sogar ein paar Feldfrüchte hervorgebracht. Deshalb betrachtete man die Frauen von der *Lady Julian* inzwischen nicht mehr als lästige Lebensmittelkonsumentinnen, sondern als Erfüllerinnen der Aufgaben, für die London sie schließlich hergeschickt hatte: Nachschub für Bett und Kinderstube.

Allerdings war der Kolonie nach der bejubelten Ankunft der *Justinian* und dem freudigen Löschen der Ladung nur eine sorglose Woche beschert. Denn die nächsten drei Schiffe brachten eine schreckliche Fracht. Am Ende des Monats meldeten die Posten am Südzipfel, man habe ein Segel gesichtet. Diesmal brauchten die Kolonisten nicht lange zu rätseln, denn es konnten nur die *Neptune*, die *Scarborough* oder die *Surprize* sein, unter deren Insassen sich die Zellengenossinnen, Liebhaber, Zuhälter, Hehler und Ehemänner der Frauen von der *Lady Julian* befanden. Wieder brachen die Kolonisten aus Sydney Cove nach Dawes Point auf, um den Fluss hinabzublicken. Nun würde Elizabeth Barnsley ihren Mann wieder sehen, von dem sie 1785 getrennt worden war. Wenn Ann Wheeler das Gefängnisfieber überlebt hatte, war sie vielleicht auch an Bord. Sarah Carter freute sich auf William Pimlot; Elizabeth Saney konnte endlich ihren Bruder James in die Arme schließen; Charlotte Simpson alias Hall würde George Simpson ihre Liaison mit Aufseher Doidge beichten müssen; Sarah Young wusste nicht, ob ihr Mann, der Lord Sydney um die Erlaubnis gebeten hatte, ihr zu folgen, auch dabei war. Es blieb ihnen eine Nacht, um sich vorzubereiten. Wie die *Lady Julian* verbrachten auch die anderen Schiffe die erste Nacht an der Hafenmündung und wurden am folgenden Tag nach Sydney Cove geschleppt, wo bereits die *Justinian* lag. Später stellte sich heraus, dass die Mannschaft den Großteil der Nacht damit beschäftigt gewesen war, die Leichen der seit Kapstadt unter Deck Verstorbenen nach oben zu tragen und über Bord zu werfen. Tagelang wurden an den Stränden rund um Sydney Cove Tote angeschwemmt, die blutleeren Hände noch in Fesseln.

Zu Anfang des Monats war die Bucht noch verlassen gewesen. Inzwischen lagen hier fünf große Handelsschiffe vor Anker. Männer ruderten hin und her. Wasserfässer trieben auf den Fluten. Befehle wurden gebrüllt. Ruder plätscherten, und überall roch es nach kochendem Pech. Es herrschte ein geschäftiges Treiben wie in einem internationalen Hafen. Doch das fröhliche Bild auf dem Fluss trog, denn an Land war das blanke Entsetzen ausgebrochen. Von den eintausendsiebzehn Sträflingen an Bord der *Neptune*, der *Scarborough* und der *Surprize* hatten nur siebenhundertneunundfünfzig überlebt; zweihundertdreiundsiebzig wurden auf See bestattet oder in Spring Cove über Bord geworfen; vierhundertsechsundachtzig der Gefangenen, die man nun von Bord brachte, waren zu krank, um zu essen und sich selbst zu versorgen, sodass während der ersten Tage in der Kolonie viele weitere Sträflinge starben. Arthur Phillip hatte die Gefangenen der ersten Flotte trotz aller Strapazen in dem unwirtlichen, unfruchtbaren Land streng, aber gerecht behandelt. Die Frauen auf der *Lady Julian* hatten unterwegs nur fünf ihrer Kameradinnen verloren, allerdings keine durch schlechte Versorgung. Als die ersten Boote mit stinkenden, in Eisen geschmiedeten, sterbenen Menschen von den Schiffen ablegten, standen die Kolonisten von Sydney Cove am Ufer und trauten ihren Augen nicht. »Was für ein Unterschied zwischen ihnen und uns«, schrieb eine Gefangene der *Lady Julian* nach Hause. »Gott segne unseren guten Regierungsvertreter.«

Männer und Frauen, dem Tode nah, wurden wie Stoffballen von Deck in die Boote geworfen, wo sie in einem wirren Haufen liegen blieben. Man ruderte die Leichter ins seichte Wasser, stieß die Sträflinge hinein und machte kehrt, um die nächsten abzuholen. Einige Gefangene ertranken kurz vor dem Ziel. Die noch ans Ufer kriechen konnten, brachen dort keuchend zusammen. Der empörte Gouverneur rief Rettungsmannschaften zusammen. Die Leute stürzten sich in die Fluten, um ihre Kameraden an Land zu ziehen. Schmiede entfernten am Strand die Eisen, doch viele der Sträflinge konnten nicht mehr gehen, so sehr waren ihre Muskeln während der in Ketten verbrachten Monate verkümmert. Die Gesunden trugen die Kranken auf dem Rücken durch die Klippen ins Krankenhaus. Die Leichter pendelten hin und her und warfen immer mehr hilflose Menschen an den Strand, wo sie in eilends errichteten Zelten untergebracht wurden. Die Rettungsaktion zog sich über Stunden hin. Eine Bootsladung mit Elendsgestalten nach der anderen näherte sich dem Ufer. Die Männer und Frauen, die ins Licht blinzelten, waren so schmutzig, ausgemergelt und entstellt, dass die Frauen selbst ihre Liebhaber und Brüder nicht wieder erkannten.

Die Gefangenen von der *Lady Julian* drängten sich zum Strand durch, drehten Leichen um und forderten Antworten von Menschen, die sie ihnen nicht geben konnten. Die sechsundvierzigjährige Elizabeth Dell aus Reading suchte ihren Sohn John, der als Soldat auf der *Surprize* gesegelt war, um sich seiner mit der ersten Flotte deportierten Mutter und seinem Bruder anzuschließen. Elizabeth Barnsley, Sarah Gregory und

Sarah Young hielten nach ihren Männern Ausschau. Sarah Carter wollte William Pimlott finden. Grace Maddox sah sich nach ihrem Komplizen Thomas Higgins um. Elizabeth Saney und die Familie Fidoe vermissten James. Aber niemand konnte helfen. Die Sträflinge selbst wussten nicht, wer das Schiff lebend verlassen und wen man in einem Sack über Bord geworfen hatte. Es würde Tage dauern zu ermitteln, wer noch lebte und wer gestorben war. Elizabeth Saneys älterer Bruder gehörte zu denen, die Sydney Cove nicht erreichten.

Die Pockenepidemie im Mai hatte zu einer Überbelegung des Krankenhauses und einer Dezimierung des Medikamentenbestandes geführt. Anfang Juni waren einige der Frauen von Bord der *Lady Julian* dort untergebracht worden. Mit der Versorgung der leidenden Menschen von der *Neptune*, der *Scarborough* und der *Surprize* war man nun überfordert. Eines der drei Schiffe hatte ein vorgefertigtes Holzgerüst an Bord, das in Deptford als mobiles Krankenhaus vorgesehen gewesen war. Als deutlich wurde, mit wie vielen Kranken man es zu tun hatte, stellte man dieses zunächst auf dem Grundstück an der Argyle Street auf, bevor man weitere Sträflinge an Land brachte. Die meisten Frauen von der *Lady Julian* fanden dort als Krankenpflegerinnen ihren ersten Arbeitsplatz. In sicherer Entfernung zu den strohgedeckten Hütten wurden Lagerfeuer angezündet, geschürt mit von menschlichen Exkrementen steifen Lumpen. Die nackten Kranken wickelte man in Decken, bis man Kleider für sie genäht hatte. Stoffballen von der *Neptune* wurden an die Näherinnen der *Lady Julian* verteilt, die daraus Kleidungsstücke für achthundert Sträflinge anfertigen sollten. Von Soldaten gegen feindliche Schwarze geschützt, schickte man Männer in den Busch, um die Vorräte an Myrthe aufzustocken, da im Lager der Durchfall umging.

Reverend Johnson hatte alle Hände voll zu tun. Am 2. Juli beerdigte er vier Männer, am folgenden Tag noch einmal vier, anschließend zwei, dann fünf. Am 6. Juli wurden fünf Männer und eine Frau beigesetzt. Bei der Frau handelte es sich um die sechsundzwanzigjährige Ann Hardiman, die vor zwei Jahren

Nimrod Blampins Kleider in der Fleet Street versetzt hatte, nachdem dieser von Rachel Hoddy beraubt und nackt zurückgelassen worden war. Die Ursache ihres Todes ist nicht bekannt. Vielleicht war sie eines der letzten Opfer der im Mai ausgebrochenen Pockenepidemie, vielleicht hatte sie sich auch bei den Neuankömmlingen mit Durchfall oder Fieber angesteckt, oder sie starb bei einer Geburt – die Liste der Möglichkeiten ist lang.

Während alles wegen der Ankunft von vierhundert Kranken noch drunter und drüber ging, planten einige Frauen von der *Lady Julian* bereits ihre Zukunft. Es hatte sich herumgesprochen, dass die meisten von ihnen zur Insel Norfolk geschickt werden sollten, in eine Kolonie, die noch abgelegener war als die, wo sie gerade erst eingetroffen waren. Wer am Festland bleiben wollte, musste einen Fürsprecher haben – einen Dienstherrn, einen Ehemann, der als Arbeitskraft in Sydney gebraucht wurde, oder einen Soldaten, dessen Vorgesetzte Verständnis zeigen würden, wenn er darum bat, seine Geliebte bei sich behalten zu dürfen. Thomas Barnsley war wieder mit seiner Frau Elizabeth vereint. Da Reverend Johnson schon seit Monaten über Überarbeitung klagte, konnte sich ein des Lesens und Schreibens kundiger, seriös wirkender Mann Chancen ausrechnen, wenn er dem Geistlichen seine Dienste und die seiner tüchtigen Frau anbot. Schließlich jagte eine Beerdigung die andere, und außerdem mussten die Seelen unzähliger auf den Schiffen geborener Kinder gerettet werden; offenbar war der Reverend dankbar für die Entlastung, denn Thomas gelang es, eine Stelle als Sekretär zu ergattern. Elizabeth wurde die Hebamme der Kolonie. Die Barnsleys hatten es geschafft.

Die Frauen und die Besatzung der *Lady Julian* waren durch ein eng geknüpftes Beziehungsgeflecht miteinander verbunden gewesen. Dieses löste sich nun allmählich auf und wurde durch die Verbindungen ersetzt, welche die Frauen mit den Männern in der Kolonie eingingen. Einige der Frauen standen dem Heiratsmarkt jedoch nicht mehr zur Verfügung. Jane Forbes, Sarah Whitelam, Sarah Dorset, Elizabeth Griffin, Ann Bryant und

Margaret Wood waren Mütter von Säuglingen. Mary Flannegan war schwanger, ebenso wie Hannah Teesdale Gee, Susannah Mortimer und Elizabeth Gale. Die Väter der Kinder waren samt und sonders Seeleute von der *Lady Julian*. Charlotte Simpson und Margaret Smith lebten mit zweien der Aufseher zusammen, die in Kapstadt an Bord gekommen waren. Ann Marsh war die Geliebte von Schiffsarzt Alley. Mary Warren setzte vielleicht ihre Beziehung mit dem Seemann Sam Braiden fort. Allerdings schmälerten Bigamie, eine bevorstehende Geburt oder die Pflege des auf See geborenen Nachwuchses anderer Männer die Heiratschancen einer Frau in einer Kolonie, in der »großer Frauenmangel« herrschte, nicht in dem Maße wie in der Heimat.

Wir wissen zu wenig über die damals entstandenen Beziehungen, um sagen zu können, wer den ersten Schritt machte, wer die Bedingungen bestimmte und wessen Erlaubnis notwendig war. Die Vorgesetzten hatten eine pragmatische Einstellung zu Frauen im Lager. Auch wenn sie in Einzelfällen Mitgefühl an den Tag legten, sahen sie die Bewohnerinnen generell als eine mit Mündern und Gebärmüttern ausgestattete gesichtslose Masse. Die Inhaberinnen dieser wichtigen Körperteile schob man – abhängig davon, ob sich das Durchfüttern im Einzelfall lohnte – herum wie die Schachfiguren. Sie als eigenständige Person kennen zu lernen, war überflüssig, um ihre kollektive Zukunft in der Kolonie zu planen. Sie waren aus England hierher gebracht worden, um das Bett mit den Lagerwachen zu teilen und den männlichen Siedlern Kinder zu gebären – und das taten sie im Großen und Ganzen auch.

In einem Fall gibt es deutliche Hinweise auf eine arrangierte Ehe. John Nicol war ziemlich sicher, dass Mary Roses Geschichte in Sydney Cove ein glückliches Ende nahm. Er berichtet, dass Marys Angehörige erst nach der Abfahrt der *Lady Julian* herausfanden, was aus dem verschollenen gefallenen Mädchen geworden war. »Durch ihre Bemühungen wurden die gesamten Schandtaten der Vermieterin aufgedeckt«, die Frau wurde in Lincoln wegen Meineides an den Pranger gestellt.

»Bei unserer Ankunft«, schrieb Nicol weiter, »fanden wir in Port Jackson ihre Begnadigung und eine Kiste ausgezeichneter Kleider vor, die ihr der Magistrat für die Heimreise geschickt hatte.« Wie John sich erinnerte, verbrachte Mary die restliche Zeit in Sydney im Haus des Gouverneurs. Sie war wieder eine Dame, eine zarte Heldin, die Wiedergutmachung erfahren hatte. Offenbar lautete so die Geschichte, die sich rasch im Lager herumsprach. Es stimmt wirklich, dass Gouverneur Phillip persönliches Interesse für Mary Roses Fall an den Tag legte. Dass eine der Frauen aus den Sträflingshütten – was selten vorkam – zum Gouverneur gerufen wurde, trug vermutlich gemeinsam mit der Vermutung, Mary Rose verfüge über gute Beziehungen in England, zu dem Gerücht bei, dass sie begnadigt worden war. Vielleicht hatte sich der Magistrat für einen Obolus aus Lincoln bereit erklärt, ihr mit einem späteren Transport ein paar Sachen zu schicken. Zu den Briefen an Phillip, die mit einem der letzten drei Schiffe der zweiten Flotte eintrafen, befand sich auch ein Schreiben von Sir Joseph Banks, in dem er den Gouverneur bat, ein Auge auf Mary zu haben. Phillip versicherte ihm, er habe Mary mit »einem der besten Männer in der Kolonie« verkuppelt. Es handelte sich um John Trace, in Devon geboren, der offenbar über Kenntnisse im Ackerbau verfügte und deshalb in der Kolonie hoch angesehen war. Da er nur noch zwei Jahre seiner Strafe zu verbüßen hatte, hoffte man, ihn nach seiner Freilassung halten zu können. Er war über zwanzig Jahre älter als die Braut, die der Gouverneur für ihn ausgesucht hatte.

Über Mary Roses Schicksal ist deshalb so viel bekannt, weil sie einen einflussreichen Gönner hatte. Aus der Herkunft und dem Beruf der Männer, die im Juni und Juli heirateten, lässt sich schließen, dass der Gouverneur denen, deren Dienste wichtig für die Kolonie waren, Privilegien gewährte – zum Beispiel freie Wahl unter den Insassinnen der *Lady Julian*. Von den vierundzwanzig Frauen, die bis Ende September heirateten, wurden einige Gattin eines Sträflings, der es in der Kolonie zu etwas gebracht hatte. Andere wiederum wurden mit Männern getraut, die über Kenntnisse im Ackerbau verfügten. Die erste der Hafenbräute, Mary Williams, heiratete am 28. Juni William Whiting. Whiting war Lagerverwalter, einer der ersten Männer, der während des Entladens der Vorräte einen Blick auf die Frauen hatte erhaschen können. Angesichts seiner Tätigkeit in der bedeutendsten öffentlichen Einrichtung der Kolonie genoss er vermutlich das Wohlwollen des Gouverneurs. Zwei Wochen später heiratete Elizabeth Ayres John Cuss, einen zweiundzwanzig Jahre älteren Aufseher. Isabella Manson heiratete John Rowe aus Cornwall, der Lesen und Schreiben konnte, wie John Trace Kenntnisse in der Landwirtschaft besaß und kurz vor seiner Freilassung stand. Kurz darauf heiratete Patrick Burn, der oberste Jäger der Kolonie, Mary Newton. Allerdings ging es bei diesen Hochzeiten vermutlich nicht nur um die Belohnung für treue Dienste. Ebenso wahrscheinlich ist, dass sich die Frauen von der *Lady Julian* Männer mit den viel versprechendsten Zukunftsaussichten aussuchten. Elizabeth Ayres, Isabella Manson, Mary Williams, Elizabeth Cook und Mary Newton hatten sich vor der Hochzeit gewiss rasch ein Bild davon gemacht, wer Erfolg haben würde und wer nicht, denn schließlich gingen sie mit den Versprechen, die im Juni und Juli unter dem Hochzeitsbaum ausgetauscht wurden, ein Risiko ein. Allerdings brachte die Ehe für beide Seiten Vorteile. Wenn eine Frau ihren Bräutigam richtig eingeschätzt hatte und wenn er sich als humanes Familienoberhaupt und als zuverlässiger Ernährer erwies, war ihr ein angenehmeres Leben in der Kolonie beschert als ihren ledig gebliebenen Schicksalsgenossinnen.

Die Frauen jedoch nur als Gespielinnen zu sehen, die wahllos an die Männer verteilt wurden, hieße, ihnen die Individualität abzusprechen. Das ganze restliche Jahr über taten sich die Frauen in Sydney Cove mit Männern zusammen und gebaren Kinder – auch wenn wir wenig über die Hintergründe wissen, da der Standpunkt dieser Frauen nirgendwo überliefert ist. Doch aus den Ehe- und Taufregistern und den Grundbucheintragungen lässt sich entnehmen, dass individuelle Entscheidungen und persönliche Eigenschaften bei der Partnersuche eine nicht unbedeutende Rolle spielten. Darüber hinaus berichten zahlreiche Anekdoten davon, auf welche Weise die Pläne der Regierung für den Aufbau der Kolonie umgangen – und vielleicht sogar unterlaufen – wurden. Wer die Frauen lediglich als Bausteine eines kolonialen Gesellschaftsgefüges betrachtete, hatte sich gründlich verrechnet. Gewiss mischten sich die Behörden in das Leben von Mary Rose und vielen anderen Hafenbräuten ein, die an bewährte Männer verteilt wurden – doch falls die Frauen, über die einige Infomationen erhalten geblieben sind, typisch für ihre Zeit waren, wurde die Fortpflanzungsstrategie in der Kolonie von einer großen Anzahl ganz privater Beweggründe geprägt.

Offensichtlich ist, dass viele der Männer und Frauen, die in Neusüdwales ein gemeinsames Leben begannen, einander bereits in England gekannt oder zumindest in denselben Kreisen verkehrt hatten. Da die Menschen alles um sich herum als fremdartig empfanden, suchten sie Trost im Vertrauten, um in diesem unwirtlichen Land einen Teil der alten Heimat wieder auferstehen zu lassen. Obwohl das Leben eines Gefangenen in einer Strafkolonie zum größten Teil öffentliches Eigentum war, taten die Männer und Frauen in den Hütten und Arbeitstrupps alles, damit die Vergangenheit nicht in Vergessenheit geriet.

Am 30. Juli standen zwei Frauen von der *Lady Julian* unter dem Hochzeitsbaum, und zwar mit zwei Männern, die mit der *Scarborough* eingetroffen waren. Mary Winsfield war im April 1788 wegen des Diebstahls von drei Paar Schuhen aus einem Haus in Whitechapel verurteilt worden, die sie auf einem Markt in Rosemary Lane verkauft hatte. Ihren Bräutigam John Young, einen Markthändler, hatte man im folgenden Monat wegen des Diebstahls von dreiundzwanzig Paar Schuhen in der Cable Street schuldig gesprochen, nur zweihundert Meter von der Rosemary Lane entfernt. Trauzeugin war Mary Davis, die drei Paar Lederschuhe in einem Laden in Ostlondon entwendet hatte. Das nächste Brautpaar waren Esther Thornton, Mary Winsfields neunzehnjährige Reisegefährtin, und William

Sherberd, in seinem früheren Leben Schuhmacher in White-chapel, der außerdem auf dem Markt in der Rosemary Lane mit gebrauchter Kleidung handelte. Es macht ganz den An-schein, dass es zwar möglich war, die Straftäter aus der Rose-mary Lane zu entfernen – doch nicht die Rosemary Lane aus ihren Köpfen.

In der folgenden Woche heiratete Mary Kimes alias Potten William Ayres, einen Straßenräuber aus Westengland. Die Ver-bindung der beiden reichte sogar noch weiter zurück als die der Freunde aus der Rosemary Lane. Vor sechs Jahren waren sie beide an Bord der *Mercury* gebracht worden, die nach Ame-rika segeln sollte, allerdings nur bis Devon kam. William gehör-te zu den siebenundsiebzig ehemaligen Insassen der *Mercury*, die nun in Sydney Cove angekommen waren. Sein Komplize Patrick Burn, inzwischen Jäger und Ehemann der Ladendiebin Mary Newton, befand sich ebenfalls in Neusüdwales. Bekannt-schaften, die in England vielleicht nur flüchtig gewesen waren, verfestigten sich in der kleinen Kolonie.

Als die *Lady Julian* Ende Juli Sydney Cove verließ, waren fünf ihrer Passagierinnen bereits verheiratet; die Trauung von vier weiteren war einen Tag nach dem Ablegen des Schiffes ge-plant. Die übrigen wohnten in den Hütten der Frauensiedlung, arbeiteten im Krankenhaus, nähten Kleider und warteten auf Nachricht, wer von ihnen in Sydney Cove bleiben, wer nach Rose Hill umziehen und wer zur Insel Norfolk gebracht wer-den sollte. Die *Lady Julian* war am Nordufer instand gesetzt worden, um zuerst zur Insel Norfolk und anschließend nach Kanton zu segeln. Nun kehrte sie ans andere Ufer zurück, wo sie die letzten Tage in der Kolonie verbrachte. Die Seeleute und ihre Frauen waren wieder vereint. Als John Nicol Ende 1788 angeheuert hatte, war es sein Wunsch gewesen, Neusüdwales zu sehen. Doch nach seiner Ankunft verließ er die Hütten von Sydney Cove kaum. »Jeden Augenblick, den ich mich freima-chen konnte, widmete ich Sarah«, erinnerte er sich wehmütig dreißig Jahre später. »Die Tage flogen auf Adlerschwingen da-hin. Uns graute vor der Stunde des Abschieds.« Offenbar war

Siân Rees

es den Frauen gestattet, für die letzten Nächte im Hafen an Bord zurückzukehren, während die Männer sich tagsüber an Land aufhalten durften. Vielleicht hofften die Offiziere, auf diese Weise die Lage zu entspannen, doch es nützte nichts. Einige Paare hatten an Bord der *Lady Julian* mehr als ein Jahr lang zusammengelebt. Einige von ihnen waren Eltern geworden; aus lockeren sexuellen Beziehungen hatten sich Partnerschaften entwickelt. Falls es Aitkens Absicht gewesen sein sollte, die Männer bei Laune zu halten, indem er sie das Bett mit den Gefangenen teilen ließ, ging diese Strategie nun nach hinten los, denn sie mussten die Frauen in Sydney Cove zurücklassen.

Es gab zwei Möglichkeiten für diese Paare zusammenzubleiben: Die Männer konnten desertieren oder die Frauen an Bord verstecken. Die Bitten der Seeleute, in Sydney Cove bleiben zu können, verwandelten sich allmählich in Forderungen. Kapitän Aitken hingegen hatte erst vor drei Monaten in Kapstadt von Maat Fryer die Geschichte von der Meuterei auf der *Bounty* aus erster Hand gehört. Fryers Männer hatten sich aufgelehnt, weil sie sich nicht von ihren Frauen auf Tahiti trennen wollten, und soweit im Juli 1790 bekannt, hatten sie dieses Ziel auch durchgesetzt. Mannschaften und Offiziere wussten von den Vorgängen auf der *Bounty*; während der letzten Tage der *Lady Julian* in Sydney wurden wilde Pläne geschmiedet, die Frauen zu entführen und sie so lange im Schiff zu verstecken, bis es zu spät zum Umkehren war. Man sah keine Möglichkeit, wie die Frauen aus eigener Kraft England erreichen sollten. Sarah Whitelam und Sarah Dorset waren wie die meisten Insassinnen der *Lady Julian* zu sieben Jahren Deportation verurteilt worden. Doch wie eine ihrer Kameradinnen in jenem Monat wehmütig nach Hause schrieb: »Ich glaube nicht, dass ich diesen Ort je wieder verlassen werde.« Das lag nicht nur an der praktischen Schwierigkeit, das Geld für die Überfahrt aufzutreiben, was für eine allein stehende Frau eigentlich nicht zu bewerkstelligen war, sondern auch daran, dass man die Briefe aus Minister Sydneys Büro, in denen die genaue Strafdauer jeder Frau verzeichnet stand, in London zurückgelassen hatte. »Ich denke nicht, dass die Frauen uns in dieser Hinsicht irgendwelche Probleme machen werden«, schrieb Gouverneur Phillip. Er war überzeugt, dass die Gefangenen den Rest ihres Lebens in der Kolonie verbringen würden.

Während man sich im Vorderdeck die Köpfe heißredete und sich unter der Mannschaft missmutige Mienen und gereizte Stimmung breit machten, bat Kapitän Aitken Gouverneur Phillip um Unterstützung. Man beschloss, die Frauen und die Vorräte, die nach Norden auf die Insel Norfolk gebracht werden sollten, an Bord der *Surprize* zu schaffen. Die *Lady Julian* sollte gar nicht in Norfolk anlegen; weitere Lebensmittel wollte man mit der *Justinian* transportieren. Im Januar dieses Jahres hatten einige Bewohner von Norfolk einen Aufstand versucht. Sie hatten geplant, die Lagerwachen zu überwältigen und nach Tahiti zu fliehen, der Trauminsel jedes Seemanns. Doch obwohl die Marinesoldaten die Unruhen rasch niedergeschlagen hatten, wäre es Leichtsinn gewesen, ein Schiff dorthin zu schicken, dessen Besatzung möglicherweise mit den Fluchtplänen sympathisierte. Also würde die *Lady Julian* am 25. Juli nach Kanton segeln. Die *Surprize* sollte, die Frauen von der *Lady Julian* an Bord, in sicherem Abstand von einer Woche nach Norden folgen.

Trotz dieser Vorsichtsmaßnahmen stellten die Offiziere fest, dass ihnen ernstliche Schwierigkeiten bevorstanden, als sich der Tag der geplanten Abreise der *Lady Julian* näherte. Als sich die Frauen in der Nacht des 24. Juli weigerten, das Schiff zu verlassen, und die Männer auch nicht an Land gehen wollten, rief man die Soldaten. Es entstand Tumult, als die Soldaten die Frauen packten und sie in die Leichter hinunterreichten. Die Männer kletterten über die Leitern hinterher, und am Ufer kam es zu einem Handgemenge, während die Frauen versuchten, zum Schiff zurückzuschwimmen. Das ganze Lager versammelte sich, um zuzusehen. Umringt von rempelnden, Beschimpfungen rufenden Soldaten und erschrocken weinenden Kleinkindern, verabschiedete sich John von seiner Frau und seinem Sohn. »Wir schworen uns Treue – sie versprach mir, auf mich zu warten, und ich versicherte ihr zurückzukehren, wenn ihre Strafe verbüßt sei, um sie nach England mitzunehmen.« Er schenkte ihr seine Bibel und schrieb seinen Namen, ihren und den des Kindes auf das Deckblatt. Dann wurde er in einen Leichter gestoßen, und die Menschenmenge am Ufer schob sich zwischen sie.

Am 25. Juli 1790 hatte John Nicol seine Frau in dem Erdhütten-Lager von Sydney Cove zurückgelassen. Sechs Tage später sichteten die Kolonisten auf der Insel Norfolk die Segel der *Lady Julian* am Horizont. Sie wurden von derselben Aufregung ergriffen wie schon die Einwohner von Sydney Cove, denn die verängstigten Menschen in diesem Außenposten hatten seit über einem Jahr keine Verbindung mehr mit ihren Landsleuten gehabt. Die Kolonisten befürchteten, nicht nur von London, sondern jetzt auch von Sydney im Stich gelassen worden zu sein, und als man nun das Segel sah, hielt die gesamte Insel in ihrer Arbeit inne. Die Leute ließen die Werkzeuge fallen, und aus sämtlichen Lagern auf der Insel strömten die Menschen herbei, um das winzige Stück Segeltuch am westlichen Horizont zu betrachten. Selbst die Bettlägerigen in der Krankenstation rappelten sich auf und schleppten sich zu einem Aussichtspunkt. Als es dunkel wurde, zündete man am Strand von Cascade Leuchtfeuer an, um das Schiff zu lotsen. Es war etwa drei Kilometer vom Ufer entfernt, als den Männern, die bis zu den Knöcheln im Wasser standen, klar wurde, dass die Mannschaft nicht die Segel einholte, sondern statt dessen weitere setzte. »Ich wünsche [dem Kapitän] alles Schlechte und hoffe, dass er zur Hölle fährt, weil er nicht Halt gemacht hat, obwohl es ihn so wenig Mühe gekostet hätte«, schrieb Ralph Clark in jener Nacht und brachte damit die allgemeine Stimmung zum Ausdruck. Die Männer hatten genug von ihrem Posten, brannten auf Nachrichten von zu Hause und verabscheuten die unwirtliche Einöde, in die man sie verbannt hatte. Nun richtete sich der Hass gegen das Schiff, das am 31. Juli einfach weitergesegelt war. Die Inselbewohner ahnten nicht, dass sich die Männer an Bord noch verzweifelter danach sehnten, bleiben zu dürfen, als sie sich wünschten, die Insel zu verlassen.

Als die *Lady Julian* die Insel Norfolk passierte, stach die *Surprize* in Sydney Cove in See und nahm Kurs in dieselbe Richtung. Sie hatte einhundertfünfzig Frauen von der *Lady Julian* mit deren Kindern an Bord. Die meisten von ihnen waren noch allein stehend, doch einige hatten bereits einen Mann gefunden oder waren schwanger. Sarah und Thomas Gregory waren auch an Bord, wieder vereint und in Begleitung ihrer kleinen Tochter Elizabeth. Charlotte Simpson und Aufseher Doidge, erst seit kurzem ein Paar, waren ebenfalls dabei. Außerdem ein Grüppchen Seemannsbräute von der *Lady Julian*: Sarah Dorset mit dem kleinen Edward, Mary Barlow und ihre Tochter Ann, Mary Flannegan und Elizabeth Gale, beide schwanger von Besatzungsmitgliedern der *Lady Julian*. Susannah Mortimer, die bereits eine kleine Tochter hatte, brachte auf der Fahrt von Sydney Cove zur Insel Norfolk eine zweite zur Welt. Der Vater war ein unbekannter Seemann, der gerade mit einer Woche Vorsprung auf der *Lady Julian* in nördlicher Richtung nach Kanton segelte. Einige der frühen Hafenbräute befanden sich in Begleitung ihrer Männer: Mary Winsfield und John Young, Esther Thornton und William Sherberd und Nelly Kerwin mit ihrem neuen Mann Henry Palmer. Als eine der Letzten ging Mrs. John Coen Walsh, früher Sarah Whitelam, an Bord, die sich bereits in ihre Rolle als treu sorgende Kolonialgattin eingefunden hatte. Einen Tag, nachdem John Nicol auf der *Lady Julian* Sydney Cove verlassen hatte, war Sarah die Frau eines anderen geworden.

Kapitel fünfzehn

Pilgerfahrten der Liebe

Während Sarah Whitelam am 26. Juli John Coen Walsh das Jawort gab, verbrachte John Nicol den ersten Tag seiner traurigen Reise nach Kanton, und zwar auf einem Schiff, auf dem überall die Schatten der Vergangenheit lauerten. Nicol zog mit seiner Hängematte in einen anderen Teil des Schiffes um, damit die Erinnerung an Sarah ihn nicht ständig verfolgte. Doch es war vergebens. Bei jedem Anblick an Bord musste er an sie denken, alles »rief mir ihre reizende Art ins Gedächtnis«. Vermutlich ging es vielen seiner Kameraden ähnlich, und so war es ein Schiff voller bedrückter Seeleute, das im Oktober 1790 die Teelager von Whampoa am Pearl River erreichte, die Lagerhäuser von Kanton, wo die Teehändler ihre Geschäfte betrieben.

Der Kreis in John Nicols Leben hatte sich geschlossen. Von diesem Hafen aus war er vor zwei Jahren nach London aufgebrochen, allein und voller Vorfreude darauf, die Seefahrt an den Nagel zu hängen und seine Familie in Schottland wieder zu sehen. Aber dann war es doch anders gekommen. Er war von London aus nach Neusüdwales gesegelt und hatte alle Hoffnungen in eine Zukunft mit Sarah Whitelam gesetzt. Nun hatte man ihn gezwungen, Sarah in Sydney Cove zurückzulassen, und nun war er wieder in Whampoa – und wieder allein. Das Treiben auf dem chinesischen Fluss, das ihn bei seiner früheren Reise fasziniert hatte, erschien ihm nun öde. Während sich andere Seeleute vielleicht in den Bordellen von Lob Lob Creek trösteten, verbrachte John Nicol die Wartezeit lieber in Kanton und schmiedete – zusammen mit Edward Powell, der sich ebenfalls von seiner Sarah und ihrem Kind hatte trennen müssen – Pläne für seine Rückkehr nach Sydney Cove. Die beiden Männer hatten nichts zu tun und konnten nur abwarten, bis die komplizierte Bürokratie im Teelager abgewickelt war. So hatten sie ausreichend Gelegenheit, auf Mittel und Wege zu einem Wiedersehen in der Kolonie zu sinnen. John war nicht freiwillig aus Sydney Cove aufgebrochen; zwei Monate später hatte sich sein Widerspruchsgeist noch nicht gelegt, und er spielte mit dem Gedanken, in Kanton zu desertieren. Wenn er ein Schiff nach Rio oder zum Horn von Afrika auftreiben konnte, wäre er zumindest wieder auf dem Weg nach Süden gewesen und hätte vielleicht eine Passage nach Neusüdwales gefunden. Allerdings standen praktische Erwägungen einer Flucht von der *Lady Julian* und dem Anheuern auf einem anderen Schiff im Wege. Weder Nicol noch Powell konnten es sich leisten, auf die Heuer zu verzichten, die sie am Ende der Reise in London erwartete. Ihre Gattinnen aus der Kolonie zurückzuholen, würde sehr teuer werden, denn die Frauen besaßen kein eigenes Geld, um die Reise zu bezahlen. Nach der achtzehnmonatigen Fahrt stand den Seeleuten eine ziemlich hohe Summe zu, weshalb die Vernunft die Oberhand über die Leidenschaft gewann. Als die *Lady Julian* Kanton verließ, waren beide Männer noch an Bord. Die Rettungspläne waren aufgeschoben, aber nicht aufgehoben.

Bei ihrer Ankunft in London Anfang des Jahres 1791 war die nächste Flotte nach Sydney Cove gerade in See gestochen. An Bord eines der Schiffe befand sich Mary Talbot, die im Juli 1789 von der *Lady Julian* geflohen war, während diese auf der Themse lag. Man hatte sie wieder ergriffen und brachte sie nun in die Kolonie. Diesmal nahm Nicol sich nicht die Zeit, seine Familie in Schottland zu besuchen oder zu den besten Bedingungen anzuheuern. Er machte sich auf die Suche nach einem Schiff mit dem Ziel Neusüdwales, doch von allen Agenten, bei denen er sich erkundigte, erhielt er dieselbe Antwort: Es gebe keines, und es sei in nächster Zeit auch keines vorgesehen. Also ergriff er die nächstbeste Gelegenheit und heuerte als Böttcher auf der *Amelia* an, einem Walfänger, der in den südlichen Atlantik wollte und – wie man ihm versicherte – in Rio anlegen würde. Nicol plante, sich für die gesamte Fahrt zu verpflichten, in Rio Krankheit vorzutäuschen, damit man ihn zurückließ, und dann eine Möglichkeit zu finden, nach Neusüdwales weiterzureisen. Inzwischen besaß er genügend Geld, um Sarah mitzunehmen. Bevor er an Bord der *Amelia* ging, wechselte er seine Heuer von der *Lady Julian* in Münzen um und nähte sie in die Säume seiner Kleidung ein.

Vermutlich hielten John Nicol und Edward Powell Kontakt, bis die *Amelia* 1791 in See stach, und unterstützten einander bei der Suche nach einer Passage in die Kolonie. Als jedoch klar wurde, dass eine sofortige Rückkehr unmöglich war, trennten sich ihre Wege. Nicol nahm das erste Schiff, das er kriegen konnte, während Powell beschloss, nichts zu überstürzen und sich alles noch einmal gründlich zu überlegen. Nicol war froh, endlich nach Rio aufbrechen zu können, und er hoffte, Sydney Cove und Sarah bald wieder zu sehen. Doch die *Amelia* kam nur bis Deal an der Küste von Kent, wo sie auf Grund lief und wegen der Bedrohung durch Strandräuber in den Hafen von London zurückgeschleppt werden musste. Es gab immer noch kein Schiff nach Neusüdwales, ja, nicht einmal eins, das nach Rio oder zum Kap wollte. Also musste Nicol ungeduldig in Deptford ausharren, während die *Amelia* wieder instand gesetzt wurde.

In Johns Gedächtnis waren seine Fahrten der frühen neunziger Jahre des achtzehnten Jahrhunderts durcheinander geraten, als er 1822 seine Memoiren diktierte. Seinen verworrenen Erinnerungen ist zu entnehmen, dass er 1792 oder 1793 Kapstadt erreichte, nachdem er auf einer Reihe verschiedener Schiffe angeheuert hatte. Er hoffte, dort ein Schiff in die Kolonien zu finden. Tatsächlich aber muss sich die Fahrt nach Kapstadt 1796 oder 1797 ereignet haben. Inzwischen befand sich Edward Powell längst wieder in der Kolonie. In diesen Jahren hörte

John Nicol, dass sein alter Freund wohlbehalten nach Sydney Cove und zu Sarah Dorset zurückgekehrt sei, und »als sie ihre Strafe verbüßt hatte, holte er sie nach Hause und heiratete sie«. Wie die Geschichte wirklich ausgegangen war, erfuhr er nie.

Edward Powell, mittlerweile dreißig Jahre alt, verließ England im Jahr 1792 und reiste als Passagier an Bord der *Bellona* nach Sydney Cove. Anders als John Nicol, der als Seemann anheuern wollte, um die Überfahrt zu bezahlen, hatte sich Edward Powell als freier Siedler ein Billett gekauft. Inzwischen plante er nicht mehr, seine Frau nach England zu holen, sondern in der Kolonie zu bleiben. Die Reise im Jahr 1792 verlief völlig anders als seine erste 1789 als Matrose, der in seiner Freizeit mit einer Gefangenen im Vorderdeck turtelte. Die *Bellona* schaffte die zwanzigtausend Kilometer, für die die *Lady Julian* zwölf Monate gebraucht hatte, in fünfeinhalb. Sie hatte dreizehn Siedler und siebzehn weibliche Sträflinge an Bord. Vermutlich beabsichtigte Powell zwei Jahre nach seinem Abschied immer noch, nach Sydney Cove zurückzukehren, Sarah zu finden und sie zu heiraten. Da sie bereits fünf Jahre ihrer Strafe verbüßt hatte, durfte sie die Frau eines freien Mannes werden, dessen Fähigkeiten in der Kolonie gebraucht wurden. Doch während der monatelangen Seereise änderte Powell seine Pläne.

Ebenfalls auf der *Bellona* befand sich eine große Bauernfamilie aus Blandford in Dorset. Thomas und Jane Rose wollten mit ihren vier Kindern (eines von ihnen mit dem Namen Mary) auswandern. In ihrer Begleitung befand sich die achtzehnjährige Elizabeth Fish, vermutlich eine Nichte, die mit ihrer einjährigen Tochter an Bord gekommen war. Wahrscheinlich hatte Elizabeth Fish ein uneheliches Kind zur Welt gebracht, was der Grund für die Auswanderung der Familie gewesen sein könnte. Zu den übrigen freien Männern gehörten drei, die – wie Powell – diese Fahrt schon einmal gemacht hatten. Sie waren alle Seeleute auf der ersten Flotte gewesen und kehrten nun als Kolonisten zurück. Einer von ihnen, Thomas Webb, hatte im August 1790, als Sarah Dorset ankam, auf der Insel Norfolk gelebt, die anderen waren mit der *Surprize* eingetroffen. Webb war bis 1791 in der Inselkolonie geblieben, die damals aus etwa fünfhundertfünfzig Personen bestanden hatte. Da bei so wenigen Menschen jeder jeden kannte, konnte Thomas Edward Powell berichten, was sich bis zu seiner Abfahrt zugetragen hatte. Und vielleicht erfuhr Edward so auch, was John Nicol noch nicht wusste – nämlich, dass Sarah Whitelam nun die Frau eines anderen war.

Sarah Dorset hingegen war allein mit ihrem Baby auf der Insel gelandet. Die *Surprize* hatte ihre Passagiere an derselben Stelle abgesetzt, wo die *Sirius* vor einem Jahr gegen die Felsen gespült worden war. Es dauerte fünf Tage, bis sich alle Frauen mithilfe einer Rettungsleine durch die Brandung zum Strand gehangelt hatten. Für die Londonerinnen Mary Chasey und Elizabeth Johnson endete das Kolonieleben in den Wellen vor der Insel Norfolk, wo sie jämmerlich ertranken.

Die Insel wurde von Major Ross befehligt, der seine eigenen Vorstellungen vom Aufbau einer Kolonie hatte und sich ganz auf die Schweinezucht verließ. Seiner Ansicht nach war diese am besten dazu geeignet, die Selbstversorgung der Sträflinge zu gewährleisten, sodass man bald nicht mehr von den Vorräten in den Lagerhäusern abhängig sein würde. Leider jedoch waren nicht genügend Schweine vorhanden, um jedem Gefangenen – oder zumindest jedem Paar – eins anzuvertrauen, sodass drei Personen sich ein Tier teilen mussten. Und so entstand, als die Schweine am Ende des Jahres ausgegeben wurden, auf der Insel Norfolk eine merkwürdige Gesellschaft von Dreigespannen, die sich jeweils um ein Schwein scharten. Bis November 1791 lebte kein Geistlicher auf der Insel. Einige Monate nach Thomas Webbs Aufbruch kam Richard Johnson endlich vom Festland herüber, um eine Massentrauung von etwa dreißig Paaren abzuhalten und gleichzeitig schätzungsweise hundert Babys zu taufen. Erst nach Johnsons Besuch wurden die »Schweine-Gruppen« von konventionelleren Lebensgemeinschaften abgelöst. Da es auf Norfolk keine Register gab, kann man kaum sagen, wann die einzelnen Beziehungen begannen. Sarah Dorset musste ihr Schwein mit zwei männlichen Sträflingen teilen. Obwohl sie, anders als die meisten Frauen von der *Lady Julian*, nicht heiratete, wurde sie im März 1792 schwanger, zwei Monate nachdem Edward Powell an Bord der *Bellona* England verlassen hatte. Webb konnte das nicht ahnen, denn er hatte der Insel schon zuvor den Rücken gekehrt; doch falls Sarahs Verhältnis schon im Februar 1791 seinen Anfang genommen hatte, wusste er es bestimmt, und er erzählte Edward Powell sicher davon.

Die Siedler auf der *Bellona* hatten genug Zeit, einander näher zu kommen. Sie hatten dieselben Pläne und rückten aufgrund der Platzverhältnisse und ihrer Situation enger zusammen. Knapp eine Woche nachdem sie in Plymouth in See gestochen waren, erkrankte Elizabeth Fishs Tochter an Krämpfen. Wenige Tage später starb sie und wurde auf See bestattet. Auf der Fahrt von Teneriffa nach Rio grassierte wie bei Powells letzter Reise der Skorbut unter Sträflingen und Passagieren. Da Edward Powell mit der Kolonie vertraut war, aus einer Bauernfamilie stammte und über ausreichende Mittel verfügte, um sich in Neusüdwales niederzulassen, weckte er bald das Interesse der Familie Rose. Mrs. Rose klammerte sich an seinen starken Arm, wenn sie auf unsicheren Beinen einen Spaziergang an Deck unternahm; Mr. Rose lüpfte mit ihm so manches Glas; und nicht zuletzt tröstete Powell die trauernde Nichte. Irgendwo zwischen dem Hafen von London und Neusüdwales wurden die Geschichten, mit denen er schon Sarah Dorset um den Finger gewickelt hatte, wieder hervorgekramt, um Elizabeth Fish zu verführen. Am 16. Januar 1793 traf die *Bellona* in Sydney Cove ein. Inzwischen hatte sich die Ansammlung schmutziger Hütten, an die Powell sich von 1790 erinnerte, in ein ansehnliches Städtchen verwandelt. Anstelle des Baumes, wo sich die Gemeinde in den Anfangstagen versammelt hatte, gab es nun eine schmucke Kirche. Und dort wurden Edward Powell und Elizabeth Fish am 24. Januar getraut.

Warum hatte Edward es sich anders überlegt? Im Monat vor der Ankunft der *Bellona* hatte Sarah Dorset auf der Insel

Norfolk einem Mädchen das Leben geschenkt. Doch davon hatte Edward Powell bei seinem Eintreffen im Januar 1793 nichts wissen können. Die Babys von Gefangenen interessierten niemanden in Sydney Cove, und außerdem dauerte es ohnehin eine Weile, bis eine Nachricht den Sprung zwischen den beiden Siedlungen schaffte. Entweder hatte Edward von Thomas Webb erfahren, dass Sarah mit einem anderen Mann zusammenlebte – was für ihn einen Trennungsgrund bedeutete –, oder er hatte bereits beschlossen, die Beziehung ohnehin zu beenden. Vielleicht hatten ihn während der Reise ja Zweifel überkommen, bohrende Gedanken an die Vorteile, die eine freie Braut bot, welche vielleicht sogar über eine Mitgift verfügte. Ein himmelweiter Unterschied also zu einer mittellosen Gefangenen, die sich in den vergangenen drei Jahren womöglich sogar verändert hatte und nicht mehr das reizende Mädchen war, das er kannte. Während der folgenden Jahre in der Kolonie legte Edward Powell großen Ehrgeiz an den Tag, wurde ein wohlhabender Landbesitzer und war in politischen Kreisen hoch angesehen. Eine Ehe mit einer Gefangenen wäre dabei nicht unbedingt ein Hemmschuh gewesen – allerdings auch keine große Hilfe.

Im Februar 1793 suchte sich das Ehepaar Powell ein Stück Land unter den Parzellen aus, die in der Gegend von Homebush zur Verteilung standen. Powell erhielt zweiunddreißig Hektar und gab dem Anwesen den unglücklich gewählten Namen Dorset Green. Es grenzte an die vierundsechzig Hektar von Thomas Rose, der Vater von vier Kindern war. Die Powells und die Roses begannen ein Leben, das sich um ihr Land, die Läden von Rose Hill (inzwischen in Parramatta umbenannt), die Kirche der Siedlung, die Märkte und die Kontaktpflege mit ihren Nachbarn drehte. Bald traf Edward Powell beim Gottesdienst, bei Behördengängen oder beim Handel mit Feldfrüchten am Hafen von Kissing Point viele vertraute Gesichter. Die Frauen, die den Neuankömmling als Sarah Dorsets Geliebten erkannten, stellten vielleicht ein paar neugierige Fragen und zeigten seiner Gattin aus Treue zu ihrer Vorgängerin die kalte

Schulter. Möglicherweise zuckten sie auch nur die Achseln und gaben sich gleichgültig. Nach einer Weile kehrte Sarah Sabolah Lyons von der Insel Norfolk zurück und ließ sich ganz in der Nähe nieder. Bestimmt hatte sie ein paar spitze Bemerkungen für Edward übrig. Ann Mash, eine weitere Frau von der *Lady Julian*, wohnte nur einige Kilometer die Straße entlang. Seit Schiffsarzt Alley nach England zurückgekehrt war, lebte Ann mit John Irvine zusammen, dem wegen des Diebstahls eines Silberbechers deportierten Quacksalber aus Lincolnshire. Da es nicht genügend freie Mediziner gab, hatte man ihn zum Arzt von Parramatta gemacht. Mary Stewart, Sarah Varriner, Mary Williams und Ann Young – alle von der *Lady Julian* – lebten in den frühen neunziger Jahren in der Nähe von Edward Powells zweiunddreißig Hektar, immer bereit, ihn an seine Anfangszeit zu erinnern, falls der Status eines freien Siedlers ihm oder seiner Frau zu Kopf steigen sollte.

Sarah Dorset kehrte – mit zwei Kindern, aber ohne Mann – 1794 von der Insel Norfolk zurück und ließ sich in Sydney Cove nieder. Vielleicht erfuhr sie erst nach ihrer Ankunft auf dem Festland, dass Edward Powell wieder hier war und nach ihr gefragt – und dass er eine andere Frau geheiratet hatte. Allerdings wissen wir nicht, ob es ihr das Herz brach, ob sie Rache schwor oder ob es sie gleichgültig ließ. Es ist nur bekannt, dass sie um 1800 herum mit einem Metzger aus Sydney Cove zusammenlebte, mit dem sie weitere drei Kinder hatte. Die dazwischen liegenden Jahre bleiben im Dunkeln. In den neunziger Jahren war die Kolonie noch so klein, dass ein Mann, der in Homebush wohnte und häufig den Fluss hinab zum Hafen von Sydney Cove fuhr, mit hoher Wahrscheinlichkeit eine Bekannte traf, die in der Nähe der Klippen ansässig war. Das erste Kind von Edward und Elizabeth Powell, eine Tochter, wurde im April 1794 geboren und auf den Namen Sarah getauft. Vielleicht war die Beziehung zwischen Sarah Dorset und Edward Powell nach der Hochzeit mit Elizabeth Fish ja noch nicht vorbei, sondern wurde erst später beendet. Jedenfalls ließen die Powells zwei Jahre nach Sarahs Geburt ihr zweites Kind auf den Namen Edward taufen – ein eindeutiges Zeichen dafür, dass sich Powell von seinem vor fünf Jahren in Rio de Janeiro geborenen Sohn Edward endgültig abgewandt hatte.

Während sich Edward Powell in Homebush zum Gutsherrn entwickelte, befand sich John Nicol noch auf See. In seiner Zeit auf einem Walfänger, der in die Südsee fuhr, schöpfte er erneut Hoffnung, Sarah wieder zu sehen, doch er wurde enttäuscht. Als er irgendwann Mitte der neunziger Jahre Kapstadt verließ, erschien ihm sein Ziel endlich zum Greifen nah. Sarah hatte ihre Strafe fast verbüßt, und es lag nur noch eine zweimonatige Seereise zwischen ihnen. Als das Schiff in den Gewässern des Kaps lag, die Harpunen durch die Luft sausten und das Deck vom Tran tropfte, packte John Nicol unten seine Kiste. Dann wurden im Osten die Segel der *Venus* gesichtet. Man tauschte Signale aus; die beiden Schiffe näherten sich einander, und man ließ Boote zu Wasser, damit die Kapitäne sich besprechen konnten. Kapitän Coffin von der *Venus* hatte eine Ladung Sträflinge in Sydney Cove abgesetzt und kehrte nun nach Großbritannien zurück.

Da die beiden Schiffe während des Aufenthalts in und vor Kapstadt eine Weile zusammenblieben, freundete sich John Nicol mit einigen Männern von der *Venus* an. Bald gestand er, er habe seine Geliebte in Sydney Cove zurückgelassen; bei ihrem nächsten Besuch brachten die Seeleute einen Gefangenen mit, den sie als blinde Passagier irgendwo in der Südsee an Bord aufgegriffen hatten. Der blinde Passagier war überredet worden zu sprechen, allerdings nur unter der Bedingung, dass Nicol ihn nicht an Kapitän Coffin verriet. Er konnte nicht nur von den Fortschritten in der Siedlung berichten, sondern kannte auch Sarah Whitelam persönlich. Sie sei bei guter Gesundheit, sie habe einen reizenden Sohn, und sie habe die Kolonie vor ein paar Monaten verlassen, um nach Bombay zu segeln. Da diese Nachricht den liebeskranken Böttcher sehr zu erschüttern schien, hielt es der blinde Passagier vermutlich für klüger, ihm die Einzelheiten zu verschweigen, die dem armen Mann sicher noch mehr zugesetzt hätten: »Wie sie fortkam, konnte er mir nicht sagen.«

Sarah Whitelam hatte es in der Kolonie zu etwas gebracht. Am 31. August hatte sie zusammen mit Sarah Dorset und ihren übrigen Kameradinnen Sydney Cove verlassen und war mit der *Surprize* auf die Insel Norfolk umgesiedelt worden. Ihr neuer Mann, John Coen Walsh, war einige Monate lang in Sydney Cove geblieben, um Geld zu verdienen und seiner Familie kurz darauf nach Norfolk zu folgen. 1791 reiste er ihr nach. Die beiden hatten zusammen zwei Söhne. Als Walsh begnadigt wurde, war auch Sarah eine freie Frau, da ihr Status automatisch dem ihres Ehemannes angepasst wurde. Der Bauernhof auf der Insel Norfolk warf Gewinn ab, sodass sich das Ehepaar sechs Jahre später mit seinen drei Söhnen auf der *Marquis Cornwallis* einschiffen konnte, die im Juni 1796 von Sydney Cove nach Bombay aufbrach. So war Sarah der Kolonie entkommen.

Viele Männer hätten nun die Suche aufgegeben, vor allem angesichts dessen, dass die Spur nach all den Jahren erkaltet war. John Nicol hingegen schien das nur noch mehr zu beflügeln. »Meine Liebe zur ihr erwachte nun stärker zum Leben als je zuvor seit unserem Abschied. Ich beglückwünschte sie sogar dafür, dass sie gegangen war. Sie wollte der schlechten Gesellschaft entrinnen, flüsterte eine innere Simme, und ich beschloss, so schnell wie möglich nach Bombay zu fahren.« Vermutlich wäre es besser gewesen, wenn ihm der blinde Passagier von der *Venus* die ganze Wahrheit gesagt hätte – nämlich dass sie die Kolonie als wohlhabende junge Gattin und Mutter unter dem Schutz eines treu sorgenden Ehemannes verlassen hatte. Hätte John das gewusst, er hätte sich vielleicht mit dem Verlust abgefunden. Stattdessen hatte er nun das Bild einer allein stehenden, jungen, hübschen Frau vor Augen, der Sarah, an die er sich erinnerte und die gezwungen gewesen war, unter Einsatz aller Mittel der Kolonie zu entfliehen, da sie glaubte, ihr Liebster habe sie vergessen. Wie Gouverneur Phillip war John überzeugt, dass eine Frau der Kolonie nur entrinnen konnte, indem sie sich an durchreisende Seeleute verkaufte – wie die beiden Frauen, die auf den französischen Schiffen, welche Botany Bay kurz nach den Briten erreicht hatten, geflüchtet waren.

Etwa fünfundzwanzig Frauen, die 1790 mit der *Lady Julian* eingetroffen waren, verließen im Laufe der Jahre die Kolonie; die meisten von ihnen kehrten nach Großbritannien zurück. Einige von ihnen gingen sogar, bevor sich Sarah Whitelam mit ihrem Mann auf der *Marquis Cornwallis* einschiffte. Mary Kimes verschwand sang- und klanglos aus den Listen, und zwar im selben Jahr, in dem die Strafe ihres Mannes ablief und dieser sich auf den Weg nach England machte. Wahrscheinlich hat sie ihn begleitet. Wer rasch den Absprung schaffte, hatte fast ohne Ausnahme nicht schon während der ersten Monate in der Kolonie einen männlichen Beschützer gefunden. Ann Bone alias Smith des Lesens und Schreiben kundig, neunzehn Jahre alt und allein stehend, schlug sich auf einem ihr zugeteilten Stück Land auf der Insel Norfolk durch, kehrte auf dem erstbesten Schiff nach Sydney Cove zurück und verließ die Kolonie. Amelia Harding, ebenfalls jung und belesen, erhielt auch ein Stück Land, das sie bebauen konnte. Sie hatte keine Kinder und fuhr 1794 über Sydney nach England.

Andere Frauen blieben länger und ließen manchmal sogar in der Kolonie gegründete Familien und Ehemänner zurück. Sang- und klanglos zu verschwinden war ebenso üblich wie Betrug und wurde von beiden Geschlechtern gleichermaßen praktiziert. Da die Bevölkerung der Kolonie mehrheitlich männlich war, scheint die Anzahl der Männer, die ihre Frauen im Stich ließen, auf ein grundsätzliches männliches Zuverlässigkeitsproblem hinzuweisen. Doch Berichte über Einzelschicksale werfen ein anderes Licht auf die Angelegenheit. Der Stabsarzt John White lebte vier Jahre lang in häuslicher Gemeinschaft mit einem Dienstmädchen von der *Lady Julian* namens Rachel Turner. Vor seiner Abreise richtete er ihr eine großzügige Apanage ein, die sogar weiter gezahlt wurde, als sie in Sydney Cove einen aufstrebenden Bootsbauer heiratete. Offenbar gab auch Sarah Young ihrem Ehemann, der Lord Sydney noch auf dem Gefängnisschiff in Portsmouth angefleht hatte, seine geliebte Frau zu begnadigen, den Laufpass – und zwar kurz nachdem er mit der *Scarborough* in Sydney Cove angekommen war. Sie zog mit einem Leutnant der Marine zusammen und konnte später ihre Schiffspassage nach Hause bezahlen; vermutlich mit dem Geld, das der Leutnant ihr gab, als sein Korps aus der Kolonie abgezogen wurde.

Allerdings kehrten auch einige Männer ihren Frauen und Kindern einfach den Rücken. Leutnant zur See Henry Waterhaus trennte sich vor seiner Abreise nach England im Jahr 1792 von Elizabeth Barnes, die eine Tochter von ihm erwartete und im sechsten Monat schwanger war. Aber es gab Frauen, die sich genauso verhielten. Grace Brown, Ladendiebin aus London, inzwischen achtunddreißig Jahre alt und Mutter von fünf Kindern, verließ ihren Mann nach fast zwanzig Jahren wilder Ehe, als sie sich 1809 aus der Kolonie verabschiedete. Zwei weitere Kolonisten-Ehefrauen segelten auf demselben Schiff nach England. Elizabeth Gosling hatte ihrem Mann Daniel Brewer den Laufpass gegeben, als das ihnen zugeteilte Land auf den Northern Boundary Farms am Stadtrand von Parramatta keinen Ertrag abwarf, und kehrte 1799, im Alter von zweiundvierzig Jahren, nach England zurück. Elizabeth Gale, hochherrschaftliches Hausmädchen und wie Elizabeth Gosling des Lesens und Schreibens kundig, trennte sich 1809 von ihrem Partner, um nach England zu fahren. Es ist nicht bekannt, wie viele ihrer Kinder sie mitnahm. Hannah Pleasant Jones befand sich 1814 an Bord der *Kangaroo* – ohne ihren Ehemann, einen Fischhändler, und ohne ihre halbwüchsige Tochter.

Nelly Kerwin gelang es, Gouverneur Phillips Freude darüber, dass er das genaue Strafmaß der einzelnen Frauen nicht kannte, zu ihrem Vorteil zu nutzen. Ihr Leben auf der Insel Norfolk verlief ereignisreich – innerhalb von drei Jahren wurde ihr Mann von einem umstürzenden Baum getötet, sie selbst erlitt eine Totgeburt. Doch selbst diese Schicksalsschläge konnten ihr die Zuversicht nicht rauben. Nachdem König Georg III. vom Wahnsinn genesen war, hatte man Nellys Todesurteil in lebenslange Deportation umgewandelt. Aber schon 1793, sieben Jahre nach ihrem Prozess, kehrte sie als freie Frau nach England zurück. Die Regierung von Neusüdwales war hinters Licht geführt worden.

John Nicol ahnte nichts von alledem. In seiner Erinnerung waren die gefallenen Mädchen, die er in Sydney Cove zuletzt gesehen hatte, immer noch hilfsbedürftige Frauen. Die Suche nach Sarah Whitelam war bei ihm inzwischen zu einer Obsession geworden. Vom Kap aus überquerte er den Atlantik nach Rio und desertierte, um auf einem portugiesischen Handelsschiff nach Europa zu segeln. Er reiste von Lissabon nach Portsmouth, wobei er sich vor den Zwangsanwerbern verstecken musste, die Männer zum Kampf gegen die Franzosen pressen wollten. Mit einer Kutsche fuhr er nach Lincoln, um Sarahs Eltern zu besuchen. Sie wussten nicht mehr über sie als er – das behaupteten sie zumindest. Angeblich hatten sie durch Johns eigenen Brief zuletzt von ihr gehört, den er bei seiner letzten Reise abgeschickt hatte und in dem er ankündigte, er werde sie bald aus Neusüdwales zurückbringen. Falls die Eltern John Nicol ebenfalls aus Mitleid etwas verheimlichten, erwiesen sie ihm damit einen schlechten Dienst.

In London trieb sich Nicol wieder am Hafen herum und suchte nach einem passenden Schiff, auf dem er anheuern konnte. Fast zehn Jahre waren vergangen, seit er mit einer Ladung gefallener Mädchen nach Neusüdwales aufgebrochen war. Nicol war kein junger Mann mehr. Nach vielen Jahren Seefahrt und den auf einem Schiff üblichen Unfällen und Krankheiten war er bei den Kapitänen nicht mehr so begehrt wie früher. Die Ostindien-Händler wollten ihn nicht, auf den Walfängern gab es keine freien Plätze. Schließlich, entmutigt und kurz vor dem Aufgeben, heuerte er auf einem Schiff an, das nach China fuhr, »das Schicksal allein wusste, ob wir uns je wieder sehen würden«. Es wurde eine schreckliche Fahrt. Von China aus segelte die *Nottingham* langsam nach Süden zu den vom Fieber geplagten Holländern in Batavia. John Nicol befand sich so nah an der Kolonie wie noch nie zuvor während seiner langen Pilgerfahrt.

Er spielte mit dem Gedanken, zu desertieren und sich ein Schiff nach Süden zu suchen, um sich in der Kolonie nach Sarah zu erkundigen. Doch das Fieber in Batavia, dem »Grab der

Europäer« grassierte derart, dass er Gefahr lief, sich anzustecken, falls er blieb, um auf ein solches Schiff zu warten. Und
wenn das Fieber ihn nicht erwischte, würden ihn sicher die
holländischen Zwangsanwerber kriegen. John kam zu dem
Schluss, dass er nicht mehr bereit war, diese Risiken einzugehen, um Sarah zu finden. Er war gekränkt, weil »sie [die Kolo-
nie] so bald verlassen hatte, ohne auf mich zu warten«, was
»zeigt, dass ich ihr weniger bedeute als sie mir«. Er entschied,
die sinnlose Jagd durch die Häfen der Welt aufzugeben und
diesmal – wie schon bei seiner ersten Fahrt nach China geplant
– nach Großbritannien zurückzukehren, um sich in Schottland
niederzulassen. Unterwegs wollte er noch einmal Sarahs Eltern
in Lincolnshire einen Besuch abstatten »und sich von dem lei-
ten lassen, was ich dort erfuhr«. Falls es nichts Neues gab, würde er sich damit zufrieden geben, dass sie verschollen war.

Doch das Pech verfolgte John Nicol bis zuletzt, denn es dauerte einige Jahre, bis er selbst diesen bescheidenen Plan in die
Tat umsetzen konnte. Nach seiner Ankunft aus Batavia in England erhielt er keine Gelegenheit mehr, die Kutsche nach
Schottland zu besteigen. Er wurde von den Zwangsanwerbern
abgefangen und geriet in die Wirren der Franzosenkriege, der
Blockaden vor Malta und Cadiz, der Belagerung von Gibraltar
und der Schlacht vor Kap St. Vincent. Es war das aufregende
Abschlusskapitel seines Lebens auf See. Um die Jahrhundert-
wende hinkte er in Portsmouth endlich von seinem letzten
Kriegsschiff und nahm eine Kutsche nach Norden. Selbst jetzt
dachte er noch an Sarah, auch wenn er sich damit abgefunden
hatte, dass die Suche vorbei war. »Inzwischen war ich zu alt,
um eine Pilgerfahrt der Liebe zu unternehmen, wegen einer
Frau, von der ich nicht wusste, in welchem Teil des Erdballs sie
war oder ob sie überhaupt noch lebte.«

Als John Nicol 1822 einem Buchbinder aus Edinburgh seine
Memoiren diktierte, lebte er in bitterer Armut und ernährte
sich von Almosen, die man ihm auf den Straßen zusteckte. Er
war ein alter Mann, dessen Gedächtnis sich langsam umwölkte,
sodass er Daten, Namen und die Abfolge von Ereignissen

durcheinander brachte. Doch die Erinnerung an Sarah Whitelam war noch immer frisch und liebevoll. »So alt ich auch sein
mag«, sagte er, »hat sich mein Herz nicht verändert.« Nie vergaß er die verschwundene Geliebte, die er in Sydney Cove zurückgelassen hatte.

Danksagung

Tom, Jeanne und Christopher Rees; Pat Patterson und Michael Snowling, die ihr Wissen über Schifffahrt und Navigation mit mir geteilt haben; Marion Bloxsome für ihre Forschungsergebnisse; Isobel Dixon und ihren Kollegen am Blake Friedmann, die mich unter ihre Fittiche genommen und mich stets ermutigt haben; Doug Young und Angela Mackworth-Young von Headline, London; Lisa Highton und Pauline Mc Guire von Hodder-Headline, Australien; Tristan Palmer, Martin Banfield für seine Gastfreundschaft in Sydney; den Mitarbeitern des Public Records Office in Kew, dem Corporation of London Records Office und dem Plymouth Records Office und den Führern im Old Government House und der Elizabeth Farm, Parramatta.

Bildnachweis

Guildhall Library, Corporation of London: Seite 1, Seite 2 unten.

Rowlandson and Pugin, Guildhall Library, Corporation of London, UK/ Bridgeman Art Library: Seite 2 oben.

Public Record Office, HO13/7: Seite 3.

Rowlandson and Pugin, Stapleton Collection, UK/Bridgeman Art Library: Seite 4 oben.

Mary Evans Picture Library: Seite 4 unten, Seite 6 unten.

Mitchell Library, State Library of New South Wales, Australien: Seite 5.

Worlds Edge Picture Library: Seite 6 oben.

William Bradley, Mitchell Library, State Library of New South Wales/ Bridgeman Art Library: Seite 7.

Barnaby's Picture Library: Seite 8 oben.

National Maritime Museum, London: Seite 8 unten.

PETER NICHOLS

Allein

Neun Männer brachen auf,

AUF

mit ihren Segelbooten die Welt zu umrunden.

HOHER

Nur einem gelang das Unmögliche.

SEE

EUROPA
VERLAG

»Nichols schreibt ebenso überzeugend über
Seefahrt, Navigation und Gezeiten wie
Hemingway über Großwildjagd und Stierkampf.«
Publishers Weekly

Peter Nichols, **Allein auf hoher See**
Abenteuer einer Weltumsegelung
320 Seiten, € 19,90 (D) / sFr 35,20 / ISBN 3-203-80525-1

EUROPA
VERLAG
www.europaverlag.de

Die Personen dieses Erfahrungsberichts
»erleuchten unser Leben wie ein Leuchtturm
das dunkle Meer. Sie repräsentieren Mut
und Hoffnung ...« Javier Moro

Javier Moro, **Der Fuß von Jaipur**
Von der Leidenschaft zu leben
288 Seiten, € 19,90 (D) / sFr 35,20 / ISBN 3-203-80095-0

E U R O P A
V E R L A G

www.europaverlag.de

Historische Romane im Europa Verlag

Fernando Royuela
Goyito und das Böse
Roman
Gebunden, 3-203-81554-0

Darin Strauss
Die siamesischen
Zwillinge
Roman
Gebunden, 3-203-82100-1

Daniel Ares
Das Gold von Patagonien
Roman
Gebunden, 3-203-75300-6

Agnès Michaux
Ich werde sie jagen bis ans
Ende der Welt
Roman
Gebunden, 3-203-80060-8

EUROPA
VERLAG

www.europaverlag.de

Weltliteratur im Europa Verlag

Alexandre Jardin
Autobiografie einer Liebe
Roman
Gebunden, 3-203-78745-8

Nathan Englander
Zur Linderung unerträg-
lichen Verlangens
Erzählungen
Gebunden, 3-203-76517-9

Ariel Dorfman
Cristóbals Sohn und die
Reise des Eisbergs
Roman
Gebunden, 3-203-76046-0

Ito Romo
Der Duft der Maulbeeren
Roman
Gebunden, 3-203-81525-7

EUROPA
VERLAG

www.europaverlag.de